The Ginn Word Book for Teachers

A Basic Lexicon

A Reference Tool for Classroom Teachers

Dale D. Johnson, The University of Wisconsin
Alden J. Moe, Louisiana State University
with James F. Baumann, Purdue University

Ginn and Company

ISBN 663-42398-8

Contents

Using the Word Book

The Ginn Word Book for Teachers is a reference compilation of the 9,000 words in the Ginn Lexicon together with the basis for each listing, and an indication of the 6,530 words with multiple meanings. This is a basic resource tool which indicates the most frequently used English vocabulary as well as those words mastered by about 90 percent of first, second, and third graders.

The book is designed as a reference tool for classroom teachers. It can be used in the following ways:

- For identifying high frequency vocabulary to receive priority at any grade level—words to receive major emphasis in classroom instruction. Practice of oral as well as written vocabulary can be based on this list.

- For identifying key words in elementary school science, social studies, and related subjects, including those words which require instruction.

- For analyzing the new or familiar words in individual reading materials (picture books, content reading selections) brought into the classroom for enrichment reading.

- For evaluating the vocabulary in basal and supplementary reading programs and in other instructional programs.

Any of the traditional uses of word lists are appropriate uses of the Ginn word list. For example, to screen primary students for immediate recognition of words from the appropriate list followed by drill and practice on words not known would be a sensible use. A similar procedure for older, remedial students would also be appropriate.

In addition to teaching immediate sight recognition (i.e., pronunciation) of words on the list, a teacher could also focus on the meanings of these words, for a word is not truly "identified" until its meaning is understood. And, because word knowledge is so intimately related to reading comprehension, direct instruction in word meanings may enhance students' understanding of material they read.

Teachers may question why instruction in the meanings of many of these words would be necessary, since students appear to know the meanings of the words because of their high frequency. Many of the words on the lists, however, are multi-meaning words, and students may only "know" a word in a limited context. For example, the word *bear*, found on the second grade list, would probably be known by most children as a big, furry animal that lives in the

1

woods. Some students, however, may not be aware of the uses of bear as a verb (e.g., *bear* weight (support); *bear* pain (tolerate); *bear* good tidings (relate); *bear* fruit (produce); etc.) or the use of *bear* with respect to a decreasing stock market. Therefore, direct instruction in appropriate word meanings could accompany simple sight recognition instruction.

The Ginn word list can also help teachers to develop students' written composition skill. After teaching the sight recognition and meanings of the words, each word may be included in a student's word bank or vocabulary book and be used in subsequent language experience or creative writing activities.

Proficiency in comprehending meaning of a text depends in large measure on the reader's understanding of the critical vocabulary. The *Ginn Word Book for Teachers* provides a basic tool to assist in identifying those words that are basic to comprehension and must be emphasized in our teaching materials.

Developing the Word Book

IMPORTANCE OF VOCABULARY

The importance of vocabulary as a critical component of reading comprehension has been long established and repeatedly demonstrated. From the early factor analysis studies of components of comprehension conducted by Davis (1944, 1968, 1972), and later reanalyzed (Thurstone, 1946; Thorndike, 1971; Spearitt, 1972), to more recent studies of the importance of vocabulary (Ahlfors, 1979; Anderson & Freebody, 1979) and related comprehension studies (Long, Hein, & Coggiola, 1978; Dansereau, Collins, McDonald, Holley, Garland, Diekhoff, & Evans, 1979; Holley, Dansereau, McDonald, Garland, Collins, 1979; Armbruster & Anderson, 1980), there is agreement about the importance of word knowledge among researchers and practitioners alike.

The question of why word knowledge is so important is open to debate. There are at least three positions that attempt to explain the high correlation between vocabulary knowledge and linguistic competency (Anderson & Freebody, 1979). The first, an instrumentalist hypothesis, claims that knowing words *enables* (causal chain) text comprehension. Where this vocabulary knowledge comes from is not of prime concern. However, once possessed, word knowledge helps the reader understand text. The second position, the aptitude hypothesis, suggests that some persons are better able to comprehend text because of superior verbal ability. That is, those children with greatest verbal fluency tend to comprehend best. The third position, the knowledge hypothesis, examines the relationship of stored word knowledge to the comprehension of discourse. Word knowledge is viewed within the context of what a person knows and brings to the task when reading/comprehending text; word knowledge, per se, reflects knowledge in general. The premise basic to this position is that knowledge is crucial for understanding text. It is not just the individual word meanings that are important, but the entire conceptual framework elicited by word meaning. It is this general knowledge which interacts with the text to produce comprehension.

These positions need not be considered inexorably separate, but each has distinguishing features. The instrumentalist and aptitude hypotheses stress individual word meanings and verbal ability, respectively, whereas the knowledge hypothesis emphasizes conceptual frameworks. The educational implications of the first two are that instruction in strategies which are designed to increase vocabularies or which emphasize drill on reading fundamentals (e.g., word recognition, practice of literal recall) will also increase text comprehension. The third position implies that instruction in strategies which tap the knowledge base, i.e., which consciously delineate the categorical relationships inherent in word knowledge, will improve text comprehension. These distinctions lead to quite different experimentation by reading investigators.

Regardless of why word knowledge is important for text comprehension, the fact remains that it is essential. In surveying the literature on teaching vocabulary, however, Petty, Herold, and Stoll (1968) stated that research has not shown one particular instructional method to be significantly better than any other. They found only that any vocabulary instruction is better than no vocabulary instruction. It should be noted, though, that the studies they reviewed represented primarily the instrumentalist and aptitude view of the role of vocabulary in comprehension. In a review of literature on vocabulary acquisition, Manzo and Sherk (1971–1972) concluded that any technique which drew attention to word parts or word meanings would positively influence word acquisition. They questioned which techniques would also develop increased word awareness of vocabulary enrichment. Their concluding suggestions emphasized the knowledge-view concern that "if we think of word learning as an extension of basic language learning, teaching vocabulary may be a relatively simple matter of exploiting experiences as a means of teaching vocabulary, and exploiting and using vocabulary as a means of getting the most from experience" (p. 88).

"Exploiting experiences" as a way of teaching vocabulary is not a new idea. A number of writers over the past years have stressed the importance of providing children with experiences and relating those experiences to vocabulary concepts (Dolch, 1953; Carroll, 1964; Dale, 1965; O'Rourke, 1974). This method is recommended extensively in the literature (Harris & Smith, 1976; Spache & Spache, 1977; Herber, 1978; Johnson & Pearson, 1978; Smith & Johnson, 1980).

New word knowledge is based, in part, on the fact that comprehension, in metaphor, is the building of bridges between the new and the known; i.e., for new concepts to be learned, they must be related to concepts already known (Pearson & Johnson, 1978). Based on recent information-processing theories (Collins & Quillian, 1969; Lindsay & Norman, 1972; Massaro, 1975), the importance of prior knowledge and the way it is stored and retrieved has prompted a new focus in vocabulary research on determining appropriate vocabulary teaching techniques.

The need for strong, direct and frequent vocabulary instruction as an essential component of comprehension does not negate the need for instruction in decoding skills and processes. The decoding skills and strategies of phonic, structural and contextual analysis are *essential* abilities needed by readers for *independent* identification of words. Similarly, vocabulary instruction is not presented as a replacement for the various skills, strategies and processes required for the comprehension of oral and written text materials. Reading proficiency develops from instruction and practice in the many and varied combinations of the elements of decoding, vocabulary and comprehension.

Because of the importance of vocabulary in reading acquisition, the Ginn Lexicon described herein was developed.

The Ginn Lexicon is a list of 9,000 English words which occur with high frequency in children's oral language, school books, children's books and general printed English.

The Ginn Lexicon was developed primarily as a resource for classroom teachers and as a guide to the selection of vocabulary words to be taught in the Ginn Reading Program. It should also prove beneficial to other reading, lexical and linguistic researchers.

DEVELOPMENT OF THE LEXICON

The development of a Ginn Lexicon of 9,000 words was achieved by combining four word lists, each of which was derived from a large corpus. Through the use of computer programs, the words on each list were merged together and a new ranked list was established. The four lists included were (1) the 10,000 most frequently occurring words on the Carroll, Davies, Richman list, (2) the 10,000 most frequently occurring words on the Kucera-Francis list, (3) all 9,932 words found in popular picture books used in the primary grades, and (4) all 5,864 words used in the speaking vocabularies of first-grade students.

The Carroll, Davies, Richman (1971) list, also known as the American Heritage list and published as the *American Heritage Word Frequency Book*, contains 86,741 different words. The corpus from which the list was derived consisted of 500-word samples from 1,045 published materials (textbooks, magazines, encyclopedias, novels, workbooks, kits, etc.) used by students in grades three through nine. This source provides a good example of words which students are exposed to in classrooms—particularly those students at the intermediate and junior high levels. The major advantages of this list are that it is based on a large corpus and that it is relatively current.

The top 10,000 most frequently occurring words on the Carroll, Davies, Richman (CDR) list were included for this project. Rather than use the total frequency value (based on 5,008,721 total words) for each different word (type), a frequency-per-million-tokens value (Carroll, Davies, Richman, 1971, p. 563) was used.

The Kucera-Francis (1967) list was published as the *Computational Analysis of Present-Day American English* and contains 50,406 different words which were obtained from a corpus of 1,014,232 total words. Kucera and Francis sampled from what they considered to be fifteen different categories of materials written for adults. The samples included newspaper editorials, novels, highly technical articles, business letters, and personal letters. While the Kucera-Francis (KF) list is now over 15 years old, it still represents the most complete recent study of text written by adults for adults. The 10,000 most frequently occurring words from the KF list were included for this project.

The list identified as the Moe, Hopkins, Rush Oral Language Words contains 5,864 different words which were identified in a corpus of 203,697 total words. The corpus consisted exclusively of the oral language of 205 first-grade students and is composed of samples collected primarily in a semi-structured setting, but also in a non-structured, free-response environment. Of the 205 children sampled, approximately 30 were from lower-socio-economic status (SES) families, 145 were from middle SES families, and 30 were from upper SES families. This list (with additional samples of first-grade oral language) is now available as a separate list (Moe, Hopkins, Rush; 1982). However, the samples used for the Ginn Lexicon were collected for studies reported elsewhere (Moe, 1974; Hopkins, 1976; and Moe, 1977).

A summary of the information concerning the source lists used for the Ginn Lexicon is found in Table I.

The merging and sorting of the source lists was accomplished through the use of computer programs. All the original lists were keypunched (either manually or where the original corpus was used, by computer) with the vocabulary item and its respective frequency of occurrence indicated. The frequency of occurrence figures (for each word) were expressed as a frequency of occurrence in one million running words; this allowed for easier comparisons with other published lists.

The combining of the source lists resulted in a new list of 18,979 words. This list was placed on computer tape for easy accessibility and the later reduction of the lists (which will be discussed in the following section).

TABLE I
Word Lists Used to Establish a Ginn Lexicon

WORD LIST	NUMBER OF WORDS USED	SOURCE OF ORIGINAL CORPUS
Carroll, Davies, Richman (CDR)	10,000 most frequently occurring	School books used by students in grades 3–9
Kucera-Francis (KF)	10,000 most frequently occurring	Materials written for adults
Moe Picture Book Words (MPBW)	9,932[1]	Picture Books used in the primary grades
Moe, Hopkins, Rush Oral Language Words (MHROLW)	5,864[1]	Oral language of first-grade children

[1]All the different words used in the original samples were included.

The Reduction of the Original List

The reduction of the list of 18,979 words to a final lexicon of 9,000 words was done through a combination of computer programming and manual, word-by-word inspection. Because the lists come from four sources, there was some inconsistency in the spellings of some words. For example, "OK" and "okay" were found in either form or in both forms on a list. And several thousand words were found on only one list with a frequency of one; such words were later omitted from the list.

An early step, however, was to reduce the list by omitting the inflected form of a word and by adding the frequency figure of the inflected form to the base form. Thus, the frequencies for "cat" and "cats" were combined and the word "cats" was omitted. The reduction of the list by this process actually meant combining the appropriate words which ended with -s, -ed, -ing, -er, -est, and -ly with their base forms.

In many cases, however, the plural form of a word like "scissor" *is* the word and, thus, "scissors" was retained intact since "scissor" is rarely, if ever, used. Similar examples include words like "pajamas," "peas," "trousers." While computer programming identified potential inflected forms to be combined with the base form, the actual determination as to which words were *indeed* inflected forms had to be done through "human" inspection of the lists.

Further reduction and refinement of the Lexicon occurred by omitting strange or uncommon words. Such words as "cupping," "confloption," "diagonalizable," "gallumphed," "mimesis," "nilpotent" and "uncircumcised" were therefore omitted (along with several dozen similarly uncommon words). On a number of occasions, the authors, quite frankly, were not familiar with a word or were uncertain as to its proper spelling. On such occasions one or more of the following dictionaries was used to resolve the problem:

Webster's New Twentieth Century Dictionary of the English Language (unabridged), Second Edition. New York: World Publishing Co., 1970.

Webster's New Collegiate Dictionary. Springfield, Massachusetts, 1973.

Morris, William (Editor), *The American Heritage Dictionary of the English Language.* Boston: American Heritage and Houghton Mifflin, 1971.

Also omitted were several brand names like "Bandaid" and "Cheerios." Words which had a sexual connotation deemed inappropriate for elementary students were also excluded even though, in several instances, it was believed that the words (such as "hymen," "incest" and "vagina") had an appropriate place in the health curriculum. Similarly, several words such as "hast," "thine," or "thee" found primarily in biblical stories were omitted although there was no attempt to remove words that are used primarily in religious discussions or stories.

The final step in the refinement of the list was to exclude questionable proper nouns. To determine which to include and which to exclude, a series of rules were developed. Proper nouns were retained if they fell into one of the following categories:

1. Names of months and days of the week.

2. Names of states and countries.

3. Names of capital cities and large cities.

4. Names of holidays.

5. Common historical figures (Washington, Kennedy, etc.).

6. Common first names (David, Mark, Mary, etc.).

7. Phonetically regular first names (Allison, Clifford, etc.).

Although homographs, words which have the same spelling but are pronounced differently (read as /rēēd/ and read as /rĕd/), could be double listed, there appeared to be no good reason to do so. For those who are interested in the 86 homographs included in the Ginn Lexicon a special list is found in Table II.

Finally, obtaining a Lexicon of exactly 9,000 was no accident. The developers were so close that they believed that it was reasonable to omit a few more questionable proper nouns; thus, the nice round number of 9,000 was achieved.

TABLE II
Homographs in the Ginn Lexicon

abuse	contract	herb	project
advocate	contrast	house	protest
ally	convert	import	read
alternate	convict	incense	rebel
appropriate	decrease	incline	recall
approximate	defect	increase	record
associate	delegate	initiate	refill
bass	deliberate	insert	refuse
bow	desert	lead	reject
close	detail	live	relay
combat	discard	minute	row
compact	discharge	mobile	separate
complex	dove	moderate	sewer
compound	elaborate	mow	sow
compress	entrance	object	subject
concord	escort	perfect	suspect
conduct	estimate	permit	tear
confine	excuse	polish	use
conflict	exploit	predicate	wind
construct	export	present	wound
content	extract	produce	
contest	graduate	progress	

There remain a few unusual words found most often in childrens' picture books and, thus, important for inclusion.

Comparisons of the Lexicon with Other Lists

Six shorter lists were also included in this project for comparative purposes. The six basic sight word lists included the Dolch Basic Sight Words (1936), the Johnson Basic Sight Vocabulary (1971), the Harris-Jacobson list (1972), the Otto-Chester Great Atlantic & Pacific Sight Word List (1972), the Durr Juvenile Book Words (1973), and the revised Fry list (1980). As was mentioned, these lists were included for comparative purposes only, for most of these sight words were expected to be already included in the four major word lists. A Summary of the information concerning these six shorter lists is found in Table III.

TABLE III
Shorter Lists Compared to the Ginn Lexicon

Dolch Basic Sight Words (DBSW)	220 Words	Selection was based on three word lists used in the 1920s
Johnson Basic Sight Vocabulary (JBSV)	306 Words	The most frequently occurring words from the Kucera-Francis study and the Murphy study
Harris-Jacobson (HJ)	2,772 Words	Textbooks used in grades 1–6
Otto-Chester Great Atlantic & Pacific Sight Word List (OCGAPSW)	490 Words[1]	Selection was based on words on the CDR list, the KF list, the Dolch list, and the Johnson Basic Sight Vocabulary list
Durr Juvenile Book Words (DJBW)	188 Words	Words in popular trade juveniles
Fry New Instant Word List	300 Words	Selection was based on the CDR list

[1]Because of the double listing of words and the inclusion of numerals, this list of "500" words only contains 490 different words.

As expected, the shorter lists were indeed found on the Ginn Lexicon. Furthermore, the comparisons showed that with a few exceptions the words from the shorter lists, the basic sight word lists, appeared at the top of the distribution in terms of frequency of use.

DETERMINING MULTI-MEANING WORDS

All words on the Ginn Lexicon were checked to discover whether or not they had more than one meaning. This semantic verification task revealed that 72 percent of the words qualify as polysemous words under the guidelines established. That is, 6,530 words of the 9,000 word Lexicon are multi-meaning. Classification decisions were made using the *Webster's New Collegiate Dictionary* (1973, 1981) according to the following guidelines:

1. More than one numbered definition per main entry word (ABUNDANCE)

2. More than one superscripted (numbered) entry of the same written form, each having a distinct definition (POLISH).

These guidelines were qualified by certain special cases. Derivatives within a single entry which were counted:

3. Plurals of main entries, given two or more definitions in the singular forms (CALVES),

4. Superscripted written forms of a past tense verb, given two or more independent definitions of that written form (FOUND).

Derivatives within a single entry which were not counted:

5. Verbs of different transitivity (ADAPT),

6. Verbs in past and participle form (BEGAN, BLOWN)

7. Nouns and modifiers (ABANDONMENT, ABSOLUTELY).

Biographical and geographical names which were counted:

8. Names having two or more numbered definitions in the dictionary body (SMITH, TIMOTHY, HAVANA).

Biographical and geographical names which were not counted:

9. Proper and place names in both the dictionary body and special listings [(W)WRIGHT, (B)BACON, (B)BERLIN, (B)BUFFALO].

Other categories which were not counted:

10. Abbreviations (AUT., ANT.)

11. Affixes (PRE-, -ANT)

12. Contractions (HE'D, THERE'LL)

13. First names (BOBBY, CAROL)

The Ginn Lexicon

The 9,000 word Lexicon is an alphabetized list of words common to lists of children's oral vocabulary, story books and school textbooks for children, and various sources of general printed English. the list is preceded by a *Key* page which shows the frequency code and a recommended grade level. Use of the *Key* page and any word on the Lexicon can help a teacher determine the appropriateness of instruction of a word at a particular level. Beside each word on the Lexicon are five frequency codes, a frequency count and an indication of whether or not an entry is a multi-meaning word. They are:

> OVERALL: The general level of frequency on the Lexicon
> TEXTBOOK: The level of frequency in school textbooks
> GENERAL: The level of frequency in general printed English
> STORYBOOK: The level of frequency in children's story books
> SPOKEN: The level of frequency in children's oral language
> FREQ: The number of occurrences of that word per million running words.

The sources of Textbooks (Carroll, Davies, Richman), General (Kucera-Francis), Story Books (Moe Picture Book Vocabulary) and Spoken English (Moe, Hopkins, Rush Oral Language Words) were described under "Development of the Ginn Lexicon").

The following are four words from the first page of the Lexicon:

WORD	OVERALL	TEXT-BOOK	GEN'L.	STORY-BOOK	SPOKEN	FREQ.	MULTI-MEANING
a	1	1	1	1	1	24660	*
above	5	3	4	6	13	247	*
absurd	20	33	17	13	33	5	*
accept	11	11	7	15	33	65	*

By consulting the *Key* on page 13, and the entries above from the first page of the Lexicon (on page 14) it can be seen that *a*, with a code 1, is one of the 100 most frequently occurring words overall on the Lexicon, and on each of the four source lists. It occurs an average of 24,860 times per million words. It is recommended for grade 1 instruction.

Above is at code 5 in the overall ranking, meaning it is among the 500 most frequently occurring words. On the key it is recommended for Grade 1 instruction. Both *absurd* and *accept* are in code 33 (above) on the oral vocabulary list meaning they did not occur at all in the oral language sample (Moe, Hopkins, Rush Oral Language Words). Likewise *absurd* did not occur on the school textbook sample (Carroll, Davies, Richman). The word *accept* ranked much higher in the general printed English sample (code 7) than in the story book sample (code 15).

Thus, a teacher may use the Lexicon to check out any word of interest. For example, *missile*, page 134 (code 14) is in the top 3,000 words and is recommended for grade three. the word *Mom* (page 135) occurs with very high frequency on the spoken language sample (code 2—top 200 words) but does not occur at all on the general printed English sample (code 33). Hence, *Mom* would be a very appropriate kindergarten or first grade word. On the other hand, *modern* is in the top 600 words in general printed English (code 6) but does not occur at all in the spoken language sample (code 33). Overall *modern* is in the top 1500 words (code 11) and is recommended for grade two. The word *penultimate* does not occur at all on the 9,000 word Lexicon so may be considered an inappropriate elementary grade vocabulary word unless it is needed for a particular purpose.

By consulting the Lexicon, then, and referring to the frequency key on page 13, teachers may verify any word of interest for vocabulary, spelling, oral language development or any other purpose.

Frequency Band Codes–Key

CODE	RECOMMENDED GRADE	FREQUENCY
1	1	1–100
2	1	101–200
3	1	201–300
4	1	301–400
5	1	401–500
6	1	501–600
7	2	601–700
8	2	701–800
9	2	801–900
10	2	901–1000
11	2	1001–1500
12	3	1501–2000
13	3	2001–2500
14	3	2501–3000
15	4	3001–3500
16	4	3501–4000
17	4	4001–4500
18	5	4501–5000
19	5	5001–5500
20	5	5501–6000
21	5	6001–7000
22	6	7001–8000
23	6	8001–9000

Code of 33 = no occurrence on the source list.

WORD	OVERALL	TEXT-BOOK	GEN'L.	STORY-BOOK	SPOKEN	FREQ.	MULTI-MEANING
a	1	1	1	1	1	24660	*
aardvark	19	33	33	33	12	7	
abandon	15	15	13	16	33	16	*
abandonment	22	33	20	33	33	2	
abate	22	33	33	17	33	2	*
abbreviation	22	16	33	33	33	2	*
Abe	8	16	33	3	33	140	
Abel	20	33	16	33	33	5	
abide	20	33	33	14	33	5	*
ability	13	12	11	33	33	33	*
able	8	5	6	11	11	153	*
aboard	15	13	15	13	33	20	*
abolish	22	33	21	33	33	2	*
abolition	22	33	20	33	33	2	*
abominable	17	33	33	18	11	11	*
aborigine	22	33	21	33	33	2	*
about	1	1	1	1	1	2045	*
above	5	3	4	6	13	247	*
Abraham	12	33	33	9	13	42	
abroad	15	16	13	16	33	17	*
abrupt	21	33	17	33	33	4	*
abruptly	18	18	17	15	33	9	
absence	16	17	13	33	33	15	*
absent	18	18	15	33	33	8	*
absolute	17	15	15	33	33	10	*
absolutely	16	15	15	14	33	15	
absorb	16	14	14	33	33	13	*
absorption	21	33	19	33	33	3	*
abstract	18	33	14	33	33	8	*
abstraction	21	33	17	33	33	4	*
absurd	20	0	17	13	0	5	*
absurdity	22	33	21	33	33	2	*
abundance	20	17	18	33	33	5	*
abundant	21	17	20	33	33	4	*
abundantly	21	33	33	15	33	3	
abuse	21	33	17	33	33	4	*
academic	16	33	12	33	33	14	*
academy	18	16	15	33	33	8	*
accelerate	21	33	18	33	33	3	*
acceleration	21	33	17	33	33	4	*
accelerometer	19	33	15	33	33	6	
accent	17	13	20	16	33	11	*

See key on page 13.

WORD	OVERALL	TEXT-BOOK	GEN'L.	STORY-BOOK	SPOKEN	FREQ.	MULTI-MEANING
accept	11	11	7	15	33	65	*
acceptable	19	18	16	33	33	6	*
acceptance	16	18	13	18	33	14	*
access	19	18	15	33	33	7	*
accident	14	12	13	16	13	27	*
accidental	19	33	20	33	12	7	*
accommodate	21	33	19	33	33	3	
accommodation	22	33	21	33	33	2	*
accompany	14	14	12	17	33	21	*
accomplish	14	14	12	17	33	22	*
accomplishment	21	20	20	33	33	3	*
accord	11	11	9	15	33	59	*
accordance	20	33	16	33	33	5	*
accordingly	18	18	14	33	33	8	*
account	12	12	8	16	14	57	*
accumulate	22	33	20	33	33	2	*
accumulation	22	33	19	33	33	2	*
accuracy	17	16	14	33	33	11	*
accurate	16	13	14	33	33	14	*
accurately	16	15	15	33	33	9	
accuse	17	18	13	33	33	11	*
accustom	19	16	18	33	33	6	
ace	19	33	18	16	15	7	*
ache	16	18	33	12	13	14	*
achieve	12	13	10	17	33	39	*
achievement	14	15	11	33	33	23	*
acid	17	13	18	19	33	10	*
acknowledge	19	33	15	33	33	6	*
acorn	17	19	33	13	13	10	
acquaint	19	17	19	16	33	7	*
acquaintance	21	33	20	18	33	3	*
acquire	15	15	12	33	33	19	*
acquisition	21	33	17	33	33	4	*
acre	14	12	13	33	13	23	*
acreage	22	33	19	33	33	2	
acrobat	17	33	33	16	12	10	*
across	4	4	5	3	5	353	*
acrylic	22	33	19	33	33	2	*
act	7	7	3	12	9	176	*
action	9	9	4	33	12	120	*
active	13	13	11	17	33	32	*
actively	21	33	19	33	33	3	

See key on page 13.

WORD	OVERALL	TEXT-BOOK	GEN'L.	STORY-BOOK	SPOKEN	FREQ.	MULTI-MEANING
activity	11	11	6	33	33	75	*
actor	15	15	14	15	33	16	*
actual	13	13	11	33	33	31	*
actuality	22	33	21	33	33	2	*
actually	11	11	8	17	13	66	*
acute	21	18	18	33	33	4	*
ad	19	19	16	18	33	7	
Adam	15	18	13	14	13	20	*
Adams	16	15	13	33	14	15	
adapt	19	14	18	33	33	7	
adaptation	22	33	20	33	33	2	*
add	6	3	5	12	12	223	*
addition	11	9	8	33	33	63	*
additional	13	13	10	33	33	37	
address	12	14	10	12	33	46	*
adequate	15	18	12	33	33	17	*
adequately	21	33	17	33	33	4	
adherence	22	33	20	33	33	2	*
adjacent	21	18	19	33	33	4	*
adjective	16	11	33	33	33	12	
adjoin	21	19	18	33	33	4	*
adjust	15	15	12	33	33	17	*
adjustment	16	33	12	33	33	13	*
administer	21	33	18	33	33	3	*
administration	12	16	8	33	33	42	*
administrative	16	33	13	33	33	13	
administrator	21	33	16	33	33	3	*
admirable	22	33	20	33	33	2	*
admiral	21	16	33	16	33	4	
admiration	21	18	20	33	33	4	*
admire	14	14	15	12	33	22	*
admissible	22	33	20	33	33	2	*
admission	18	19	14	33	33	9	*
admit	13	13	11	14	33	33	*
adore	21	19	33	15	33	4	*
adolescence	21	33	17	33	33	4	*
adolescent	21	33	19	33	33	3	*
adopt	14	14	12	33	33	21	*
adoption	22	33	19	33	33	2	
adore	22	33	33	17	33	2	*
Adrian	16	33	33	33	11	13	
adult	14	12	13	33	33	21	*

See key on page 13.

WORD	OVERALL	TEXT-BOOK	GEN'L.	STORY-BOOK	SPOKEN	FREQ.	MULTI-MEANING
advance	12	11	10	17	33	46	*
advancement	22	33	20	33	33	2	*
advantage	13	12	11	17	33	34	*
adventure	14	12	15	14	14	25	*
adventurous	22	20	33	19	33	2	*
adverb	20	14	33	33	33	5	
adverse	22	33	19	33	33	2	*
advertise	15	16	12	16	33	19	*
advice	14	13	13	13	33	26	*
advise	16	16	13	16	33	15	*
adviser	21	33	19	33	33	3	
advisory	19	33	15	33	33	6	*
advocate	21	33	18	33	33	3	*
Aegean	21	33	18	33	33	3	*
aerate	22	33	20	33	33	2	*
aerator	22	33	19	33	33	2	
aerial	22	33	21	33	33	2	*
aesthetic	19	33	15	33	33	6	*
afar	18	33	33	13	33	8	*
affair	12	13	11	15	14	39	*
affect	13	11	11	33	33	36	*
affection	20	18	17	33	33	5	*
affectionate	22	33	33	17	33	2	*
affirm	21	33	19	18	33	4	*
affix	21	33	18	33	33	3	*
afflict	21	33	21	18	33	3	*
afford	15	14	13	33	13	19	*
afloat	22	33	33	17	33	2	*
afraid	8	10	12	5	11	133	*
Africa	12	11	13	13	13	43	
African	14	12	15	14	33	22	*
after	2	2	1	2	2	1087	*
afternoon	9	10	11	8	11	114	*
afterward	15	13	14	14	33	18	
again	2	2	2	2	2	932	*
against	4	4	2	6	9	328	*
age	8	7	4	12	13	131	*
agency	13	16	11	33	33	31	*
agent	14	14	11	17	33	26	*
aggravation	20	33	33	33	12	5	*
aggregate	22	33	21	33	33	2	*
aggression	22	33	20	33	33	2	*

See key on page 13.

WORD	OVERALL	TEXT-BOOK	GEN'L.	STORY-BOOK	SPOKEN	FREQ.	MULTI-MEANING
aggressive	21	33	17	33	33	4	*
ago	6	5	5	11	6	189	
agony	21	20	20	33	33	3	*
agrarian	22	33	21	33	33	2	*
agree	11	9	9	11	33	80	*
agreeable	22	33	19	33	33	2	*
agreement	13	15	10	17	33	34	
agricultural	16	16	14	33	33	12	
agriculture	18	14	16	33	33	9	
ah	7	14	16	11	3	170	
aha	22	33	33	17	33	2	
ahead	10	9	11	11	9	8	*
aid	12	12	8	16	13	57	*
aide	22	33	20	33	33	2	
aim	11	13	11	9	13	63	*
aimlessly	22	33	33	17	33	2	
ain't	8	14	13	12	4	135	
air	4	2	5	4	6	353	*
aircraft	15	16	12	33	33	20	
airplane	11	11	16	12	6	86	
airport	16	13	16	16	33	12	
akin	22	33	20	33	33	2	*
Al	17	14	15	33	14	11	
Alabama	18	17	16	16	33	9	
alarm	16	13	15	18	14	13	*
alas	15	17	20	12	33	19	
Alaska	15	12	16	33	14	16	
Albany	21	19	19	33	33	3	
Albert	11	14	15	7	33	68	
album	22	33	33	17	33	2	*
albumin	22	33	20	33	33	2	
alcohol	19	15	18	33	33	6	*
Alec	19	18	15	33	33	7	
alert	16	16	14	18	33	12	*
Alex	17	33	13	33	33	10	
Alexander	16	16	13	33	33	13	
alfalfa	14	33	33	16	9	26	
Alfred	12	18	13	10	33	47	
alibi	22	33	21	33	33	2	*
Alice	14	13	18	13	12	25	
alien	21	33	17	33	33	4	*
alienation	20	33	16	33	33	5	*

See key on page 13.

WORD	OVERALL	TEXT-BOOK	GEN'L.	STORY-BOOK	SPOKEN	FREQ.	MULTI-MEANING
alight	22	33	33	17	33	2	*
alike	13	11	16	17	13	30	*
alive	11	11	12	12	11	59	*
all	1	1	1	1	1	5057	*
Allan	21	18	33	33	14	4	
allege	22	33	20	33	33	2	*
Allen	19	15	16	33	33	7	
alley	16	18	21	15	12	12	*
alliance	20	33	16	33	33	5	*
allied	19	33	15	33	33	7	*
alligator	14	16	33	13	11	22	*
Allison	20	33	33	33	12	5	
allocation	21	33	17	33	33	4	
allot	22	33	20	33	33	2	*
allotment	16	33	13	33	33	12	*
allow	11	9	6	12	12	93	*
allowance	16	18	13	18	13	15	*
ally	17	19	14	33	33	10	*
almond	22	33	33	17	33	2	*
almost	3	3	3	6	3	398	
aloft	22	20	33	19	33	2	*
alone	7	7	7	7	9	168	*
along	3	3	4	2	6	455	*
alongside	18	15	18	16	33	9	*
aloud	16	13	18	16	33	13	*
Alpert	20	33	33	14	33	5	
alphabet	17	13	33	16	15	10	*
alphabetical	22	15	33	33	33	2	*
already	6	6	5	10	5	197	
also	3	2	1	7	7	574	*
altar	20	19	33	14	33	5	*
alter	17	16	14	33	33	11	*
alternate	21	17	19	33	33	4	*
alternative	16	33	13	33	33	12	*
although	8	6	4	12	33	134	
altitude	21	14	33	33	33	4	*
altogether	16	14	15	16	14	15	*
aluminum	18	14	17	33	33	8	
alumni	22	33	20	33	33	2	
alvelor	22	33	20	33	33	2	*
Alvin	20	19	33	14	33	5	
always	2	3	3	3	2	667	*

See key on page 13.

WORD	OVERALL	TEXT-BOOK	GEN'L.	STORY-BOOK	SPOKEN	FREQ.	MULTI-MEANING
am	3	6	6	2	6	450	
Amanda	12	33	33	8	33	46	
amateur	19	18	15	33	33	7	*
amaze	16	17	19	13	33	12	*
amazement	19	17	20	16	33	6	*
amazing	16	14	16	15	33	12	
Amazon	22	18	33	19	33	2	*
ambassador	20	33	16	33	33	5	*
ambiguity	22	33	19	33	33	2	*
ambiguous	20	33	16	33	33	5	*
ambition	17	16	14	18	33	11	*
ambitious	20	18	17	33	33	5	*
amble	20	33	33	14	33	5	*
ambulance	17	33	33	18	11	11	
amen	19	33	16	18	33	6	
amend	21	33	18	33	33	3	*
amendment	20	33	16	33	33	5	*
America	9	5	6	17	12	119	
American	5	4	2	16	13	254	*
amid	21	19	18	33	33	4	*
ammunition	18	18	17	16	15	9	*
among	6	5	4	8	33	105	*
amount	11	6	6	33	33	87	*
ample	21	33	17	33	33	4	*
amuse	17	14	16	18	33	10	*
amusement	20	18	33	16	15	5	*
Amy	14	17	17	12	13	24	
an	1	1	1	1	3	2137	*
analogous	22	33	21	33	33	2	*
analogy	21	33	18	33	33	3	*
analyses	21	33	18	33	33	3	*
analysis	13	16	11	33	33	29	*
analytic	21	33	17	33	33	4	*
analytical	22	33	20	33	33	2	
analyze	18	18	14	33	33	9	*
anatomical	22	33	20	33	33	2	
anatomy	22	33	20	33	33	2	*
ancestor	20	14	33	33	33	5	*
ancestry	22	33	21	33	33	2	*
anchor	15	14	15	13	33	18	*
ancient	12	10	12	12	33	52	*

See key on page 13.

WORD	OVERALL	TEXT-BOOK	GEN'L.	STORY-BOOK	SPOKEN	FREQ.	MULTI-MEANING
and	1	1	1	1	1	41051	*
Anderson	13	17	18	11	33	28	
Andrea	19	33	33	33	12	6	
Andrew	14	15	19	11	33	23	
Andy	13	12	14	17	11	31	
anecdote	22	33	20	33	33	2	
angel	12	16	13	11	11	55	*
Angela	15	33	33	33	11	8	
anger	14	15	13	13	33	25	*
Angie	14	33	17	33	9	25	
angle	13	10	12	33	33	37	*
Anglican	22	33	19	33	33	2	*
Anglo-Saxon	19	19	16	33	33	6	*
angrily	18	15	33	14	33	9	
angry	11	11	13	11	13	58	*
anguish	22	33	21	33	33	2	*
angular	21	33	17	33	33	4	*
Angus	14	33	33	11	33	21	
animal	3	2	10	4	4	403	*
anionic	22	33	20	33	33	2	*
ankle	21	18	21	33	15	4	*
Ann	12	11	15	12	11	48	
Anna	18	14	33	14	33	9	*
Anne	12	15	13	8	33	55	
Annie	19	16	33	16	13	7	
Anniston	21	33	17	33	33	4	
anniversary	19	19	16	33	33	6	*
announce	12	12	11	12	33	47	*
announcement	19	18	15	33	33	7	*
annoy	22	20	33	19	33	2	*
annoyance	22	33	20	33	33	2	*
annual	13	15	11	17	33	28	*
annually	21	18	18	33	33	4	
anode	15	33	11	33	33	19	
anonymous	21	33	17	33	33	4	*
another	2	2	2	3	2	783	*
answer	4	3	5	4	8	354	*
ant	12	11	33	11	10	56	
antagonism	22	33	20	33	33	2	*
antarctic	22	18	33	19	33	2	
antelope	22	33	33	33	14	2	*

See key on page 13.

WORD	OVERALL	TEXT-BOOK	GEN'L.	STORY-BOOK	SPOKEN	FREQ.	MULTI-MEANING
antenna	21	19	18	33	33	4	*
antennae	21	19	33	16	15	4	*
antimony	16	33	17	13	14	14	
anti-communist	22	33	21	33	33	2	
anti-Semitism	20	33	16	33	33	5	
anti-slavery	21	33	19	33	33	3	
anti-trust	19	33	15	33	33	6	
antibody	20	33	16	33	33	5	
anticipate	18	33	14	33	33	8	*
anticipation	20	33	16	33	33	5	*
antigen	21	33	19	33	33	3	
antique	14	33	19	33	13	6	*
anxiety	17	18	13	33	33	11	*
anxious	16	15	15	14	33	15	*
anxiously	14	15	20	16	33	7	
any	3	2	1	3	2	1022	*
anybody	11	13	13	12	7	66	
anyhow	13	18	16	16	15	10	*
anymore	14	33	33	12	10	35	
anyone	9	9	9	7	11	130	
anyplace	22	33	33	33	14	2	
anything	4	5	5	6	3	378	*
anyway	12	12	13	11	11	54	*
anywhere	13	12	14	13	13	30	*
apart	12	11	12	13	11	52	*
apartment	11	12	11	12	9	72	*
ape	13	33	33	13	8	37	*
aperture	22	33	21	33	33	2	
Apollo	21	14	33	33	33	3	
apologize	21	33	33	15	33	3	
Appalachian	22	16	33	33	33	2	
appall	22	33	20	33	33	2	
apparatus	18	17	15	33	33	9	*
apparent	15	15	12	33	33	17	*
apparently	13	14	10	33	33	36	
appeal	13	13	11	33	33	32	*
appear	7	6	4	11	33	160	*
appearance	13	12	12	17	33	29	*
appendix	20	33	20	16	33	5	*
appetite	19	18	19	16	33	6	*
applause	20	19	18	18	33	5	*
apple	6	10	20	5	4	217	*

See key on page 13.

WORD	OVERALL	TEXT-BOOK	GEN'L.	STORY-BOOK	SPOKEN	FREQ.	MULTI-MEANING
applesauce	22	33	33	33	14	2	
appliance	22	33	21	33	33	2	*
applicable	21	33	17	33	33	4	
applicant	21	33	17	33	33	4	
application	14	16	11	33	33	25	*
apply	11	11	6	33	33	66	*
appoint	15	15	13	15	33	17	*
appointment	18	18	15	18	33	9	*
Appolonia	18	33	33	13	33	8	
apportion	22	33	21	33	33	2	
apportionment	22	33	20	33	33	2	
appraisal	22	33	21	33	33	2	
appreciate	17	16	14	33	33	11	*
appreciation	19	18	16	33	33	6	*
apprehension	22	33	19	33	33	2	*
apprentice	18	19	18	18	33	6	*
approach	11	11	6	13	33	76	*
appropriate	14	13	11	33	33	25	*
appropriation	22	33	20	33	33	2	*
approval	16	17	13	33	33	14	
approve	16	16	12	33	33	15	*
approximate	21	17	19	33	33	4	*
approximately	14	14	12	33	33	22	
April	13	13	12	17	13	28	
apron	17	15	33	14	15	10	*
apt	20	18	18	33	33	5	*
Aquaman	21	33	33	33	13	3	
aquarium	22	16	33	33	33	2	*
aqueous	21	33	18	33	33	3	*
Arab	21	14	33	33	33	4	*
arbitrary	20	33	16	33	33	5	*
arc	16	15	13	33	33	15	*
arch	16	18	15	14	33	13	*
archaeological	22	33	21	33	33	2	
archaeology	22	33	18	33	33	2	*
archbishop	22	33	21	33	33	2	
archery	22	33	33	33	14	2	*
archic	12	33	33	7	13	53	
architect	18	17	15	33	33	9	*
architectural	22	33	21	33	33	2	
architecture	21	17	19	33	33	4	*
arctic	21	14	33	33	33	4	*

See key on page 13.

WORD	OVERALL	TEXT-BOOK	GEN'L.	STORY-BOOK	SPOKEN	FREQ.	MULTI-MEANING
ardent	21	33	19	33	33	3	*
are	1	1	1	1	2	3952	
area	6	4	2	33	33	218	*
aren't	11	12	14	11	9	62	
argue	13	14	11	15	14	28	*
argument	13	14	11	16	13	29	*
arise	15	17	13	14	33	20	*
Aristotle	20	33	16	33	33	5	*
arithmetic	18	13	21	33	33	8	
Arizona	20	15	20	33	33	5	*
ark	14	33	33	11	14	22	
Arkansas	16	17	17	16	13	12	*
Arlene	19	33	15	33	33	6	
arm	5	5	5	5	6	245	
armadillo	22	33	33	17	33	2	*
armchair	21	33	33	15	33	3	
armor	22	16	33	33	33	2	*
Armstrong	19	19	33	18	12	7	*
army	11	10	9	12	11	80	
Arnold	17	33	16	18	13	10	*
arose	16	15	17	14	33	13	
around	2	2	2	2	2	1070	
arouse	18	17	16	18	33	8	*
arrange	12	11	12	16	33	38	*
arrangement	14	13	12	33	33	25	*
array	20	17	19	18	33	5	*
arrest	15	16	14	17	12	19	*
arrival	18	16	16	33	33	8	*
arrive	11	10	11	10	33	79	*
arrow	13	11	18	14	11	33	*
art	11	11	5	13	12	97	*
artery	16	33	12	33	33	15	*
Arthur	11	14	13	8	33	64	*
article	12	11	11	17	33	42	
articulate	22	33	21	33	33	2	*
Artie	21	33	21	33	15	3	*
artificial	19	15	17	33	33	7	
artillery	21	19	19	18	33	4	*
artist	12	13	11	17	13	40	*
artistic	18	18	14	33	33	9	
as	1	1	1	1	3	4563	*
ash	15	14	19	14	12	18	*

See key on page 13.

WORD	OVERALL	TEXT-BOOK	GEN'L.	STORY-BOOK	SPOKEN	FREQ.	MULTI-MEANING
ashamed	17	17	17	14	33	10	*
ashore	18	15	33	14	33	9	
Asia	14	12	13	17	33	23	
Asian	21	19	20	33	33	3	
aside	13	12	12	13	33	32	*
ask	2	2	2	1	3	913	*
asleep	9	12	15	5	8	123	*
aspect	13	15	11	33	33	31	*
aspen	18	33	33	13	33	8	
aspiration	21	33	19	33	33	3	*
assault	21	33	18	33	33	3	*
assemble	16	15	14	16	33	13	*
assembly	15	14	12	33	33	20	*
assert	18	33	14	33	33	8	*
assess	21	33	17	33	33	4	*
assessment	20	33	16	33	33	5	*
assessor	21	33	17	33	33	4	*
asset	21	33	18	33	33	3	*
assign	14	16	11	17	33	23	*
assignment	14	15	11	33	33	22	*
assimilation	22	33	21	33	33	2	*
assist	18	16	15	33	33	8	*
assistance	14	17	11	17	33	24	
assistant	16	16	13	33	33	14	
associate	13	14	11	33	14	30	*
association	12	14	8	33	33	44	*
assume	12	12	9	33	33	43	*
assumption	15	19	12	33	33	16	*
assurance	21	33	17	33	33	4	*
assure	14	15	11	33	33	24	*
astonish	17	15	21	14	33	11	*
astonishment	21	19	33	15	33	4	*
astronaut	17	13	33	18	13	10	
astronomer	21	14	33	33	33	4	
astronomy	19	17	15	33	33	7	*
at	1	1	1	1	1	4482	*
ate	4	11	17	4	3	288	
Athens	21	17	21	33	33	4	
athlete	20	15	20	33	33	5	
athletic	18	17	15	33	33	8	*
Atlanta	17	19	14	17	33	10	
atlantic	17	19	14	18	33	10	

See key on page 13.

WORD	OVERALL	TEXT-BOOK	GEN'L.	STORY-BOOK	SPOKEN	FREQ.	MULTI-MEANING
Atlantic	14	11	13	16	33	25	*
atlas	21	33	19	33	33	3	*
atmosphere	13	11	11	33	33	32	*
atmospheric	21	18	20	33	33	3	*
atom	13	11	11	33	33	34	*
atomic	15	13	13	33	33	19	*
attach	14	12	14	15	14	24	*
attack	11	11	8	14	14	65	*
attain	19	19	15	33	33	7	*
attainment	22	33	20	33	33	2	*
attempt	11	11	7	33	33	60	*
attend	12	12	11	16	33	39	*
attendance	21	33	19	33	33	3	*
attendant	21	33	18	33	33	3	*
attention	11	11	7	12	14	77	*
attic	13	17	17	11	11	31	*
attitude	12	13	8	33	33	45	*
attorney	15	33	12	33	33	18	
attract	14	12	13	16	33	21	
attraction	18	16	15	33	33	8	*
attractive	16	15	14	33	33	13	
attribute	19	33	15	33	33	7	*
auction	22	33	33	19	15	2	*
audience	12	12	10	33	13	44	*
auditorium	21	19	18	33	33	4	*
augment	22	33	20	33	33	2	*
August	14	13	11	33	33	25	*
aunt	10	11	16	9	5	110	*
Austin	13	33	17	33	8	32	
Australia	15	13	19	14	33	16	
Australian	22	33	20	33	33	2	*
Austria	22	15	33	33	33	2	
authentic	20	33	16	33	33	5	*
authenticity	22	33	21	33	33	2	
author	13	12	12	33	33	28	*
authoritative	22	33	21	33	33	2	*
authority	12	13	10	33	33	38	*
authorize	18	33	14	33	33	9	*
autistic	21	33	18	33	33	3	
auto	18	18	16	33	13	9	
autocoder	22	33	20	33	33	2	

See key on page 13.

WORD	OVERALL	TEXT-BOOK	GEN'L.	STORY-BOOK	SPOKEN	FREQ.	MULTI-MEANING
autograph	22	33	33	33	14	2	*
automatic	16	15	13	33	33	13	*
automatically	17	16	14	33	33	11	
automobile	12	11	12	13	33	43	*
automotive	22	33	21	33	33	2	*
autonomic	22	33	19	33	33	2	*
autonomy	21	33	17	33	33	4	*
autumn	14	13	16	13	14	21	*
availability	20	33	16	33	33	5	*
available	11	12	5	33	33	70	*
avenue	15	16	12	18	33	18	*
average	12	11	8	33	33	56	*
avocado	22	33	19	33	33	2	
avoid	13	12	11	16	33	36	*
avoidance	22	33	21	33	33	2	*
await	19	17	20	16	33	6	*
awake	13	13	16	11	12	32	*
awaken	16	15	33	13	33	12	
award	14	16	11	17	33	27	*
aware	13	13	11	17	33	29	*
awareness	18	19	14	33	33	9	
away	2	2	3	1	2	979	*
awful	13	15	17	11	12	37	*
awfully	19	17	20	15	33	7	
awhile	17	17	33	18	12	10	
awkward	18	16	19	15	33	9	*
awoke	18	17	20	14	33	9	
ax	16	13	33	14	13	13	*
axis	16	15	14	33	33	12	*
baa	15	33	33	12	12	16	
babe	17	16	21	14	33	10	*
baboon	19	33	33	14	33	6	
babushka	15	33	33	12	33	16	*
baby	2	6	11	2	1	714	*
babysitter	19	33	33	16	13	6	
back	1	2	2	1	1	1806	*
background	14	13	12	33	33	22	*
backward	12	13	16	11	10	50	*
backyard	19	18	33	15	15	6	*
bacon	13	15	20	11	12	30	
bacteria	19	14	21	33	33	6	

See key on page 13.

WORD	OVERALL	TEXT-BOOK	GEN'L.	STORY-BOOK	SPOKEN	FREQ.	MULTI-MEANING
bacterial	21	33	18	33	33	3	
bad	5	9	9	6	4	236	*
badge	20	33	33	18	13	5	*
badly	15	13	14	16	33	17	
badness	22	33	20	33	33	2	
bag	7	11	13	5	7	155	*
bait	19	17	33	18	13	6	*
bake	12	12	16	11	12	45	*
baker	16	17	14	14	33	15	
bakery	19	18	33	14	33	7	
balance	12	11	11	13	33	50	*
balcony	20	18	33	15	33	5	*
bald	21	19	33	16	33	3	*
ball	3	5	10	4	2	519	*
ballad	22	33	21	33	33	2	*
ballet	16	16	13	18	33	14	*
ballistic	21	33	17	33	33	4	
balloon	11	12	20	9	11	61	*
ballot	21	33	19	33	33	3	*
ballroom	21	33	21	18	33	3	
balooky	19	33	33	14	33	6	
Baltimore	19	16	16	33	33	7	
bam	17	33	33	33	11	10	
bamboo	19	16	33	14	33	7	
bammer	20	33	33	14	33	5	
banana	12	13	33	12	9	43	*
band	12	11	12	11	14	56	*
bandage	17	33	33	18	11	10	*
bandit	20	33	33	15	15	5	*
bandstand	21	33	33	15	33	3	
bang	11	14	33	6	11	73	*
bangle	21	33	33	15	33	3	*
bank	9	8	10	9	9	124	*
banker	20	33	18	33	15	5	*
bankruptcy	22	33	21	33	33	2	*
banner	20	33	21	15	33	5	*
Baptist	21	33	17	33	33	4	*
baptize	19	33	19	33	13	6	*
bar	8	11	7	8	7	137	*
Barbara	18	17	20	15	15	9	
barbecue	18	33	18	33	12	8	*

See key on page 13.

WORD	OVERALL	TEXT-BOOK	GEN'L.	STORY-BOOK	SPOKEN	FREQ.	MULTI-MEANING
barbed	22	33	19	33	33	2	*
barbell	22	33	33	17	33	2	
barber	17	18	21	14	15	10	*
barbershop	22	33	33	17	33	2	*
Barbie	15	33	33	33	11	16	
bare	13	12	15	11	14	34	
barefoot	20	33	33	18	13	5	*
barely	15	15	14	14	14	18	*
bargain	16	17	17	14	14	13	*
barge	20	16	33	16	33	5	*
bark	11	11	18	10	11	62	*
barley	19	17	33	14	33	6	
barn	11	11	15	8	10	82	*
barnacle	19	33	33	18	12	6	*
Barnes	22	33	20	33	33	2	
Barnett	22	33	19	33	33	2	
Barney	15	33	33	33	10	20	
barnyard	19	33	33	14	15	7	*
barometer	22	33	33	17	33	2	*
barrel	12	13	14	11	11	48	*
barren	20	16	33	18	15	5	*
Barrett	19	33	33	33	12	6	
barrier	18	15	15	33	33	9	*
Barton	19	19	15	33	33	7	
base	6	5	6	16	4	213	*
baseball	7	11	12	13	3	156	
basement	13	17	14	33	8	34	*
basic	11	11	7	33	33	63	*
basically	19	16	16	33	33	7	
basin	22	17	33	33	33	2	*
basis	12	12	7	33	33	54	*
basket	11	11	17	8	8	91	*
basketball	11	14	20	13	5	81	
bass	18	15	17	18	33	8	*
bat	7	11	14	11	4	158	*
batch	22	33	33	17	33	2	*
batgirl	21	33	33	33	13	3	
bath	12	14	15	8	13	50	*
bathe	16	17	18	13	14	14	*
bathhouse	18	33	33	13	33	8	*
bathroom	13	17	17	13	10	33	

See key on page 13.

WORD	OVERALL	TEXT-BOOK	GEN'L.	STORY-BOOK	SPOKEN	FREQ.	MULTI-MEANING
bathtub	16	18	33	12	14	13	
Batman	12	33	33	33	6	52	
Batmobile	21	33	33	33	13	3	
baton	22	33	20	33	33	2	*
batten	20	33	18	18	33	5	*
batter	15	15	20	33	11	18	*
battery	15	14	17	16	12	18	*
battle	12	11	11	15	12	47	*
battleship	21	33	33	33	13	3	
bawl	18	33	33	13	15	8	*
bay	12	12	12	11	13	53	*
be	1	1	1	1	2	4021	*
beach	11	11	11	8	11	94	*
beacon	21	33	33	15	33	3	*
bead	16	13	33	13	14	15	*
beak	16	17	33	12	33	15	*
beam	15	13	14	14	33	20	*
bean	12	12	20	11	11	44	*
beanstalk	22	33	33	33	14	2	
bear	2	7	11	1	1	1143	*
beard	14	15	14	12	14	27	*
bearskin	22	33	33	17	33	2	
beast	13	13	33	11	33	34	*
beat	9	9	11	11	6	130	*
beaten	18	16	18	16	33	8	*
beautiful	6	6	10	3	12	213	*
beautifully	19	16	17	33	33	6	
beauty	12	11	12	12	14	43	*
beaver	12	13	33	10	12	48	*
became	7	5	5	9	14	160	
because	1	2	2	2	1	1555	*
beckon	21	33	33	15	33	3	*
Becky	20	33	33	18	13	5	
become	5	4	3	11	33	239	*
bed	3	7	9	2	2	626	*
bedchamber	21	33	33	15	33	3	
bedpost	22	33	33	17	33	2	
bedroll	22	33	33	17	33	2	
bedroom	11	14	13	10	6	91	*
bedtime	16	18	33	12	33	14	
bee	11	12	15	11	7	71	*

See key on page 13.

WORD	OVERALL	TEXT-BOOK	GEN'L.	STORY-BOOK	SPOKEN	FREQ.	MULTI-MEANING
beef	15	14	14	16	13	17	*
beehive	21	33	33	18	14	3	*
been	1	1	1	3	2	1453	
beep	14	33	33	13	11	25	*
beer	15	19	14	15	12	20	*
beeswax	22	33	33	19	15	2	
beet	22	18	33	19	33	2	
Beethoven	21	33	19	33	33	3	
beetle	17	15	33	14	13	11	*
before	2	2	1	2	3	941	*
beg	12	13	15	10	12	50	*
began	3	3	4	2	33	413	
beggar	21	19	33	15	33	4	*
begin	5	3	4	7	11	262	*
beginning	20	17	20	18	33	5	*
begun	13	12	13	12	33	36	
behalf	20	33	16	33	33	5	
behave	14	14	15	13	13	22	*
behavior	13	13	11	17	33	31	*
behemoth	22	33	33	17	33	2	*
behind	4	5	5	3	6	320	*
behold	15	19	33	12	33	17	*
being	4	3	2	6	11	376	*
Belgian	17	19	14	18	33	10	*
belief	14	14	11	33	33	26	*
believe	6	7	4	7	10	183	*
bell	11	10	15	8	10	91	*
belle	22	33	33	33	14	2	
bellow	20	33	21	15	33	5	*
belly	14	17	16	12	12	27	*
belong	11	8	11	11	13	75	*
belonging	22	20	33	19	33	2	*
beloved	20	18	17	33	33	5	
below	6	3	9	11	14	189	*
belt	12	12	14	13	7	57	*
Ben	12	12	16	10	13	52	*
bench	13	13	13	12	13	34	*
bend	12	12	15	12	11	44	*
beneath	12	11	12	12	33	42	*
beneficial	22	33	19	33	33	2	*
benefit	13	14	11	17	33	30	*

See key on page 13.

WORD	OVERALL	TEXT-BOOK	GEN'L.	STORY-BOOK	SPOKEN	FREQ.	MULTI-MEANING
Benjamin	14	14	19	12	13	25	
bent	13	12	14	12	14	30	*
beret	16	33	33	33	11	15	
Berlin	15	18	12	33	33	19	
Bermuda	22	33	20	33	33	2	
Bernard	19	33	20	14	33	7	
berry	12	14	20	7	14	57	*
Bert	21	15	33	33	15	4	
beside	7	6	9	6	11	160	*
Bessie	21	18	33	33	14	3	
best	4	3	4	4	5	346	
bet	13	13	16	13	10	37	*
Bethlehem	22	33	33	17	33	2	
betray	22	33	21	33	33	2	*
Betsy	13	12	33	11	33	31	
better	4	4	3	4	4	393	*
Betty	13	14	33	12	11	29	
between	3	2	2	6	11	408	*
Beverly	21	33	18	33	33	3	
bewilder	15	33	33	12	33	16	*
bewitch	21	33	33	33	13	3	*
beyond	11	10	7	13	33	74	*
bias	22	33	21	33	33	2	*
Bible	15	14	12	17	33	19	*
biblical	21	33	17	33	33	4	*
bicycle	12	12	33	12	11	38	
bid	17	18	16	15	33	10	*
big	1	2	3	1	1	1615	*
bigfoot	19	33	33	33	12	7	
bike	8	14	33	11	4	136	*
Bill	8	5	7	13	9	139	*
billing	22	33	33	17	33	2	*
billion	13	13	12	12	33	34	*
billow	22	33	33	17	33	2	*
Billy	9	11	15	7	6	125	*
bin	21	19	20	18	33	4	*
bind	16	16	16	14	33	13	*
Bing	19	33	33	18	12	6	
bingo	13	33	33	33	7	35	
binomial	18	33	14	33	33	9	*
biography	21	19	18	33	33	4	*

See key on page 13.

WORD	OVERALL	TEXT-BOOK	GEN'L.	STORY-BOOK	SPOKEN	FREQ.	MULTI-MEANING
biological	20	33	16	33	33	5	
bionic	13	33	33	33	7	36	
birch	19	18	33	14	33	7	*
bird	3	3	11	2	4	504	*
Birmingham	21	33	18	33	33	3	
birth	14	13	12	16	14	26	*
birthday	7	12	17	7	4	172	*
biscuit	19	19	33	14	33	6	*
bishop	19	17	17	33	33	6	*
bit	6	7	11	5	5	212	*
bite	11	15	17	11	7	69	*
bitten	21	19	33	16	33	3	
bitter	15	14	13	16	33	20	*
bitterly	19	17	17	18	33	6	
bitterness	21	33	17	33	33	4	
bitty	22	33	33	33	14	2	*
black	3	4	6	3	3	444	*
blackberry	16	33	33	12	33	13	*
blackbird	19	33	33	14	15	6	*
blackboard	21	18	33	18	15	3	
blackhawk	22	33	33	33	14	2	
blackness	21	20	33	16	33	3	
blacksmith	22	19	33	19	33	2	
blacktop	21	33	33	33	13	3	
blade	15	14	15	14	13	20	*
blame	16	15	14	16	14	15	*
blanche	19	18	15	33	33	7	
blank	15	11	18	33	13	19	*
blanket	12	11	13	12	13	42	*
blast	17	15	18	15	33	10	*
blaze	21	15	33	18	33	4	*
bleak	22	33	20	33	33	2	*
bleat	22	33	33	17	33	2	*
bleed	19	18	17	33	13	7	*
blend	19	13	33	33	33	6	*
blender	20	33	33	33	12	5	
bless	12	17	14	11	14	39	*
blew	8	12	19	6	5	142	
blind	11	12	13	8	14	64	*
blindfold	18	33	33	15	12	8	*
blindly	21	33	21	18	33	3	
blindness	21	33	19	33	33	3	

See key on page 13.

WORD	OVERALL	TEXT-BOOK	GEN'L.	STORY-BOOK	SPOKEN	FREQ.	MULTI-MEANING
blink	15	19	33	12	14	18	*
blizzard	20	33	33	14	33	5	*
bloat	22	33	21	33	33	2	*
bloc	22	33	20	33	33	2	*
block	9	10	11	10	8	113	*
blockade	21	33	17	33	33	4	*
blonde	15	33	14	18	12	16	*
blood	10	9	10	12	7	100	*
bloody	20	17	33	33	13	5	*
bloom	12	15	16	11	14	39	*
bloomer	21	33	33	15	33	3	*
blossom	15	14	33	12	33	20	*
blouse	22	20	33	18	33	2	*
blow	7	8	12	6	5	178	*
blown	16	15	20	14	14	13	*
blue	4	5	8	3	4	354	*
blueberry	13	33	33	10	33	33	
bluebird	16	33	33	12	33	13	
bluff	20	19	21	18	15	5	*
blunt	21	19	20	33	33	3	*
bluntly	22	33	21	33	33	2	
blur	22	33	33	17	33	2	*
blurt	22	33	33	17	33	2	
blush	19	33	33	14	15	7	*
bo	22	33	33	19	15	2	
boa	19	33	33	13	33	7	*
boar	22	33	33	17	33	2	*
board	6	8	5	11	4	198	*
boardwalk	22	33	33	33	14	2	*
boast	20	33	21	15	33	5	*
boat	4	5	9	4	4	287	*
boathouse	22	33	33	17	33	2	
Bob	12	10	13	13	11	57	*
bobber	19	33	33	18	12	7	*
Bobbie	20	33	16	33	33	5	
bobbin	20	33	33	33	12	5	*
bobby	13	15	16	14	11	29	
Bobo	16	33	33	33	11	13	
bodger	15	33	33	11	33	20	
body	6	4	4	11	10	217	*
bog	21	33	33	15	33	3	*

WORD	OVERALL	TEXT-BOOK	GEN'L.	STORY-BOOK	SPOKEN	FREQ.	MULTI-MEANING
boil	13	12	14	13	12	30	*
bold	17	15	16	18	14	11	*
boldly	21	18	21	18	33	4	
bologna	20	33	33	33	12	5	
bolt	18	16	20	15	33	8	*
bomb	11	15	11	17	8	60	*
bomber	18	33	15	33	15	8	
bonanza	21	33	33	33	13	3	*
bond	14	16	11	33	33	25	*
bone	8	8	13	6	7	146	*
bonfire	22	33	33	17	33	2	
bonjour	15	33	33	11	33	20	
bonnet	20	33	33	15	15	5	*
bonny	22	33	33	17	33	2	
boo	15	33	33	16	11	16	*
Booboolina	13	33	33	10	33	35	
booger	17	33	33	33	11	10	
book	3	3	5	5	3	398	*
boom	13	15	21	12	11	35	*
boost	20	33	18	18	33	5	*
boot	11	12	14	11	11	60	*
booth	21	19	33	18	15	3	*
Borden	20	33	16	33	33	5	
border	15	12	14	16	33	18	*
bore	12	13	14	11	12	40	*
boredom	22	33	19	33	33	2	
Boris	16	33	20	12	33	15	
born	11	9	11	12	11	81	*
borne	22	20	21	33	33	2	
borrow	13	12	14	12	12	36	*
bosom	21	33	21	16	33	4	*
boss	14	15	16	13	12	23	*
bossy	21	33	33	15	33	3	*
Boston	13	12	12	16	14	29	
both	3	3	2	5	4	482	*
bother	12	14	14	11	12	40	*
bottle	11	11	11	11	10	87	*
bottom	9	7	11	11	6	130	*
bough	21	33	33	15	33	3	
bought	9	10	12	8	6	125	*
boulder	19	19	20	16	33	6	

See key on page 13.

WORD	OVERALL	TEXT-BOOK	GEN'L.	STORY-BOOK	SPOKEN	FREQ.	MULTI-MEANING
boulevard	22	33	19	33	33	2	
bounce	11	14	13	11	8	67	*
bouncy	22	33	33	19	15	2	*
bound	13	12	12	12	14	37	*
boundary	16	14	15	33	33	12	
bouquet	20	33	33	14	33	5	*
bout	22	33	33	19	15	2	
bow	12	11	17	11	13	46	*
bowl	11	11	16	12	7	71	*
box	5	4	11	5	5	248	*
boy	2	2	3	2	1	1123	*
boycott	22	33	21	33	33	2	*
boyfriend	16	33	33	33	11	13	*
Bozo	12	33	33	33	6	41	
brace	20	19	18	33	15	5	*
brad	20	33	33	33	12	5	*
Brady	16	33	33	33	11	13	
braid	19	33	33	16	13	6	*
brain	13	11	12	33	12	36	*
brake	14	14	33	14	11	21	*
branch	8	10	12	5	12	135	*
brand	15	16	17	13	13	17	*
Brandon	22	33	21	33	33	2	
brandy	17	33	33	13	15	10	*
Brannon	19	33	15	33	33	7	
brass	15	13	14	14	33	20	*
brave	11	12	15	9	12	62	*
bravely	21	18	33	16	33	4	
bravery	20	19	33	14	33	5	*
Brazil	20	15	21	33	33	5	
bread	11	11	13	8	11	89	*
break	7	7	10	10	5	169	*
breakdown	21	33	18	33	33	3	*
breaker	20	33	33	33	12	5	*
breakfast	10	11	13	6	12	106	*
breast	19	17	16	33	33	6	*
breath	12	11	13	11	14	53	*
breathe	13	11	14	12	14	36	*
breech	19	33	33	14	33	6	*
breed	19	16	17	33	33	6	*
breeze	13	13	18	11	33	28	*

See key on page 13.

WORD	OVERALL	TEXT-BOOK	GEN'L.	STORY-BOOK	SPOKEN	FREQ.	MULTI-MEANING
Brent	22	33	33	33	14	2	
brethren	22	33	21	33	33	2	*
Brian	14	19	33	33	8	25	
briar	22	33	33	17	33	2	*
brick	11	12	17	17	5	72	*
bride	16	17	14	18	13	15	
bridge	9	11	10	11	6	112	*
Bridget	20	33	16	33	33	5	
bridle	21	19	33	16	33	3	*
brief	14	13	12	17	33	25	*
briefly	16	16	14	33	33	12	*
bright	7	7	11	4	13	170	*
brightly	19	14	33	16	33	6	
brightness	20	18	17	33	33	5	*
brilliant	15	14	13	18	33	18	*
brilliantly	22	33	20	33	33	2	
bring	4	5	6	3	5	299	*
brisk	22	20	33	19	33	2	*
briskly	22	20	33	19	33	2	
Britain	14	13	12	33	33	21	
British	12	11	11	16	33	53	*
broad	12	11	11	13	33	44	*
broadcast	18	15	15	33	33	9	*
broaden	21	33	17	33	33	4	
Broadway	19	18	15	33	33	7	
broke	6	11	12	11	3	187	
broken	11	10	12	11	11	79	*
bronchial	19	33	15	33	33	7	
brontosaurus	22	33	33	19	15	2	
Bronx	22	33	20	33	33	2	
bronze	19	16	19	18	33	6	*
brood	19	33	16	18	33	7	*
brook	12	16	17	9	13	45	*
Brooklyn	17	18	15	16	33	10	
broom	12	15	33	11	11	45	*
broomstick	20	33	33	14	33	5	
brother	3	6	10	4	2	537	*
brought	4	5	5	3	5	302	
brow	18	18	33	14	15	8	*
brown	5	8	6	4	4	260	*
brownie	17	33	33	13	13	11	*

See key on page 13.

WORD	OVERALL	TEXT-BOOK	GEN'L.	STORY-BOOK	SPOKEN	FREQ.	MULTI-MEANING
browse	22	33	33	17	33	2	*
Bruce	22	18	33	33	15	2	
bruise	17	19	21	14	13	10	*
brush	11	11	12	9	11	76	*
brutality	21	33	18	33	33	3	*
Brutus	12	33	33	33	6	41	
bubble	11	13	15	6	11	86	*
bubbly	21	33	33	16	15	3	*
buck	16	16	16	14	14	15	*
bucket	11	13	33	14	5	68	*
buckle	17	33	33	13	15	10	*
buckskin	21	20	33	16	33	3	*
buckwheat	22	33	33	33	14	2	*
bud	14	13	20	12	14	21	*
Budapest	22	33	21	33	33	2	
Buddha	22	33	21	33	33	2	*
Buddhism	22	33	20	33	33	2	
buddy	21	33	18	33	33	3	*
budge	20	33	33	14	33	5	*
budget	16	19	12	33	33	15	*
buenos	21	33	33	15	33	3	
buffalo	11	12	17	8	13	61	*
buffer	21	33	17	33	33	4	*
bug	11	15	21	11	5	87	*
buggy	17	18	33	14	13	10	*
build	4	4	5	5	4	304	*
builder	17	16	14	33	33	11	*
building	11	11	11	13	9	66	*
built	8	5	11	9	7	149	
bulb	16	13	33	16	12	14	*
bulge	20	33	33	14	33	5	*
bulk	19	19	17	18	33	6	*
bulky	21	20	20	33	33	3	*
bull	13	14	15	13	11	33	*
bullet	14	15	13	16	12	25	*
bulletin	19	18	17	18	33	7	*
bumble	21	33	33	18	14	3	*
bumblebee	19	33	20	14	33	7	
bump	12	14	33	11	11	43	*
bumpy	20	33	33	33	12	5	*
bun	18	33	21	16	12	9	*
bunch	11	14	17	12	5	93	*

See key on page 13.

WORD	OVERALL	TEXT-BOOK	GEN'L.	STORY-BOOK	SPOKEN	FREQ.	MULTI-MEANING
bundle	15	13	16	13	33	19	*
bunk	14	33	14	17	11	21	*
bunker	22	33	33	33	14	2	*
bunny	7	33	33	5	4	158	
bunt	20	33	33	16	14	5	*
buoy	19	19	33	14	33	6	*
burden	16	17	13	33	33	12	*
bureau	16	15	13	33	33	13	*
burglar	22	33	33	17	33	2	
burial	22	33	19	33	33	2	*
burly	22	33	33	17	33	2	*
Burma	21	33	17	33	33	4	
burn	9	7	10	11	6	129	*
burnie	22	33	33	17	33	2	
burnt	17	17	33	13	13	11	
burro	21	17	33	33	15	3	
burrow	16	17	33	12	33	12	*
burst	12	12	13	11	33	42	*
bury	12	12	17	12	10	47	*
bus	10	11	14	9	6	102	*
bush	11	11	15	7	9	90	*
bushel	19	18	33	14	33	7	*
bushy	21	20	33	16	33	3	*
busily	19	19	21	14	33	7	
business	8	8	3	14	12	146	*
businessman	21	19	20	33	33	3	
businessmen	20	17	18	33	33	5	
bust	14	33	33	33	9	21	*
bustle	22	33	33	17	33	2	*
busy	11	10	12	7	14	91	*
but	1	1	1	1	1	4587	*
Butch	16	33	33	33	11	15	
butcher	18	18	21	18	12	9	*
butt	16	33	19	16	11	15	*
butter	12	12	15	12	9	51	*
buttercup	20	33	33	14	33	5	
butterfly	12	13	33	11	10	49	*
butternut	22	33	33	17	33	2	*
button	11	12	16	11	6	91	*
butyrate	22	33	20	33	33	2	
buy	6	7	11	5	5	219	*
buyer	20	19	33	33	12	5	

See key on page 13.

WORD	OVERALL	TEXT-BOOK	GEN'L.	STORY-BOOK	SPOKEN	FREQ.	MULTI-MEANING
buzz	13	14	18	12	12	29	*
buzzard	21	33	33	15	33	3	*
by	1	1	1	1	2	2993	*
bye	13	33	33	11	12	30	*
Byron	21	33	17	33	33	4	
cab	21	17	19	33	33	4	*
cabbage	15	14	33	13	12	19	*
cabin	11	11	16	11	11	58	*
cabinet	15	16	17	15	12	16	*
cable	18	15	33	15	15	8	*
cackle	16	33	33	12	33	12	*
cactus	21	15	33	33	15	4	
Cadillac	21	18	20	33	15	4	
cady	19	33	15	33	33	6	
cafe	19	33	16	16	33	7	*
cafeteria	20	33	18	33	15	5	
cage	11	12	20	8	7	84	*
cake	10	11	18	7	7	105	*
calabash	19	33	33	14	33	6	*
calcium	21	18	19	33	33	4	
calculate	17	16	14	33	33	11	*
calculation	20	33	16	33	33	5	*
caldron	21	33	33	15	33	3	*
calendar	16	16	14	33	33	12	*
calf	15	14	19	13	14	16	*
caliber	22	33	21	33	33	2	*
California	12	11	11	17	13	42	
call	2	1	2	2	2	1049	*
calm	15	13	14	14	33	19	*
calmly	19	17	19	16	33	6	
calves	21	17	33	18	33	3	*
Calvin	13	33	33	9	33	36	
came	1	2	2	1	1	1508	
camel	12	14	33	8	33	51	*
camera	14	12	13	33	13	22	*
camp	10	10	11	11	7	109	*
campaign	13	15	11	17	33	28	*
camper	13	33	20	33	8	29	*
campus	18	33	14	33	33	8	
can	1	1	1	1	1	2561	*
can't	2	5	8	3	1	838	
Canada	15	12	14	33	33	18	

See key on page 13.

WORD	OVERALL	TEXT-BOOK	GEN'L.	STORY-BOOK	SPOKEN	FREQ.	MULTI-MEANING
Canadian	22	15	33	33	33	2	
canal	15	12	33	14	33	16	*
canary	22	20	33	19	33	2	*
cancer	19	18	15	33	33	7	*
candidate	14	15	12	33	33	21	
candle	12	12	17	11	12	39	*
candy	6	12	17	8	3	209	*
Candyland	19	33	33	33	12	7	
cane	14	14	19	13	12	23	*
cannery	21	33	18	33	33	3	
cannon	17	15	33	15	13	11	*
cannot	7	5	5	8	33	168	
canoe	16	12	33	33	13	12	*
canopy	22	33	33	17	33	2	*
canteen	16	33	33	12	33	12	*
canvas	18	15	15	33	33	9	*
canyon	17	13	19	33	15	10	
cap	10	11	15	5	11	107	*
capability	18	33	14	33	33	9	*
capable	15	15	12	33	33	20	*
capacity	14	16	11	33	33	23	*
cape	15	14	16	13	13	19	*
capillary	22	33	21	33	33	2	*
Capistrano	22	33	33	17	33	2	
capita	21	33	17	33	33	4	
capital	12	10	11	13	14	53	*
capitalism	21	33	18	33	33	3	
capitol	19	18	16	18	33	7	*
carry	21	33	19	33	33	3	
capsule	22	16	33	33	33	2	*
captain	11	9	11	9	11	96	*
capture	13	12	14	13	12	33	*
car	3	3	3	5	2	510	*
caramel	22	33	33	17	33	2	*
caravan	22	33	21	33	33	2	*
carbon	15	12	14	33	33	16	*
card	4	11	12	12	2	286	*
cardboard	17	14	33	16	13	10	*
cardinal	16	18	16	14	14	13	*
care	5	6	7	4	8	224	*
career	14	14	11	17	33	25	*
carefree	21	33	20	18	33	3	

See key on page 13.

WORD	OVERALL	TEXT-BOOK	GEN'L.	STORY-BOOK	SPOKEN	FREQ.	MULTI-MEANING
careful	11	11	12	11	11	62	*
carefully	11	6	11	11	33	83	
careless	19	16	21	16	33	7	*
cargo	18	14	33	15	33	8	
Caribbean	19	17	33	15	15	6	
Carl	12	15	13	11	13	45	*
Carleton	19	33	15	33	33	7	
Carlos	19	13	33	33	33	7	
Carnegie	22	33	21	33	33	2	
carnival	19	17	20	33	14	6	*
carol	15	16	33	13	12	17	*
Carolina	17	14	15	33	33	10	
carpenter	22	15	33	33	33	2	*
carpet	16	16	18	14	12	15	*
carriage	13	13	19	11	13	29	*
carrier	20	17	16	33	33	6	*
Carroll	20	19	17	33	33	5	
carrot	12	15	33	11	11	41	*
carry	4	3	4	4	11	299	*
cart	13	13	33	11	14	32	*
Carter	21	16	33	33	15	3	
carton	17	15	33	13	33	10	*
cartoon	7	33	33	33	3	155	*
cartwheel	18	33	33	33	11	8	*
carve	16	14	18	16	14	12	*
cascade	21	33	33	18	14	3	*
case	6	6	3	12	11	196	*
casework	21	33	19	33	33	3	
Casey	17	13	16	33	33	11	
cash	16	14	14	33	14	14	*
Casper	14	33	33	33	8	27	
cast	12	13	13	11	11	52	*
castle	11	12	33	6	10	89	*
Castro	18	33	14	33	33	8	
casual	20	19	16	33	33	6	*
casually	21	33	18	18	33	4	
cat	3	7	13	2	3	553	*
catalog	18	33	21	14	33	8	*
catastrophe	22	33	19	33	33	2	
catch	4	7	13	5	2	344	*
catcher	14	17	17	33	10	25	
category	16	17	13	33	33	13	*

See key on page 13.

WORD	OVERALL	TEXT-BOOK	GEN'L.	STORY-BOOK	SPOKEN	FREQ.	MULTI-MEANING
caterpillar	16	16	33	12	14	15	
catfish	21	19	33	33	13	4	
cathedral	21	19	21	33	33	3	*
cathode	22	33	20	33	33	2	*
Catholic	13	17	11	33	33	30	*
Catholicism	22	33	21	33	33	2	*
Cathy	16	33	16	15	12	13	
cattail	21	33	33	15	33	3	
cattle	11	9	11	13	33	58	*
caught	5	7	11	6	3	254	
cause	5	5	4	11	3	276	*
caution	20	18	16	33	33	6	*
cautious	21	33	20	18	33	3	
cautiously	20	17	20	18	33	5	
cavalry	19	33	15	18	33	7	*
cave	11	11	20	11	8	70	*
cavern	20	18	33	15	15	5	*
cavity	19	19	19	18	13	7	
caw	15	33	33	12	33	16	
cease	17	16	15	16	13	11	*
Cecil	10	33	33	4	33	105	
cedar	19	18	33	14	33	7	*
cede	21	15	33	33	33	3	*
ceiling	12	14	14	11	33	49	*
celebrate	15	15	18	13	12	20	*
celebration	19	16	16	18	12	7	
celery	18	18	33	13	33	9	
celestial	22	33	21	33	15	2	*
cell	11	9	8	17	33	64	*
cellar	12	15	15	11	33	40	*
cellulose	21	20	20	33	33	3	
cement	16	15	19	18	12	14	*
cemetery	19	33	18	33	13	7	
census	22	33	19	33	33	2	*
cent	11	9	7	12	12	88	*
center	8	6	5	13	12	133	*
centimeter	22	33	21	33	33	2	
central	11	11	8	17	33	59	*
centralize	22	33	20	33	33	2	*
century	9	7	4	17	33	113	*
ceramic	22	33	20	33	33	2	*
cereal	13	17	17	12	11	32	*

See key on page 13.

WORD	OVERALL	TEXT-BOOK	GEN'L.	STORY-BOOK	SPOKEN	FREQ.	MULTI-MEANING
cerebral	22	33	21	33	33	2	*
ceremony	16	15	14	16	33	13	*
certain	8	5	4	11	13	155	*
certainly	11	11	9	12	33	68	
certainty	20	33	16	33	33	5	*
chain	12	12	12	11	11	55	*
chair	4	10	11	5	2	381	*
chairman	15	16	12	33	33	18	
chairmen	22	33	20	33	33	2	
chalk	17	17	33	16	12	10	*
chalkboard	22	17	33	33	33	2	
challenge	14	13	12	17	33	22	*
chamber	14	13	12	15	33	25	*
chamberlain	16	33	33	12	33	15	*
champ	22	33	33	19	15	2	*
champagne	21	33	18	33	33	3	
champion	15	15	14	18	12	17	*
championship	22	33	21	33	33	2	
chance	11	9	8	12	11	91	*
chancellor	21	33	18	33	33	3	*
chandler	18	33	14	33	33	8	*
change	4	2	3	6	10	389	*
channel	12	14	14	13	11	38	*
chant	21	19	33	15	33	4	*
chanticleer	15	33	33	12	33	16	
chaos	21	33	17	33	33	4	
chap	22	33	33	33	14	2	*
chapel	20	19	16	33	33	5	*
chapter	12	11	11	33	33	41	*
character	11	11	8	33	12	59	*
characteristic	12	12	10	33	33	42	*
characterization	22	33	21	33	33	2	
characterized	20	18	16	33	33	6	*
charcoal	20	17	18	18	33	6	*
charge	11	11	6	12	12	87	*
chariot	18	19	33	13	33	9	*
charity	21	33	21	16	33	4	*
Charles	13	12	11	16	14	37	
Charley	21	18	21	33	33	3	
Charlie	11	14	13	16	6	71	
Charlotte	19	18	18	33	13	7	

See key on page 13.

WORD	OVERALL	TEXT-BOOK	GEN'L.	STORY-BOOK	SPOKEN	FREQ.	MULTI-MEANING
charm	14	14	13	14	33	22	*
chart	14	11	14	33	33	26	*
charter	18	33	14	33	33	8	*
chase	9	12	33	8	5	117	*
chat	22	33	33	17	33	2	*
chatter	15	16	33	12	33	16	*
cheap	16	15	14	33	33	12	*
cheat	19	33	33	18	12	7	*
check	9	6	9	11	9	121	*
checker	12	33	33	16	7	42	*
cheek	13	13	14	11	33	32	*
cheep	17	33	33	14	13	10	*
cheer	14	13	21	11	33	26	*
cheerful	17	15	20	14	33	11	*
cheerfully	21	17	33	18	33	3	
cheerily	22	33	33	17	33	2	
cheerio	20	33	33	33	12	5	
cheerleader	21	33	33	15	33	3	
cheese	13	12	20	13	11	34	*
chef	19	33	20	15	15	7	*
chemical	13	11	12	16	33	33	*
chemist	22	17	33	33	33	2	*
chemistry	19	16	17	18	33	7	*
cherish	21	19	17	33	33	4	*
cherry	14	13	33	13	11	27	*
chess	21	33	33	33	13	3	*
chest	11	12	13	11	11	59	*
Chester	16	15	20	13	33	13	
chew	12	13	18	11	13	41	*
Chicago	12	12	11	13	13	47	
chick	12	19	33	10	12	42	*
chickadee	21	33	33	15	33	3	
chicken	7	11	13	6	5	156	*
chief	11	10	11	12	14	67	*
chiefly	17	14	16	33	33	10	*
child	6	7	5	8	12	151	*
childhood	16	16	13	33	33	15	*
childish	22	33	19	33	33	2	*
children	3	3	3	2	9	461	*
Chile	22	17	33	33	33	2	
chill	17	17	18	14	33	10	*

See key on page 13.

WORD	OVERALL	TEXT-BOOK	GEN'L.	STORY-BOOK	SPOKEN	FREQ.	MULTI-MEANING
chilly	21	19	33	16	33	3	*
chime	20	33	33	14	33	5	*
chimney	11	14	33	11	7	58	*
chin	12	14	15	12	7	53	*
China	12	11	12	14	11	44	*
Chinese	13	11	12	33	14	29	*
chinny	17	33	33	33	11	11	
chip	15	17	17	15	11	19	*
chipmunk	20	33	33	15	14	6	
chipper	22	33	33	33	14	2	*
chirp	17	33	33	13	33	10	
chitter	21	33	33	15	33	3	
chlorine	18	19	14	33	33	9	
chocolate	13	13	20	12	11	35	*
choice	12	12	10	33	14	42	*
choir	22	20	21	33	33	2	*
choke	16	17	20	13	13	13	*
choker	22	33	33	17	33	2	*
cholesterol	20	33	16	33	33	5	
choose	11	7	12	11	12	60	*
choosy	22	33	33	17	33	2	
chop	13	17	33	12	10	34	*
chopper	21	33	33	33	13	3	*
choppy	22	33	33	17	33	2	*
chord	20	14	33	18	33	5	*
chore	15	16	17	13	13	16	*
chorus	15	16	14	14	33	16	*
chose	12	13	14	11	33	39	
chosen	13	12	12	13	13	37	*
chowder	20	33	33	14	33	6	*
Chris	13	18	19	33	8	34	
Christ	13	19	11	17	33	31	*
Christian	12	13	8	33	33	46	*
Christianity	18	17	14	33	33	9	*
Christmas	6	11	15	10	4	134	*
Chrisopher	11	16	33	5	11	93	
christy	14	33	33	33	9	23	
chromatic	22	33	21	33	33	2	*
chromatography	22	33	20	33	33	2	
chronic	22	33	19	33	33	2	*
chrysanthemum	21	33	33	15	33	3	*
chubby	16	33	33	12	33	12	

See key on page 13.

WORD	OVERALL	TEXT-BOOK	GEN'L.	STORY-BOOK	SPOKEN	FREQ.	MULTI-MEANING
chuck	14	18	18	14	11	24	*
chuckle	19	17	21	15	33	7	*
Chucky	17	33	33	33	11	11	
chug	21	33	33	15	33	3	*
chunk	21	17	33	18	15	4	*
church	7	10	3	12	120	163	*
Churchill	21	33	19	33	33	3	
churchyard	22	33	21	33	33	2	
churn	19	33	33	13	33	7	*
chute	16	33	33	15	11	15	*
cider	14	33	33	12	11	23	*
cigar	18	18	20	33	12	8	
cigarette	17	16	14	33	33	11	
Cincinnati	21	33	20	33	14	4	
cinder	20	33	33	14	33	6	*
Cinderella	11	33	33	6	10	85	*
Cindy	16	33	33	33	11	12	
circle	7	6	11	9	5	161	*
circuit	18	14	16	33	33	9	*
circular	18	15	16	33	33	8	*
circulation	20	18	17	33	33	5	*
circumstance	14	15	11	33	33	27	*
circus	12	12	33	11	10	54	*
cite	20	33	15	33	33	6	*
citizen	12	12	11	15	33	45	*
city	4	3	3	5	10	363	*
civic	20	33	16	33	33	5	
civil	13	13	11	13	33	34	*
civilian	20	33	15	33	33	6	*
civilization	15	13	13	33	33	17	*
civilize	21	17	19	33	33	4	*
clack	19	33	33	13	33	7	*
claim	11	12	6	16	33	64	*
claimant	22	33	21	33	33	2	
Claire	21	33	17	33	33	4	
clam	18	15	33	14	33	9	*
clamp	22	33	21	33	33	2	*
Clancy	21	33	33	15	33	3	
clang	20	33	33	14	33	6	*
clap	14	15	33	11	13	24	*
Clara	21	17	33	33	15	3	
Clarence	16	18	21	12	33	15	

See key on page 13.

WORD	OVERALL	TEXT-BOOK	GEN'L.	STORY-BOOK	SPOKEN	FREQ.	MULTI-MEANING
clarify	20	33	16	33	33	5	*
clarity	19	19	15	33	33	7	
Clark	16	15	14	33	13	14	
class	7	5	4	12	8	179	*
classic	16	18	13	33	33	12	*
classical	18	18	14	33	33	9	*
classification	20	19	16	33	33	6	*
classify	18	14	18	33	33	8	*
classmate	21	14	33	33	33	4	
classroom	15	12	17	18	13	18	
clatter	18	19	33	13	33	9	*
Claude	16	33	19	12	33	15	
Claus	15	18	33	33	11	16	
clause	20	15	20	33	33	5	*
claw	16	13	33	14	14	12	*
clay	12	12	11	14	11	54	*
Clayton	20	33	15	33	33	6	
clean	7	8	10	8	6	159	*
cleaner	17	17	17	15	15	11	*
clear	7	6	5	9	11	167	*
clearly	12	11	10	13	33	52	
clergy	21	33	19	33	33	3	*
clergyman	22	33	20	33	33	2	
clerical	22	33	21	33	33	2	*
clerk	16	14	14	16	33	15	*
Cleveland	20	18	17	33	33	5	
clever	13	13	17	11	33	37	*
cleverness	22	33	33	17	33	2	
click	12	18	21	12	10	38	*
clickety	20	33	33	14	33	6	
client	20	33	15	33	33	6	*
cliff	15	13	19	17	11	20	
Clifford	17	33	33	13	33	10	
climate	14	11	15	33	33	21	
climax	21	19	18	33	33	4	*
climb	5	7	12	3	6	265	*
cling	21	15	33	18	33	4	*
clinical	20	33	15	33	33	6	*
clip	17	17	33	14	13	10	*
cloak	17	17	33	13	33	11	*
clock	10	11	15	6	10	112	*
clockmaker	19	33	33	13	33	7	

See key on page 13.

WORD	OVERALL	TEXT-BOOK	GEN'L.	STORY-BOOK	SPOKEN	FREQ.	MULTI-MEANING
close	4	3	3	4	5	379	*
closely	13	11	12	14	33	35	*
closer	11	11	12	8	11	85	
closet	12	15	17	13	8	43	*
cloth	11	11	13	10	33	63	*
clothe	24	33	33	19	33	165	*
clothesline	21	33	33	15	33	3	*
clothing	15	11	16	16	33	20	*
cloud	10	8	12	7	11	108	*
cloudburst	22	33	33	17	33	2	*
cloudy	18	17	33	14	15	9	*
clout	22	33	33	17	33	2	*
clover	14	15	17	12	33	22	
clown	13	15	33	13	10	28	*
club	11	11	7	14	11	79	*
clubhouse	22	33	33	33	14	2	*
cluck	17	33	33	13	15	10	*
clue	16	12	15	33	33	15	*
clump	16	18	33	12	33	12	*
clumsy	20	17	33	15	33	5	*
clung	19	17	18	16	33	7	
cluster	18	14	18	18	33	8	*
clutch	18	16	21	14	33	9	*
clutter	21	33	33	15	33	3	*
coach	13	13	15	12	12	33	*
coachman	21	33	33	15	33	3	*
coal	13	11	13	15	13	32	*
coalition	21	33	18	33	33	3	*
coarse	21	16	20	33	33	4	*
coast	12	9	12	14	33	48	*
coastal	22	16	33	33	33	2	
coaster	14	33	33	17	10	21	*
coastline	22	19	33	18	33	2	*
coat	8	10	11	7	6	155	*
coating	21	33	19	33	33	3	*
cobblestone	22	33	33	17	33	2	
cobra	21	33	33	33	13	3	
cobweb	21	33	33	15	33	3	*
cock	15	19	33	12	33	17	*
cockpit	21	33	17	33	33	4	*
cocktail	20	33	15	33	33	6	*
cocoa	16	17	33	13	13	12	*

See key on page 13.

WORD	OVERALL	TEXT-BOOK	GEN'L.	STORY-BOOK	SPOKEN	FREQ.	MULTI-MEANING
coconut	17	15	33	13	33	10	*
cocoon	21	19	33	15	33	4	*
code	15	13	12	17	33	20	*
coexistence	22	33	19	33	33	2	
coffee	12	11	11	13	11	47	*
coffin	21	20	33	18	15	3	*
cohesive	22	33	19	33	33	2	
coil	21	16	33	16	33	4	*
coin	14	12	16	14	13	22	*
coincide	21	33	18	33	33	3	*
coincidence	22	33	19	33	33	2	*
coke	21	33	33	16	15	3	*
cold	4	4	7	3	4	320	*
coldly	22	33	21	33	33	2	
collaborate	22	33	21	33	33	2	*
collaboration	21	33	19	33	33	3	
collage	21	33	18	33	33	3	*
collapse	21	33	18	33	15	4	*
collar	16	15	17	16	12	15	*
colleague	18	33	14	33	33	8	
collect	12	11	12	14	33	41	*
collection	12	12	11	13	13	44	*
collective	18	19	14	33	33	8	*
collector	22	19	33	19	33	2	*
college	11	11	4	33	11	97	*
collie	20	33	33	33	12	5	
colonel	16	14	14	33	33	13	*
colonial	18	15	16	33	33	8	*
colonist	19	14	33	16	33	7	*
colony	16	12	15	33	33	15	*
color	4	4	6	5	3	330	*
Colorado	18	14	18	18	15	9	
colorful	18	14	16	33	33	9	*
colt	14	14	15	13	14	22	*
Columbia	19	15	17	33	33	7	
Columbus	17	13	18	19	33	11	
column	12	10	11	17	33	51	*
comb	14	13	33	12	12	25	*
combat	19	18	15	33	33	7	*
combination	13	11	11	33	33	31	*
combine	13	11	12	33	33	36	*
combustion	21	33	19	33	33	3	*

See key on page 13.

WORD	OVERALL	TEXT-BOOK	GEN'L.	STORY-BOOK	SPOKEN	FREQ.	MULTI-MEANING
come	1	1	2	1	1	1827	*
comedy	16	33	13	33	33	13	*
comet	22	20	33	33	15	2	
comfort	14	14	13	15	33	21	*
comfortable	14	13	14	14	13	24	*
comfortably	21	17	19	33	33	4	
comic	16	17	20	16	12	12	*
comma	21	15	33	33	33	3	*
command	12	12	11	12	33	50	*
commander	16	14	15	33	14	12	*
commence	22	33	21	33	33	2	*
comment	14	16	11	33	33	24	*
commentary	22	33	21	33	33	2	*
commerce	15	16	12	33	33	16	*
commercial	13	14	12	33	11	33	*
commercially	22	33	19	33	33	2	
commission	12	14	11	33	11	40	*
commissioner	18	33	14	33	33	8	
commit	19	19	15	33	33	7	*
commitment	19	33	15	33	33	7	*
committee	12	13	7	33	33	53	*
commodity	20	33	16	33	33	5	*
common	10	5	6	33	33	106	*
commonly	17	14	15	33	33	12	
commonplace	21	19	18	33	33	4	*
communicate	20	15	18	33	33	6	*
communication	13	13	11	33	33	31	*
communion	21	33	19	33	15	4	*
communism	15	33	12	33	33	17	*
communist	12	14	9	33	33	38	*
community	11	11	5	33	14	88	*
commute	22	33	20	33	33	2	*
commuter	22	33	20	33	33	2	
compact	21	17	19	33	33	4	*
companion	14	13	15	13	33	23	*
company	8	9	3	12	12	147	*
comparable	17	19	13	33	33	11	*
comparative	20	19	17	33	33	5	*
comparatively	20	18	18	33	33	5	
compare	12	9	11	33	14	57	*
comparison	15	13	13	33	33	18	*
compartment	22	33	19	33	33	2	*

See key on page 13.

WORD	OVERALL	TEXT-BOOK	GEN'L.	STORY-BOOK	SPOKEN	FREQ.	MULTI-MEANING
compass	16	13	18	15	33	14	*
compassion	22	33	33	17	33	2	
compatible	21	33	17	33	33	4	*
compel	19	33	15	17	33	7	
compensation	21	33	17	33	33	4	*
compete	16	18	14	33	13	13	
competence	21	33	17	33	33	4	*
competent	20	33	16	33	33	5	*
competition	15	16	12	33	14	19	*
competitive	19	33	14	33	33	7	*
competitor	22	33	20	33	33	2	
compilation	22	33	19	33	33	2	*
compile	22	33	20	33	33	2	*
complain	13	15	14	11	33	30	*
complaint	20	33	16	33	33	5	*
complement	19	16	16	33	33	7	*
complete	8	4	5	14	33	135	*
completely	12	11	11	13	33	48	
completion	16	33	12	33	33	14	*
complex	13	12	11	33	33	31	*
complexity	21	33	18	33	33	3	*
complicate	16	13	15	33	33	13	*
component	15	33	11	33	33	20	*
compose	15	12	13	33	33	18	*
composer	16	15	13	33	33	14	
composite	21	33	17	33	33	4	*
composition	14	11	14	33	33	22	*
compost	17	33	21	13	33	10	*
compound	13	11	14	17	33	31	*
comprehensive	21	33	17	33	33	4	*
compress	19	17	20	15	33	7	*
compression	22	33	21	33	33	2	*
comprise	21	33	17	33	33	4	*
compromise	20	19	16	33	33	5	*
compulsion	22	33	21	33	33	2	*
compulsive	22	33	20	33	33	2	*
compulsivity	21	33	18	33	33	3	
compute	17	19	14	18	33	10	*
computer	19	14	18	33	33	7	
comrade	21	18	20	33	33	3	*
conceal	22	20	21	33	33	2	*
concede	21	33	17	33	33	4	*

See key on page 13.

WORD	OVERALL	TEXT-BOOK	GEN'L.	STORY-BOOK	SPOKEN	FREQ.	MULTI-MEANING
conceivable	22	33	19	33	33	2	
conceivably	22	33	20	33	33	2	
conceive	20	19	16	33	33	6	*
concentrate	16	15	13	33	33	13	*
concentration	16	18	12	33	33	15	*
concept	13	14	11	33	33	32	*
conception	17	33	13	33	33	10	*
concern	10	11	4	16	33	103	*
concert	15	16	12	33	33	18	*
concerto	22	33	19	33	33	2	
conclude	15	15	12	18	33	18	*
conclusion	13	13	11	33	33	30	*
conclusive	22	33	19	33	33	2	*
concord	21	19	20	33	33	3	*
concrete	15	15	13	33	13	19	*
condemn	21	33	17	33	33	4	*
condense	22	33	21	33	33	2	
condition	10	10	4	33	33	99	*
conditioner	21	33	18	33	33	3	
conduct	12	14	10	15	33	39	*
conductor	16	14	15	18	14	13	
cone	11	13	18	12	5	82	*
confederacy	21	33	20	16	33	4	*
confederate	20	18	18	18	33	6	*
conference	13	18	10	17	14	34	*
confess	21	33	19	18	33	4	*
confession	21	33	17	33	33	4	*
confetti	22	33	33	17	33	2	
confide	22	33	21	33	33	2	*
confidence	15	15	12	33	33	17	*
confident	20	17	17	33	33	5	*
confine	20	18	17	33	33	5	*
confirm	18	19	14	33	33	9	*
conflict	14	14	12	33	33	22	*
conform	21	19	20	33	33	3	*
conformity	21	33	17	33	33	4	*
confront	17	33	13	33	33	12	*
confrontation	21	33	17	33	33	4	
confuse	15	14	13	15	33	19	*
confusion	16	15	13	33	33	14	*
Congo	15	17	12	18	33	17	
Congolese	21	33	19	33	33	3	

See key on page 13.

WORD	OVERALL	TEXT-BOOK	GEN'L.	STORY-BOOK	SPOKEN	FREQ.	MULTI-MEANING
congregation	15	33	12	33	33	16	*
congregational	21	33	18	33	33	3	*
congress	12	12	8	16	33	51	*
congressional	20	33	16	33	33	5	
congressman	20	33	16	33	33	5	
congressmen	22	33	20	33	33	2	
congruence	22	33	19	33	33	2	*
conjugate	20	33	15	33	33	6	*
conjunction	21	19	17	33	33	4	*
connect	14	11	14	33	33	23	*
Connecticut	18	15	17	18	33	8	
connection	14	15	11	33	33	23	*
conquer	21	14	33	33	33	4	*
conquest	21	18	20	33	33	3	*
conscience	17	18	13	33	33	11	*
conscientious	22	33	20	33	33	2	*
conscious	16	16	13	33	33	13	*
consciously	21	33	19	33	33	3	
consciousness	18	19	15	33	33	8	*
consecutive	22	33	20	33	33	2	
consent	18	18	17	16	33	8	*
consequence	15	17	12	33	33	17	*
consequently	18	17	14	33	33	9	
conservation	21	18	18	33	33	4	*
conservatism	22	33	20	33	33	2	*
conservative	19	33	14	33	33	7	*
consider	9	8	4	33	33	117	*
considerable	13	14	11	33	33	28	*
considerably	16	16	13	33	33	13	
consideration	14	16	11	33	33	22	*
consist	12	11	11	33	33	42	*
consistency	21	33	17	33	33	4	*
consistent	19	19	15	33	33	7	*
consistently	21	33	17	33	33	4	
consolidation	22	33	21	33	33	2	*
consonant	17	12	33	33	33	10	*
consonantal	22	33	21	33	33	2	
conspicuously	22	33	21	33	33	2	
conspiracy	20	33	16	33	33	5	*
constable	22	33	33	17	33	2	*
constant	14	13	11	33	33	26	*
Constantine	22	33	21	33	33	2	

See key on page 13.

WORD	OVERALL	TEXT-BOOK	GEN'L.	STORY-BOOK	SPOKEN	FREQ.	MULTI-MEANING
constantly	15	13	13	33	33	16	
constituent	21	20	20	33	33	3	*
constitute	16	19	13	33	33	13	*
constitution	15	13	13	33	33	18	*
constitutional	20	33	15	33	33	6	*
constrictor	22	33	33	17	33	2	*
construct	15	12	13	33	33	20	*
construction	13	12	11	33	12	37	*
constructive	21	33	18	33	33	3	*
consult	17	17	13	33	33	11	*
consultant	21	33	19	33	33	3	*
consultation	22	33	20	33	33	2	*
consume	21	33	18	33	33	3	*
consumer	17	33	13	33	33	11	
consumption	21	33	17	33	33	4	*
contact	14	14	11	17	33	27	*
contain	10	5	7	17	33	104	*
container	18	14	20	19	15	8	
contemporary	15	16	12	33	14	19	*
contempt	21	19	18	33	33	4	*
contend	21	33	19	33	33	3	*
content	12	11	11	13	33	40	*
contention	22	33	21	33	33	2	*
contest	15	13	14	17	13	20	*
context	17	17	14	33	33	10	*
continent	15	12	17	14	33	18	*
continental	19	15	16	33	33	7	*
continually	20	16	33	16	33	5	
continuation	21	33	17	33	33	4	*
continue	9	7	4	14	33	128	*
continuity	20	33	15	33	33	6	*
continuous	16	14	13	33	33	14	*
continuously	20	19	16	33	33	6	
contour	21	19	18	33	33	4	*
contract	14	14	11	33	33	27	*
contraction	20	15	19	33	33	6	*
contradiction	21	33	18	33	33	3	*
contrariness	21	33	33	15	33	3	
contrary	9	15	13	4	33	128	*
contrast	13	13	11	33	33	31	*
contribute	13	14	11	33	33	31	*
contribution	15	14	12	33	33	20	*

See key on page 13.

WORD	OVERALL	TEXT-BOOK	GEN'L.	STORY-BOOK	SPOKEN	FREQ.	MULTI-MEANING
control	9	8	4	16	12	119	*
controller	22	33	21	33	33	2	*
controversial	21	33	19	33	33	3	*
controversy	20	33	15	33	33	6	*
convenience	20	17	16	33	33	6	*
convenient	18	15	16	33	33	8	*
convent	22	33	33	17	33	2	*
convention	17	17	14	33	33	10	*
conventional	16	17	13	33	33	14	*
conversation	14	12	12	33	33	24	*
conversely	22	33	21	33	33	2	
conversion	20	33	16	33	33	5	*
convert	17	15	14	33	33	11	*
convertible	22	33	20	33	33	2	*
convey	20	18	16	33	33	6	*
convict	21	33	18	33	33	3	*
conviction	15	33	12	33	33	17	*
convince	14	13	12	33	33	21	*
cony	22	33	33	17	33	2	*
coo	15	33	33	12	13	18	*
cook	9	10	11	10	7	117	*
cookie	12	18	33	12	7	43	*
cooky	12	13	33	11	10	50	*
cool	10	8	9	10	11	108	*
Coolidge	20	33	15	33	33	6	
coon	22	33	33	19	15	2	
coop	21	33	33	15	33	3	*
cooper	20	19	19	33	14	6	*
cooperate	21	20	19	33	33	3	*
cooperation	17	18	13	33	33	12	*
cooperative	18	19	15	33	33	8	*
coordinate	20	19	16	33	33	6	*
coordination	21	33	19	33	33	3	*
cootie	22	33	33	33	14	2	
cop	15	19	14	18	12	16	*
cope	19	33	15	33	33	7	*
Copernicus	21	33	18	33	33	3	
copper	15	12	18	18	33	16	*
copy	12	8	12	15	13	53	*
coral	18	15	33	14	33	8	*
cord	18	13	33	16	33	8	*
corduroy	15	33	33	12	33	16	*

See key on page 13.

WORD	OVERALL	TEXT-BOOK	GEN'L.	STORY-BOOK	SPOKEN	FREQ.	MULTI-MEANING
core	17	16	14	33	33	11	*
cork	20	17	20	16	33	6	*
corky	20	33	33	33	12	5	
cormorant	22	33	33	17	33	2	*
corn	11	10	14	8	11	87	*
corner	7	8	9	5	11	165	*
cornfield	18	17	33	13	33	9	
cornstalk	22	33	33	17	33	2	
corporal	19	33	33	13	33	7	*
corporate	21	33	17	33	33	4	*
corporation	13	33	10	33	33	32	*
corps	13	18	11	33	33	28	*
corral	20	17	33	33	12	6	*
correct	12	7	12	16	14	56	*
correctly	15	11	18	33	33	17	
correlation	21	33	17	33	33	4	*
correspond	16	13	14	33	33	15	*
correspondence	19	18	15	33	33	7	*
correspondent	21	33	19	33	33	3	*
corridor	20	19	17	18	33	6	*
corrupt	22	33	21	33	33	2	*
corruption	21	33	18	33	33	3	*
corvette	21	33	33	18	14	3	*
cosmic	21	33	17	33	33	4	*
cost	8	9	3	16	12	133	*
costly	18	17	17	16	33	8	*
costume	13	13	15	14	11	28	*
cottage	12	15	16	11	11	46	*
cotton	12	11	14	12	11	47	*
cottontail	13	33	33	10	33	32	
couch	15	18	19	33	11	20	*
cough	20	19	33	15	15	6	*
could	1	1	1	1	2	1707	
couldn't	4	8	7	3	3	334	
council	13	12	11	17	33	34	*
counsel	20	33	15	33	33	6	*
count	8	8	11	11	5	150	*
counter	14	14	14	13	14	23	*
counterpart	20	33	16	33	33	5	*
countless	20	16	18	33	33	6	
country	4	3	3	7	11	322	*
countryside	17	15	33	13	33	10	*

See key on page 13.

WORD	OVERALL	TEXT-BOOK	GEN'L.	STORY-BOOK	SPOKEN	FREQ.	MULTI-MEANING
county	11	13	7	16	11	63	*
couple	11	12	8	13	7	85	*
courage	15	12	14	16	33	19	
courageous	22	18	33	19	33	2	
course	5	4	3	6	12	274	*
court	8	11	5	8	11	145	*
courteous	22	20	33	19	33	2	*
courtesy	21	18	33	16	33	3	*
courthouse	21	19	33	15	33	4	*
courtyard	17	16	21	13	33	12	
cousin	8	12	12	10	4	142	*
cove	19	33	33	13	33	7	*
covenant	22	33	33	17	33	2	*
cover	5	4	5	5	9	257	*
coverage	20	33	15	33	33	6	*
cow	7	10	13	6	5	163	*
coward	17	18	21	13	15	11	
cowboy	11	11	17	12	6	72	
cowshed	22	33	33	17	33	2	
coyote	17	16	33	33	12	10	
cozy	18	18	33	13	33	9	*
crab	14	15	33	13	11	27	*
crack	11	11	13	9	11	72	*
cracker	17	19	33	13	14	12	*
cradle	17	18	33	13	33	10	*
craft	18	14	16	33	33	9	*
Craig	22	33	33	33	14	2	
cram	22	33	33	17	33	2	*
crane	19	16	33	14	33	7	*
crank	21	19	33	18	15	3	*
cranky	22	33	33	17	33	2	
crappie	22	33	33	19	15	2	*
crash	11	12	14	10	8	73	*
crater	22	18	33	19	33	2	*
crawdad	22	33	33	33	14	2	
crawl	11	12	14	9	11	64	*
crawler	20	33	33	18	12	6	*
crayfish	15	33	33	11	33	17	*
crayon	13	19	33	11	11	35	*
crazy	13	15	14	14	11	33	*
creak	20	33	33	14	33	6	*

See key on page 13.

WORD	OVERALL	TEXT-BOOK	GEN'L.	STORY-BOOK	SPOKEN	FREQ.	MULTI-MEANING
cream	4	12	16	11	2	292	*
create	11	10	7	15	14	71	*
creation	16	17	13	33	33	13	*
creative	16	16	13	33	33	14	*
creativity	22	33	21	33	33	2	*
creator	21	33	18	18	33	4	
creature	12	11	14	11	13	51	*
credit	14	15	11	33	33	22	*
credo	22	33	21	33	33	2	
creed	22	33	21	33	33	2	*
creek	15	13	18	14	14	17	*
creel	22	33	33	17	33	2	*
creep	12	15	17	10	13	42	*
creeper	22	33	33	17	33	2	*
creepy	17	33	33	14	12	10	
crept	14	15	19	11	14	24	*
crest	17	16	19	14	33	10	*
crew	14	12	14	13	33	27	*
crib	18	33	33	14	13	8	*
cricket	18	16	33	18	12	8	*
crime	14	16	13	33	12	22	*
criminal	18	19	15	33	15	8	*
crimson	21	20	21	18	33	4	*
crises	20	33	16	33	33	5	*
crisis	15	33	11	33	33	20	*
crisp	19	18	21	15	33	7	*
crispy	22	33	33	33	14	2	
criteria	22	33	19	33	33	2	*
criterion	22	33	19	33	33	2	*
critic	16	18	13	33	33	13	*
critical	15	17	12	33	33	16	*
criticism	16	18	13	33	33	13	*
criticize	22	33	18	33	33	3	*
croak	17	33	33	13	15	11	*
crocodile	11	14	33	5	13	93	*
crocus	22	33	33	15	33	3	*
Cromwell	20	33	16	33	33	5	
crock	13	18	33	11	11	28	*
crop	13	10	14	33	33	33	*
cross	8	6	11	8	9	142	*
crossroad	22	33	19	33	33	3	*

See key on page 13.

WORD	OVERALL	TEXT-BOOK	GEN'L.	STORY-BOOK	SPOKEN	FREQ.	MULTI-MEANING
crouch	17	18	17	14	33	10	*
crow	12	15	33	10	33	38	*
crowd	11	8	11	11	12	85	*
crown	13	14	16	11	13	30	*
crucial	19	33	15	33	33	7	
crude	20	16	18	33	33	6	*
cruel	16	14	17	14	14	15	*
cruelty	22	33	18	33	33	3	*
cruise	20	33	33	14	33	5	*
crumb	15	19	33	11	33	18	*
crumble	22	33	33	19	15	2	
crunch	15	33	33	11	14	18	
crusade	22	33	21	33	33	2	*
crush	17	14	20	18	13	12	*
crust	17	14	33	13	33	12	*
crutch	22	33	33	18	14	3	*
cry	4	5	11	2	5	385	*
crybaby	22	33	33	17	33	2	
crystal	15	13	14	16	33	17	*
cub	22	16	33	18	33	3	*
Cuba	16	17	13	18	33	14	
Cuban	21	33	17	33	33	4	
cube	21	14	33	33	33	4	*
cubic	20	17	18	33	33	5	*
cubit	20	33	33	14	33	5	
cuckoo	18	33	33	13	33	8	*
cud	22	33	33	17	33	2	*
cuddle	22	33	33	19	15	2	*
cuddly	22	33	33	33	13	2	*
cult	22	33	19	33	33	2	*
cultivate	21	17	20	33	33	4	*
cultural	16	19	12	33	33	15	
culture	14	13	12	33	33	23	*
Cumberland	22	33	33	33	13	3	
cumulative	22	33	18	33	33	3	*
cunning	19	17	33	14	33	7	*
cup	11	11	12	11	11	62	*
cupboard	16	18	33	12	33	15	
cupcake	19	33	33	14	13	7	
curb	20	19	18	18	33	5	*
curd	20	33	33	16	14	5	*
cure	17	17	15	16	14	12	*

See key on page 13.

WORD	OVERALL	TEXT-BOOK	GEN'L.	STORY-BOOK	SPOKEN	FREQ.	MULTI-MEANING
curiosity	17	15	16	15	33	12	*
curious	12	12	13	11	33	42	*
curiously	21	17	19	33	33	4	
curl	13	14	18	11	12	30	*
curler	22	33	33	17	33	2	*
curly	17	18	33	14	12	11	*
currency	22	33	19	33	33	3	*
current	12	11	11	17	33	50	*
currently	18	33	14	33	33	8	
curriculum	21	33	17	33	33	4	*
curse	14	33	14	16	11	21	*
curt	17	33	13	33	33	10	*
curtain	12	14	16	11	9	51	*
curtsy	22	33	33	17	33	2	*
curve	12	11	12	15	12	42	*
cushion	20	33	21	18	14	5	*
cuss	22	33	33	33	14	2	*
custom	15	12	14	33	33	17	*
customary	21	20	18	33	33	4	*
customer	14	14	13	14	33	22	*
cut	5	4	5	6	5	284	*
cute	16	19	33	16	11	15	*
cutter	22	33	33	15	33	3	*
cutting	22	33	33	17	33	2	*
cycle	15	14	15	33	12	16	*
cyclist	22	33	21	33	33	2	
cylinder	18	14	17	33	33	9	*
cylindrical	22	33	19	33	33	2	
cynical	22	33	21	33	33	2	*
czar	13	33	33	10	33	35	*
dab	20	33	33	18	12	6	*
dad	3	11	17	11	2	472	
daddy	7	15	33	8	4	162	
daffy	17	33	33	33	11	11	
daily	12	12	10	13	14	47	*
dainty	22	33	33	15	33	3	*
dairy	14	14	16	16	11	27	*
daisy	14	33	33	11	13	21	*
Dakota	22	19	33	33	14	3	
Dallas	15	33	12	33	13	17	
dam	12	12	33	11	12	41	*
damage	15	12	14	33	33	16	*

See key on page 13.

WORD	OVERALL	TEXT-BOOK	GEN'L.	STORY-BOOK	SPOKEN	FREQ.	MULTI-MEANING
dame	22	20	33	16	33	3	*
damp	15	14	17	13	33	16	*
Dan	12	10	15	16	12	41	*
dance	7	7	8	5	9	181	*
dancer	15	16	12	33	14	19	
dandelion	11	19	33	6	8	92	
dandy	16	33	17	13	33	13	*
dang	22	33	33	33	14	2	
danger	12	11	11	12	14	52	*
dangerous	13	11	13	13	13	34	*
dangle	22	19	33	16	33	3	*
Daniel	14	13	18	12	33	22	
Danish	21	16	21	33	33	4	*
Danny	14	13	33	12	12	26	
dapper	22	33	33	17	33	2	*
dapple	22	33	33	17	33	2	*
dare	13	12	13	12	14	36	*
dark	5	5	7	3	9	251	*
darken	18	19	33	13	33	8	*
darkness	13	12	13	12	33	37	
darling	17	18	17	14	33	10	*
darn	20	33	33	33	12	6	*
Darren	16	33	33	33	11	15	
dart	14	18	33	13	11	22	*
Dartmouth	19	33	15	33	33	7	
dash	14	13	16	12	33	25	
data	12	14	7	33	33	48	
date	12	11	8	33	14	53	*
daughter	11	11	11	11	12	66	*
Dave	16	14	14	33	13	14	
David	12	13	13	11	11	51	
Davis	17	16	15	33	13	11	
dawn	13	13	15	13	12	28	*
day	1	1	1	1	2	1605	
daylight	17	14	18	15	33	11	*
daytime	17	16	16	18	13	10	*
daze	22	33	33	17	33	2	*
dazzle	22	19	20	33	33	3	*
de	13	33	10	33	33	30	
dead	8	9	7	10	7	134	*
deadlock	22	33	20	33	33	2	*

See key on page 13.

WORD	OVERALL	TEXT-BOOK	GEN'L.	STORY-BOOK	SPOKEN	FREQ.	MULTI-MEANING
deadly	19	16	16	33	33	7	*
deaf	18	17	19	15	15	9	*
deal	11	9	6	13	33	82	*
dealer	15	18	12	33	14	16	
dealt	20	33	16	33	33	5	
dean	17	19	13	33	33	10	*
Deana	20	33	33	33	12	6	
dear	8	11	12	4	11	155	*
death	10	9	5	33	14	98	*
debate	17	18	14	18	33	10	*
Debbie	17	33	33	33	11	12	
debris	22	33	21	33	33	2	
debt	16	16	15	14	33	15	*
debut	22	33	18	33	33	3	*
decade	14	15	11	33	33	22	*
decay	20	17	18	33	33	5	*
decease	23	33	20	33	33	2	
December	14	14	11	33	14	25	
decency	23	33	20	33	33	2	*
decent	20	33	16	18	33	6	
decide	6	4	6	5	11	200	*
decimal	22	15	33	33	33	3	*
decision	12	12	7	16	33	54	*
decisive	21	33	17	33	33	4	*
deck	14	12	16	14	13	26	*
declaration	19	18	15	33	33	7	*
declarative	23	33	21	33	33	2	
declare	13	13	11	15	33	34	*
decline	16	18	12	33	33	15	*
decomposition	22	33	18	33	33	3	
decorate	19	15	33	16	15	7	*
decoration	18	17	17	33	13	8	*
decorative	23	33	21	33	33	2	
decrease	18	19	14	33	33	8	*
dedicate	18	18	16	18	33	8	*
dedication	20	33	16	33	33	5	*
deduct	22	33	19	33	33	3	*
deduction	20	33	16	33	33	5	*
Dee	20	33	33	33	12	5	
deed	17	16	17	14	33	12	*
deem	22	33	18	33	33	3	

See key on page 13.

WORD	OVERALL	TEXT-BOOK	GEN'L.	STORY-BOOK	SPOKEN	FREQ.	MULTI-MEANING
deep	6	5	8	5	10	204	*
deepen	22	33	33	15	33	3	
deeply	16	13	14	33	33	15	
deer	12	11	18	11	12	45	*
defeat	15	13	13	33	33	17	*
defect	22	33	18	33	33	3	*
defend	15	15	13	18	33	17	*
defendant	23	33	20	33	33	2	*
defense	12	14	7	33	33	49	*
defensive	21	33	17	33	33	4	*
deficiency	20	33	16	33	33	5	*
deficit	22	33	19	33	33	3	*
define	14	13	11	33	33	25	*
definite	16	13	14	33	33	15	*
definitely	18	17	16	18	33	8	
definition	15	12	14	33	33	17	*
degree	11	10	9	33	14	61	*
Delaware	17	16	14	33	33	12	*
delay	15	16	13	14	33	19	*
delegate	19	18	15	33	33	7	*
delegation	23	33	19	33	33	2	
deliberate	20	19	18	18	33	5	*
deliberately	18	17	15	33	33	9	
delicate	16	14	15	16	33	13	*
delicious	15	15	33	12	33	18	*
delight	13	12	13	12	33	34	*
delightful	19	19	15	33	33	7	
deliver	12	13	12	11	33	43	*
delivery	19	18	16	18	33	7	*
demand	11	12	6	15	33	69	*
democracy	18	16	15	33	33	8	*
democrat	16	19	13	33	33	14	*
democratic	13	16	11	33	33	29	*
demographic	22	33	19	33	33	3	*
demon	22	33	20	18	33	3	*
demonstrate	15	14	12	33	33	19	*
demonstration	19	18	15	33	33	7	*
den	13	17	33	11	33	28	*
denial	21	33	17	33	33	4	*
Denmark	22	14	33	33	33	3	
denomination	20	33	16	33	33	5	*
denominational	23	33	21	33	33	2	

See key on page 13.

WORD	OVERALL	TEXT-BOOK	GEN'L.	STORY-BOOK	SPOKEN	FREQ.	MULTI-MEANING
denote	23	33	21	33	33	2	*
dense	17	15	20	14	33	11	*
density	17	15	15	33	33	10	*
dent	23	33	33	19	15	2	*
dental	22	20	19	33	33	3	*
dentist	18	17	19	18	13	8	
Denver	20	19	17	18	33	6	
deny	13	16	11	15	33	32	*
depart	16	18	16	13	33	13	*
department	11	12	5	12	33	89	*
departure	20	18	17	33	33	5	*
depend	11	10	9	33	14	59	*
dependable	22	18	21	33	33	3	
dependence	22	33	19	33	33	3	*
dependent	17	16	13	33	33	12	*
depict	23	33	21	33	33	2	*
deposit	17	13	16	18	33	12	*
depot	22	33	18	33	33	3	*
depreciation	22	33	19	33	33	3	
depress	21	33	19	18	33	4	
depression	19	18	15	33	33	7	*
deprive	23	33	21	33	33	2	*
depth	13	12	12	17	33	28	*
deputy	18	33	15	33	15	8	*
derby	20	33	33	33	12	5	*
derive	15	15	12	33	33	18	*
descend	18	16	17	18	33	8	*
descendant	23	18	33	19	33	2	*
descent	21	18	19	33	33	4	*
describe	11	6	6	17	33	95	*
description	14	13	12	33	33	23	*
desegregation	17	33	13	33	33	10	*
desert	11	9	14	11	13	67	*
deserter	23	33	33	17	33	2	
deserve	16	19	13	16	33	13	
design	11	10	5	13	14	96	*
designate	20	19	17	33	33	5	*
designer	18	33	14	33	33	8	
desirable	17	17	14	33	33	10	*
desire	12	12	8	13	33	55	*
desk	12	11	12	13	11	52	*
despair	18	17	16	16	33	9	*

See key on page 13.

WORD	OVERALL	TEXT-BOOK	GEN'L.	STORY-BOOK	SPOKEN	FREQ.	MULTI-MEANING
desperate	17	16	15	16	33	11	*
desperately	16	17	16	14	33	13	
despite	13	14	11	33	33	30	*
dessert	19	18	33	14	33	7	*
destination	20	18	17	33	33	5	*
destine	23	33	21	33	33	2	*
destiny	20	33	16	33	33	5	*
destroy	12	12	11	14	33	43	*
destruction	17	17	14	18	33	12	*
destructive	19	18	15	33	33	7	*
detach	22	33	19	33	33	3	*
detail	11	11	7	33	33	65	*
detect	19	17	16	33	33	7	*
detectable	23	33	21	33	33	2	
detection	22	33	18	33	33	3	*
detective	14	16	12	17	12	26	*
detergent	20	33	15	33	33	6	*
determination	17	17	14	33	33	11	*
determine	11	10	5	15	33	95	*
deterrent	23	33	21	33	33	2	*
Detroit	19	17	16	33	33	7	
develop	10	6	5	33	33	111	*
development	10	11	3	33	33	110	*
developmental	23	33	21	33	33	2	
deviation	22	33	18	33	33	3	
device	13	12	11	33	33	33	*
devil	13	15	15	11	12	34	*
devilish	22	33	33	15	33	3	*
devise	18	16	15	33	33	8	*
devote	14	16	11	33	33	21	*
devotion	20	19	17	33	33	5	*
devour	23	33	33	17	33	2	*
dew	22	16	33	18	33	3	*
Dewey	20	19	33	33	12	5	
diagnosis	22	33	18	33	33	3	*
diagnostic	23	33	20	33	33	2	*
diagram	15	11	17	33	33	17	*
dial	17	17	33	16	12	11	*
dialect	23	33	20	33	33	2	*
dialogue	21	18	19	33	33	4	*
dialysis	22	33	19	33	33	3	

See key on page 13.

WORD	OVERALL	TEXT-BOOK	GEN'L.	STORY-BOOK	SPOKEN	FREQ.	MULTI-MEANING
diameter	15	13	13	33	33	17	*
diamond	15	13	21	14	13	18	*
Diane	17	33	18	33	12	11	
diaper	17	33	33	16	11	11	*
diary	22	17	33	33	15	3	*
dice	12	33	18	33	6	48	*
Dick	14	12	17	16	11	25	*
dickens	20	33	17	18	33	5	
dictate	23	33	21	33	33	2	*
dictatorship	22	33	18	33	33	3	*
dictionary	13	11	12	33	33	28	*
did	2	1	1	1	2	1293	
didn't	2	4	3	2	1	960	
die	8	7	7	11	6	155	*
diesel	23	33	33	17	33	2	*
diet	16	15	16	16	13	13	*
differ	15	12	13	33	33	20	*
difference	10	6	6	15	33	108	*
different	4	2	4	11	4	386	*
differential	21	33	17	33	33	4	*
differentiation	23	33	21	33	33	2	*
differently	18	14	17	33	33	8	*
difficult	11	9	8	15	33	71	*
difficulty	12	12	10	16	33	42	*
diffusion	20	33	15	33	33	6	*
dig	11	11	20	7	11	80	*
digit	23	15	33	33	33	2	*
dignity	17	17	14	33	33	10	*
dilemma	19	33	15	18	33	7	*
dill	21	33	19	18	33	4	*
dim	17	15	16	14	33	12	*
dime	17	14	33	16	13	11	*
dimension	15	16	12	33	33	16	*
dimensional	23	33	19	33	33	2	
diminish	20	33	17	18	33	5	*
dimly	20	19	19	18	33	5	
dine	14	15	15	12	33	22	*
diner	23	33	33	17	33	2	*
ding	16	33	33	14	11	15	*
dinner	9	11	11	6	11	116	*
dino	22	33	33	33	13	3	

See key on page 13.

WORD	OVERALL	TEXT-BOOK	GEN'L.	STORY-BOOK	SPOKEN	FREQ.	MULTI-MEANING
dinosaur	11	12	33	8	7	90	*
dioxide	22	15	33	33	33	3	*
dip	17	14	33	14	15	10	*
diplomacy	21	33	17	33	33	4	*
diplomatic	19	33	15	33	33	7	*
dipper	22	20	33	16	33	3	*
direct	11	11	7	33	33	66	*
direction	10	5	8	13	13	103	*
directional	23	33	21	33	33	2	*
directly	12	11	9	15	33	54	*
director	13	16	10	33	33	32	
dirt	12	12	13	12	9	55	*
dirty	11	13	14	10	11	64	*
disable	23	33	20	33	33	2	*
disadvantage	22	33	20	18	33	3	*
disagreement	23	33	19	33	33	2	*
disappear	11	11	13	10	12	63	*
disappearance	23	33	21	33	33	2	
disappoint	18	14	18	18	33	8	
disappointment	20	17	18	33	33	5	*
disapproval	22	33	18	33	33	3	
disarmament	23	33	19	33	33	2	
disaster	17	17	15	16	33	10	*
disastrous	20	33	17	18	33	5	
discard	23	20	21	33	33	2	*
discernible	23	33	21	33	33	2	
discharge	18	33	14	33	33	9	
disciple	23	33	33	17	33	2	*
discipline	17	18	14	33	33	10	*
disclose	20	33	16	33	33	5	*
discontent	23	33	21	33	33	2	*
discount	22	33	19	33	33	3	*
discourage	18	16	15	18	33	9	*
discourse	23	33	20	33	33	2	*
discover	11	6	11	12	33	86	*
discovery	13	11	12	17	33	28	*
discrepancy	23	33	19	33	33	2	*
discretion	22	33	18	33	33	3	*
discrimination	20	33	16	33	33	5	*
discuss	12	11	11	17	33	44	*
discussion	12	13	10	33	33	38	*
disease	13	11	12	17	33	32	*

See key on page 13.

WORD	OVERALL	TEXT-BOOK	GEN'L.	STORY-BOOK	SPOKEN	FREQ.	MULTI-MEANING
disgrace	23	20	33	19	33	2	*
disguise	19	19	19	33	13	7	*
dish	10	11	14	9	6	105	*
disk	19	17	15	33	33	7	*
dislike	19	18	15	33	33	7	*
dismal	23	33	21	33	33	2	*
dismay	23	19	33	19	33	2	*
dismiss	22	33	18	33	33	3	*
Disney	16	33	33	33	11	15	
Disneyland	20	33	33	18	12	6	
Disneyworld	20	33	33	33	12	5	
dispatch	23	33	21	33	33	2	*
dispel	22	33	21	33	33	2	*
displacement	20	33	16	33	33	5	*
display	13	14	11	16	33	28	*
disposal	20	19	16	33	33	5	*
dispose	21	33	17	33	33	4	*
disposition	21	33	18	18	33	4	*
dispute	17	18	13	33	33	11	*
dissatisfaction	23	33	21	33	33	2	
dissolve	17	14	18	18	33	10	*
distal	23	33	21	33	33	2	
distance	11	6	10	12	33	95	*
distant	14	12	14	14	33	23	*
distaste	23	33	21	33	33	2	*
distill	23	33	20	33	33	2	*
distinct	16	16	13	33	33	13	*
distinction	15	18	12	18	33	16	*
distinctive	20	17	16	33	33	6	*
distinctly	21	18	19	33	33	4	
distinguish	14	13	12	33	33	21	*
distort	23	33	19	33	33	2	*
distress	20	19	18	18	33	5	*
distribute	18	16	15	33	33	8	*
distribution	14	17	11	33	33	25	*
district	12	14	7	33	33	48	*
disturb	15	16	13	15	33	16	*
disturbance	23	33	20	33	33	2	*
ditch	18	15	20	33	13	8	*
dive	12	12	16	11	11	46	*
diver	17	14	33	14	15	11	*
diverse	22	33	18	33	33	3	*

See key on page 13.

WORD	OVERALL	TEXT-BOOK	GEN'L.	STORY-BOOK	SPOKEN	FREQ.	MULTI-MEANING
diversity	22	33	18	33	33	3	*
divide	11	6	12	13	33	72	*
dividend	23	33	21	33	33	2	*
divine	17	18	14	18	33	10	*
division	12	11	10	33	14	46	*
divorce	17	33	14	33	15	10	*
Dixie	17	33	33	18	11	11	
Dixon	23	33	33	33	14	2	
dizzy	23	33	33	19	15	2	*
do	1	1	1	1	1	2479	*
dock	16	14	21	15	12	15	*
doctor	5	6	4	8	6	232	*
doctrine	17	33	13	33	33	11	*
document	18	18	14	33	33	9	*
dodge	20	33	19	18	14	6	*
dodger	23	33	33	33	14	2	*
does	3	2	3	8	3	499	
doesn't	6	9	11	6	4	206	
dog	2	4	8	2	1	980	*
doggy	15	33	33	18	11	16	*
doghouse	19	33	33	33	12	7	
doll	9	12	16	6	6	125	*
dollar	8	9	9	13	5	141	*
dollhouse	23	33	33	17	33	2	*
dolly	15	33	33	12	13	18	*
Dolores	20	33	16	33	33	5	
dolphin	20	17	33	33	12	6	*
domain	23	33	21	33	33	2	*
dome	17	18	15	15	33	11	*
domestic	15	17	12	33	33	17	*
dominance	23	33	19	33	33	2	
dominant	15	17	12	33	33	17	*
dominate	18	18	15	33	33	8	*
domination	22	33	18	33	33	3	*
Dominican	22	33	18	33	33	3	
dominion	22	33	21	18	33	3	*
dominoe	20	33	33	18	13	5	*
don	14	13	16	33	11	21	*
don't	1	3	3	2	1	2250	
Donald	15	16	16	33	11	18	
done	4	4	4	6	4	307	*
dong	17	33	33	14	13	10	*

See key on page 13.

WORD	OVERALL	TEXT-BOOK	GEN'L.	STORY-BOOK	SPOKEN	FREQ.	MULTI-MEANING
donkey	13	13	33	12	10	37	*
Donny	15	33	33	33	10	18	
donor	23	33	33	33	14	2	
doodle	17	33	33	13	33	10	*
doody	23	33	33	33	14	2	
doom	23	33	20	33	33	2	*
door	3	4	4	2	3	584	*
doorbell	17	18	33	13	13	12	
doorman	23	33	33	17	33	2	
doorstep	23	33	33	17	33	2	
doorway	14	14	17	12	14	24	*
dope	22	33	33	33	13	3	*
dopey	23	33	33	17	33	2	*
Dorothy	14	33	33	33	8	25	
dose	20	33	15	33	33	6	*
dot	12	11	15	14	11	42	*
double	12	11	12	13	11	52	*
doubt	12	12	9	17	33	44	*
doubtful	20	18	16	33	33	6	*
doubtless	21	33	18	18	33	4	*
Doug	18	33	33	18	12	8	
dough	14	17	18	14	11	21	*
doughnut	22	17	13	18	33	3	*
Douglas	16	16	16	13	33	15	
dove	12	17	33	7	14	54	*
dowdy	17	33	33	33	11	10	*
down	1	1	2	1	1	2398	*
downhill	22	18	33	16	33	3	*
downright	18	33	21	14	33	8	*
downstairs	14	15	19	13	11	27	*
downstream	22	18	33	16	33	3	
downtown	14	16	13	13	33	22	*
downward	18	14	17	19	33	9	*
doze	20	33	33	14	33	5	*
dozen	13	11	12	13	13	37	*
Dracula	22	33	33	33	13	3	
draft	18	16	15	33	33	8	*
drag	13	12	13	12	14	37	*
dragon	12	13	33	11	11	43	*
dragonfly	20	33	33	14	33	6	
drain	15	15	17	15	12	17	*
drainage	22	33	18	33	33	3	*

See key on page 13.

WORD	OVERALL	TEXT-BOOK	GEN'L.	STORY-BOOK	SPOKEN	FREQ.	MULTI-MEANING
drama	16	15	13	33	33	13	*
dramatic	15	14	12	33	33	20	*
dramatically	23	33	20	33	33	2	
drank	13	14	16	12	13	28	*
drape	20	33	20	16	15	6	*
drastic	23	33	19	33	33	2	*
drastically	23	33	20	33	33	2	
draught	23	33	33	17	33	2	*
draw	7	4	11	11	7	164	*
drawer	17	16	21	15	13	10	*
drawing	17	13	16	33	33	11	*
drawn	12	11	12	12	33	41	
dread	21	17	20	33	33	4	*
dreadful	20	17	20	18	33	5	*
dream	8	10	10	6	11	135	*
dress	6	8	9	6	5	196	*
dresser	20	19	33	33	12	5	*
drew	12	11	12	11	12	56	
drift	13	13	14	11	33	35	*
driftwood	22	33	33	15	33	3	*
drill	14	13	13	16	14	21	*
drink	8	10	8	6	9	145	*
drinker	22	33	33	15	33	3	*
drip	13	15	33	12	11	31	*
drive	8	7	8	11	7	133	*
driven	15	13	13	17	33	19	
driver	12	11	12	12	13	51	*
driveway	16	18	18	15	12	13	*
dromedary	14	33	33	11	33	22	*
droop	20	33	33	14	33	6	*
drop	6	6	7	6	6	216	*
drought	23	20	33	19	33	2	*
drove	11	11	12	10	11	74	*
drown	13	15	33	14	10	28	*
drowsy	22	33	33	15	33	3	*
drug	14	14	12	33	33	21	*
drum	13	12	15	12	12	35	*
drummer	16	33	33	12	33	13	*
drunk	14	18	14	16	11	21	*
dry	7	5	10	6	11	164	*
dual	23	33	21	33	33	2	*

See key on page 13.

WORD	OVERALL	TEXT-BOOK	GEN'L.	STORY-BOOK	SPOKEN	FREQ.	MULTI-MEANING
Dublin	22	33	18	33	33	3	
duchess	23	33	33	17	33	2	*
duck	4	11	20	3	4	296	*
duckling	14	18	33	11	33	23	
dude	23	33	33	33	14	2	*
due	12	12	9	14	33	49	*
duffel	22	33	33	15	33	3	*
Duffy	12	33	33	7	33	50	
dug	12	13	17	9	13	54	*
dugout	23	20	33	33	15	2	*
duke	20	15	19	33	33	5	*
dull	15	13	15	13	33	20	*
duly	23	33	20	33	33	2	
dum	22	33	33	15	33	3	
dumb	12	18	18	12	9	38	*
Dumbo	22	33	33	33	13	3	
dummy	23	33	33	33	14	2	*
dump	15	16	20	14	12	17	*
dumpling	20	33	33	14	33	6	*
Dumpty	15	33	33	33	10	20	
Duncan	14	18	33	11	33	21	
dunce	23	33	33	17	33	2	
dune	20	16	21	18	33	5	
dungeon	23	33	33	33	14	2	*
dunk	22	33	33	33	13	3	*
duo	22	33	33	33	13	3	*
duplication	23	33	21	33	33	2	*
DuPont	20	33	33	14	33	5	
durable	22	33	19	33	33	3	
duration	23	33	19	33	33	2	*
during	5	4	2	11	13	265	*
dusk	20	17	20	18	33	5	*
dusky	23	33	33	17	33	2	*
dust	12	11	12	12	13	45	*
dusty	16	15	17	13	33	14	*
Dutch	16	12	18	18	33	14	*
duty	13	12	11	17	33	34	*
dwarf	23	33	33	19	15	2	*
dwell	20	19	21	15	33	6	*
dweller	23	19	33	19	33	2	
dwelling	21	33	18	18	33	4	

See key on page 13.

WORD	OVERALL	TEXT-BOOK	GEN'L.	STORY-BOOK	SPOKEN	FREQ.	MULTI-MEANING
Dwight	22	33	19	33	33	3	
dye	19	18	33	14	33	7	*
dying	16	15	14	18	33	13	*
dynamic	18	33	16	33	13	9	*
dynamite	20	19	33	33	12	5	*
each	2	1	2	3	4	1049	*
eager	14	13	15	12	33	25	*
eagerly	18	14	18	16	33	9	
eagle	12	13	33	10	13	42	*
ear	8	7	12	4	11	155	*
earl	20	18	19	33	14	6	
early	5	4	2	7	11	277	*
earn	12	12	13	12	13	38	*
earnest	20	19	17	33	33	5	*
earnestly	21	33	18	18	33	4	
earring	23	33	33	19	15	2	
earth	5	3	8	5	13	250	*
earthquake	17	14	17	16	14	12	
earthy	23	33	20	33	33	2	*
ease	15	14	13	18	33	18	*
easily	11	8	11	13	33	65	*
east	11	8	7	11	14	97	*
Easter	9	19	12	5	11	117	
eastern	14	11	14	16	33	25	*
eastward	22	16	33	18	33	3	*
easy	8	5	10	11	7	144	*
eat	2	4	10	2	2	808	*
eaten	13	12	19	11	13	36	
eater	18	19	33	13	15	9	
eccentric	23	33	19	33	33	2	*
ecclesiastical	23	33	21	33	33	2	*
echo	17	13	20	15	33	12	*
economic	11	13	5	33	33	70	*
economical	20	33	16	33	33	5	*
economically	23	33	19	33	33	2	
economy	14	15	11	33	33	23	*
ecumenical	19	33	15	33	33	7	*
Ed	17	13	17	18	33	11	
Eddie	15	12	14	33	14	16	
eddy	22	33	33	33	13	3	*
Eden	23	33	21	33	33	2	*

WORD	OVERALL	TEXT-BOOK	GEN'L.	STORY-BOOK	SPOKEN	FREQ.	MULTI-MEANING
edge	10	7	11	10	13	102	*
edition	17	33	13	33	33	11	*
editor	14	16	11	33	33	26	*
editorial	16	33	13	33	33	13	*
educate	18	15	16	33	33	8	*
education	11	11	6	16	33	70	*
educational	15	18	12	17	33	20	
educator	23	33	20	33	33	2	*
Edward	12	12	13	11	33	47	
effect	10	10	4	33	33	106	*
effective	13	13	10	33	33	37	*
effectively	17	16	14	33	33	11	
effectiveness	18	33	14	33	33	8	
efficacy	23	33	21	33	33	2	
efficiency	16	18	13	33	33	13	*
efficient	17	15	14	33	33	11	*
efficiently	23	20	21	33	33	2	
effluent	21	33	17	33	33	4	*
effort	11	11	5	33	33	82	*
egg	4	6	13	2	6	330	*
egghead	23	33	33	33	14	2	
ego	22	33	18	33	33	3	*
Egypt	18	13	18	33	33	9	
Egyptian	20	13	33	33	33	6	*
eight	8	8	11	11	5	136	*
eighteen	16	15	17	33	12	13	
eighteenth	20	19	16	33	33	6	
eighth	18	16	16	33	33	8	*
eighty	20	16	19	33	33	5	*
Eileen	17	33	15	33	13	10	
Eisenhower	15	19	12	33	33	16	
either	6	6	5	11	5	191	*
el	20	19	16	33	33	6	
elaborate	17	16	14	33	33	10	*
Elaine	20	33	16	33	33	5	
elastic	22	19	33	33	14	3	*
elbow	17	15	20	16	13	11	*
elder	17	17	15	16	33	10	*
elderly	21	20	18	33	33	4	*
eldest	23	18	33	19	33	2	
elect	14	13	13	13	33	24	*

See key on page 13.

WORD	OVERALL	TEXT-BOOK	GEN'L.	STORY-BOOK	SPOKEN	FREQ.	MULTI-MEANING
election	13	14	10	33	33	36	*
electoral	22	33	18	33	33	3	*
electric	11	11	12	11	12	63	*
electrical	15	14	13	33	33	16	
electricity	13	11	15	15	13	28	*
electron	15	13	13	33	33	16	
electronic	13	14	11	33	33	29	*
electrostatic	23	33	21	33	33	2	
elegance	23	33	20	33	33	2	*
elegant	16	18	18	13	33	14	*
element	11	9	8	33	33	68	*
elemental	23	33	19	33	33	2	*
elementary	20	18	16	33	33	6	*
elephant	9	11	20	5	10	126	
elevate	21	33	19	18	33	4	*
elevator	15	14	19	13	12	19	*
eleven	12	13	13	13	9	47	*
eligible	22	33	18	33	33	3	*
eliminate	15	16	12	33	33	18	*
elimination	23	33	21	33	33	2	
elite	22	33	18	33	33	3	*
Eliza	22	33	33	15	33	3	
Elizabeth	12	14	17	9	33	45	
Ellen	13	13	20	11	14	34	
Ellie	18	33	33	13	33	8	
eloquent	23	33	19	33	33	2	*
else	3	7	7	5	2	456	*
elsewhere	16	16	13	16	33	15	
Elvis	20	33	33	33	12	5	
em	12	33	13	16	8	38	
emancipation	21	33	18	18	33	4	
embarrass	18	18	16	18	15	8	*
embarrassment	23	33	21	33	33	2	*
embassy	21	33	17	33	33	4	*
embodiment	23	33	20	33	33	2	*
embrace	19	33	18	15	33	7	*
emerge	15	15	12	33	33	19	*
emergency	12	16	14	33	8	41	*
Emerson	23	33	21	33	33	2	
Emile	17	33	33	12	33	11	
Emily	22	16	33	18	33	3	
eminent	23	33	21	33	33	2	*

See key on page 13.

WORD	OVERALL	TEXT-BOOK	GEN'L.	STORY-BOOK	SPOKEN	FREQ.	MULTI-MEANING
emission	18	33	14	33	33	8	*
Emma	18	18	20	14	33	8	
Emory	22	33	18	33	33	3	
emotion	14	15	11	33	33	22	*
emotional	15	15	12	33	33	20	*
emotionally	22	33	18	33	33	3	
emperor	12	15	16	9	33	45	
emphasis	15	16	12	33	33	17	*
emphasize	17	16	14	33	33	11	
empire	17	13	16	33	33	12	*
empirical	20	33	16	33	33	5	*
employ	14	14	11	33	33	25	*
employee	14	19	11	33	33	27	
employer	18	19	14	33	33	8	
employment	17	33	13	33	33	11	*
emptiness	23	33	33	17	33	2	
empty	11	11	12	7	13	94	*
enable	14	13	12	33	33	21	*
enact	22	33	19	33	33	3	*
enchant	22	33	20	18	33	3	*
enclose	20	18	19	16	33	6	*
encounter	15	15	12	17	33	20	*
encourage	13	13	11	16	33	33	*
encouragement	21	20	18	33	33	4	*
encyclopedia	21	15	33	18	33	4	
end	3	2	2	4	3	565	*
ending	13	11	14	17	13	29	*
endless	17	15	16	15	33	11	*
endurance	21	20	17	33	33	4	*
endure	18	18	15	18	33	9	*
enemy	11	11	10	12	12	66	*
energetic	22	19	19	33	33	3	*
energy	11	7	11	17	33	66	*
enforce	18	19	15	33	33	8	*
enforcement	21	33	17	33	33	4	
engage	14	14	12	33	33	21	*
engagement	19	33	15	33	33	7	*
engender	23	33	21	33	33	2	*
engine	11	8	12	11	11	87	*
engineer	12	11	10	33	33	43	*
England	11	7	8	33	33	74	
English	10	5	7	14	33	110	*

See key on page 13.

WORD	OVERALL	TEXT-BOOK	GEN'L.	STORY-BOOK	SPOKEN	FREQ.	MULTI-MEANING
Englishman	20	17	18	18	33	6	
Englishmen	23	20	21	33	33	2	
enjoy	11	8	10	11	14	87	*
enjoyment	19	16	16	33	33	7	*
enlist	23	33	19	33	33	2	*
enormous	13	13	14	12	33	30	*
enormously	23	33	21	33	33	2	*
enough	4	3	3	4	8	347	*
enroll	23	33	21	33	33	2	
ensemble	23	33	19	33	33	2	
ensure	23	33	21	33	33	2	
entail	23	33	21	33	33	2	*
enter	11	9	6	12	33	92	*
enterprise	17	18	13	33	33	12	*
entertain	17	17	14	18	33	12	*
entertainment	17	16	15	13	33	10	*
enthusiasm	17	16	15	18	33	10	*
enthusiastic	19	19	15	33	33	7	
entire	11	11	9	14	33	58	*
entirely	13	12	11	16	33	34	*
entitle	16	17	12	33	33	15	*
entity	20	33	16	33	33	5	*
entrance	14	14	12	16	33	21	*
entry	15	14	13	18	33	17	
envelope	17	16	16	16	15	11	*
environment	15	12	13	33	33	19	*
enzyme	23	33	19	33	33	2	
epic	21	33	17	33	33	4	*
epidemic	23	33	19	33	33	2	*
episode	22	33	19	33	33	3	*
equal	11	10	11	16	11	63	*
equality	21	18	19	33	33	4	*
equally	14	13	12	33	33	21	*
equate	23	33	21	33	33	2	*
equation	15	12	13	33	33	18	*
equator	20	13	33	33	33	6	*
equilibrium	22	33	18	33	33	3	*
equip	17	16	14	33	33	11	*
equipment	12	12	8	33	33	53	*
equitable	23	33	19	33	33	2	*
equivalent	15	13	12	33	33	19	*

See key on page 13.

WORD	OVERALL	TEXT-BOOK	GEN'L.	STORY-BOOK	SPOKEN	FREQ.	MULTI-MEANING
era	18	16	15	33	33	9	*
erase	19	33	33	33	12	7	*
eraser	18	19	33	33	12	8	
erect	17	16	14	18	33	11	*
Eric	17	17	33	33	11	11	
Erie	23	16	33	33	33	2	*
Ernest	22	20	20	33	33	3	
Ernie	18	33	17	33	12	9	
error	14	13	11	33	33	26	*
escalator	20	33	33	14	33	5	*
escape	12	11	11	12	12	54	*
escort	23	33	21	33	33	2	*
Eskimo	21	14	33	33	33	4	*
especially	11	9	8	13	12	78	
essay	19	19	15	33	33	7	*
essence	22	33	18	33	33	3	*
essential	14	13	11	33	33	26	*
essentially	16	18	13	33	33	13	
establish	11	11	7	17	33	62	*
establishment	15	18	12	33	33	16	*
estate	16	16	13	33	33	14	*
Esther	21	33	20	33	14	4	
estimate	12	12	10	33	33	42	*
etc.	14	13	12	33	33	22	
etcetera	23	33	21	33	33	2	
eternal	19	33	15	33	33	7	*
Ethan	12	33	33	8	33	48	
ethic	21	33	17	33	33	4	*
ethical	19	33	15	33	33	7	*
ethnic	22	33	18	33	33	3	*
Eugene	20	33	15	33	33	6	
Europe	12	9	11	33	33	57	
European	13	11	12	33	33	29	*
evaluate	20	19	15	33	33	6	*
evaluation	19	33	14	33	33	7	
evangelism	23	33	21	33	33	2	*
eve	14	17	16	13	11	24	*
even	2	2	1	2	4	829	*
evening	8	10	9	6	14	133	*
evenly	23	16	33	33	33	2	
event	11	11	7	17	33	67	*

See key on page 13.

WORD	OVERALL	TEXT-BOOK	GEN'L.	STORY-BOOK	SPOKEN	FREQ.	MULTI-MEANING
eventual	23	33	19	33	33	2	*
eventually	14	13	13	15	33	23	
ever	4	3	4	3	4	385	*
Everett	14	33	33	11	33	23	
everlasting	22	33	21	18	33	3	*
every	2	2	3	2	3	662	*
everybody	6	11	12	6	4	201	
everyday	18	14	19	33	15	9	
everyone	5	6	11	3	10	230	
everything	5	6	7	6	4	258	*
everytime	16	33	33	33	11	15	
everywhere	11	11	13	7	11	85	
evidence	11	12	6	33	33	62	*
evident	16	17	12	33	33	15	
evidently	18	17	15	33	15	9	*
evil	13	16	11	13	33	29	*
evolution	21	20	18	33	33	4	*
evolve	22	19	21	33	33	3	*
exact	15	12	15	33	33	16	*
exactly	11	8	11	12	13	74	*
exaggerate	21	33	16	33	33	5	*
examination	16	16	14	18	33	13	*
examine	13	11	12	14	33	34	*
examiner	22	33	18	33	33	3	
example	6	3	4	15	33	201	*
exceed	19	33	16	16	33	7	*
exceedingly	21	33	21	15	33	5	
excellence	22	33	18	33	33	3	*
excellent	14	12	12	16	33	27	*
except	6	8	7	8	4	205	*
exception	14	14	12	33	33	21	*
exceptional	21	33	17	33	33	4	*
exceptionally	23	33	21	33	33	2	
excess	17	17	13	33	33	12	*
excessive	18	19	15	33	33	8	
exchange	14	13	12	33	33	24	*
excite	11	9	13	11	11	69	*
excitedly	20	16	33	15	33	6	
excitement	12	12	14	11	33	41	*
exclaim	13	12	18	11	33	29	*
exclude	20	33	15	33	33	6	*
exclusive	19	33	15	33	33	7	*

See key on page 13.

WORD	OVERALL	TEXT-BOOK	GEN'L.	STORY-BOOK	SPOKEN	FREQ.	MULTI-MEANING
exclusively	20	33	15	33	33	6	
excuse	14	15	15	13	12	23	*
execute	21	20	18	33	33	4	*
execution	21	20	18	33	33	4	*
executive	15	17	12	33	33	17	*
exemption	23	33	21	33	33	2	*
exercise	11	8	11	15	14	60	*
exert	20	33	15	33	33	6	*
exhaust	19	15	18	18	33	7	*
exhibit	16	17	13	33	33	14	*
exhibition	21	33	16	33	33	5	*
exist	11	11	6	17	14	65	*
existence	13	15	11	33	33	30	*
existential	23	33	21	33	33	2	*
expand	13	12	12	16	33	28	*
expansion	16	16	13	33	33	14	*
expect	8	8	4	11	33	132	*
expectation	18	33	14	33	33	8	*
expedition	18	14	18	33	15	9	*
expend	22	33	19	33	33	3	*
expenditure	16	33	12	33	33	14	*
expense	14	15	11	33	33	27	*
expensive	15	13	13	33	14	17	*
experience	9	10	3	33	33	119	*
experiment	11	8	10	33	13	64	*
experimental	17	18	14	33	33	10	*
experimentally	23	33	21	33	33	2	
experimentation	21	20	18	33	33	4	
expert	14	13	12	33	33	23	*
explain	9	5	7	11	12	122	*
explanation	14	13	12	33	33	21	*
explicit	20	33	15	33	33	6	*
explode	17	18	21	16	12	10	*
exploit	21	33	17	33	33	4	*
exploration	18	15	15	33	33	9	
explore	14	11	16	14	14	26	*
explorer	18	13	33	18	33	8	
explosion	20	15	18	33	33	6	*
explosive	20	17	17	33	33	6	*
export	16	16	13	33	33	13	*
expose	16	15	13	33	33	13	*
exposure	19	19	15	33	33	7	*

See key on page 13.

WORD	OVERALL	TEXT-BOOK	GEN'L.	STORY-BOOK	SPOKEN	FREQ.	MULTI-MEANING
express	11	8	9	33	33	67	*
expression	12	11	11	17	33	40	*
expressway	23	33	20	33	33	2	
extend	12	11	10	33	33	48	*
extension	17	18	13	33	33	12	*
extensive	17	17	13	33	33	12	*
extensively	23	33	20	33	33	2	
extent	13	15	11	33	33	31	*
exterior	23	20	21	33	33	2	*
external	17	19	13	33	33	11	*
extra	13	12	13	13	13	36	*
extract	22	20	20	33	33	3	*
extraordinary	17	16	14	16	33	12	
extreme	14	14	12	33	33	22	*
extremely	15	13	13	33	33	18	*
extrude	23	33	21	33	33	2	*
eye	2	3	2	2	3	651	*
eyebrow	18	19	20	15	15	8	
eyelash	22	33	33	15	33	3	
eyelid	21	20	33	15	33	4	
eyesight	23	33	33	17	33	2	*
fabric	17	17	13	33	33	12	*
fabrication	23	33	21	33	33	2	
face	3	3	3	4	5	410	*
facet	23	33	21	33	33	2	*
facility	13	17	11	33	33	29	*
fact	5	4	2	11	33	224	*
factor	11	11	7	33	33	64	*
factory	12	11	12	17	12	41	*
faculty	15	33	12	33	33	18	*
fad	17	16	17	15	33	10	
fade	23	15	33	33	33	2	*
Fahrenheit	23	17	33	33	33	2	*
fail	11	12	9	12	33	58	*
failure	14	15	11	33	33	25	*
faint	13	14	15	12	13	28	*
fair	11	11	11	11	11	75	*
fairground	23	33	33	19	15	2	
fairly	14	13	12	33	33	21	*
fairy	13	14	33	11	11	35	*
faith	13	17	11	13	33	37	*
faithful	20	19	19	16	33	6	*

See key on page 13.

WORD	OVERALL	TEXT-BOOK	GEN'L.	STORY-BOOK	SPOKEN	FREQ.	MULTI-MEANING
fake	17	33	20	33	12	10	*
fall	4	4	6	4	3	337	*
fallen	13	13	14	11	33	33	
fallout	19	33	14	33	33	7	*
false	15	13	15	15	33	18	*
fame	18	14	17	18	33	9	*
familiar	12	11	12	13	33	43	*
familiarity	22	33	18	33	33	3	*
family	4	4	3	6	7	294	*
famous	11	8	11	13	33	60	*
fan	14	13	14	14	12	26	*
fancy	14	14	17	12	14	23	*
Fanny	23	33	33	17	33	2	
Fanona	15	33	33	12	33	16	
fantastic	18	16	16	18	33	8	*
fantasy	21	33	18	33	15	4	*
far	4	3	3	4	7	374	*
faraway	20	15	33	15	33	6	*
fare	21	17	33	16	33	4	*
farewell	15	17	18	12	33	16	*
farm	7	5	8	7	8	176	*
farmer	8	6	12	6	11	139	*
farmhouse	18	17	21	14	33	8	
Farrell	19	33	33	13	33	7	
farther	11	11	14	11	11	61	*
farthest	22	16	33	18	33	3	*
fascinate	17	14	16	18	33	11	*
fascination	23	33	33	17	33	2	*
fashion	13	13	12	13	14	33	*
fashionable	22	33	19	33	33	3	*
fast	3	4	11	3	3	402	*
fasten	15	12	18	16	33	17	*
fat	8	11	11	5	7	147	*
fatal	20	18	17	33	33	6	*
fate	16	16	14	16	33	13	*
father	2	3	6	1	4	760	*
fatigue	22	19	19	33	33	3	*
Faulkner	19	33	15	33	33	7	
fault	16	14	16	15	14	15	*
faulty	23	33	21	33	33	2	
favor	13	13	11	17	33	34	*
favorable	17	16	14	33	33	10	*

See key on page 13.

WORD	OVERALL	TEXT-BOOK	GEN'L.	STORY-BOOK	SPOKEN	FREQ.	MULTI-MEANING
favorably	22	33	18	33	33	3	
favorite	7	11	13	10	4	160	*
fear	10	10	7	11	33	100	*
fearful	18	15	18	16	33	8	*
feasible	22	33	18	33	33	3	*
feast	17	14	33	13	33	11	*
feather	11	11	15	9	33	64	*
feature	12	12	10	33	33	41	
February	13	14	12	14	13	29	
fed	12	12	13	12	12	38	
federal	11	12	5	33	33	69	*
federation	22	33	18	33	33	3	*
fee	17	19	13	33	33	12	*
feeble	22	33	21	18	33	3	*
feed	8	10	8	7	7	145	*
feel	4	4	3	4	8	319	*
feeling	13	12	12	15	14	29	*
feet	3	3	5	2	5	470	*
Felix	18	33	15	33	15	8	
fell	4	8	11	4	3	337	*
fellow	11	11	11	11	14	65	*
fellowship	18	33	14	33	33	9	*
felt	5	5	4	4	11	262	*
female	13	13	12	12	33	34	*
feminine	23	33	20	33	33	2	*
fence	11	11	13	10	10	80	
fern	17	18	33	12	33	12	
ferocious	22	33	33	15	33	3	*
Ferris	17	33	33	16	12	10	
ferry	20	17	19	18	33	6	*
fertile	21	15	33	18	33	4	*
fertilizer	23	18	33	19	33	2	
festival	15	14	15	33	12	16	*
festivity	23	33	21	33	33	2	*
fetch	14	16	33	11	14	22	*
fever	16	13	16	14	33	15	*
few	4	3	2	6	10	370	*
fiat	22	33	18	33	33	3	*
fiber	15	14	13	33	33	16	*
fiction	15	16	12	33	14	17	*
fictional	22	33	18	33	33	3	
fiddle	19	16	33	14	33	7	*

See key on page 13.

WORD	OVERALL	TEXT-BOOK	GEN'L.	STORY-BOOK	SPOKEN	FREQ.	MULTI-MEANING
fidelity	23	33	21	33	33	2	*
field	5	4	4	5	7	280	*
fierce	15	13	21	12	33	20	*
fiercely	23	16	33	33	33	2	
fiery	22	17	33	18	33	3	*
fifteen	11	12	12	14	8	59	*
fifteenth	21	20	20	33	15	4	
fifth	12	12	14	13	11	43	*
fifty	11	11	11	12	8	72	*
fig	14	14	11	33	33	26	*
fight	5	7	7	8	3	251	*
fighter	16	16	15	18	13	13	
figure	7	5	4	11	12	168	*
file	12	15	9	17	14	41	*
fill	6	5	7	5	11	196	*
filly	23	33	21	33	33	2	*
film	12	13	10	33	11	53	*
filter	21	20	20	18	33	4	*
filthy	23	33	33	17	33	2	*
fin	22	16	33	18	33	3	*
final	11	11	8	16	33	61	*
finally	7	6	7	8	8	171	
finance	15	33	11	33	33	20	*
financial	14	17	11	33	33	23	
financially	23	33	21	33	33	2	
find	2	1	3	3	3	769	*
finding	17	17	14	33	33	10	*
fine	6	5	7	4	12	206	*
finger	8	7	11	8	6	149	*
fingernail	22	33	33	18	14	3	
fingerprint	23	19	33	19	33	2	*
finish	7	6	9	5	10	180	*
finite	23	33	19	33	33	2	*
fir	21	18	33	15	33	5	*
fire	4	4	5	4	3	390	*
firecracker	17	33	33	15	12	11	
firefly	21	33	33	14	33	5	
fireman	15	18	33	13	12	17	*
firemen	14	17	33	11	33	24	*
fireplace	17	13	33	16	13	10	*
firewood	22	18	33	16	33	3	
fireworks	19	18	33	14	15	7	*

See key on page 13.

WORD	OVERALL	TEXT-BOOK	GEN'L.	STORY-BOOK	SPOKEN	FREQ.	MULTI-MEANING
firm	12	13	8	13	33	53	*
firmly	14	13	13	16	33	21	
first	2	1	1	2	2	1298	*
fiscal	13	33	11	33	33	29	*
fish	3	3	12	3	2	488	*
fisherman	13	16	33	11	13	28	*
fishermen	17	14	33	13	33	12	*
fishhook	22	33	33	15	33	3	
fishman	20	33	33	14	33	6	
fishy	21	33	33	18	13	5	*
fist	15	14	13	15	14	19	*
fit	9	8	10	9	11	114	*
fitness	23	33	21	33	33	2	
five	3	4	4	5	3	433	*
fix	9	11	11	11	6	118	*
flag	12	11	17	12	10	48	*
flair	23	33	21	33	33	2	*
flake	15	19	33	12	33	17	*
flamboyant	23	33	33	17	33	2	*
flame	13	12	14	12	33	34	*
flap	13	14	33	11	14	28	*
flash	13	12	13	13	14	33	*
flashlight	14	15	21	12	14	22	*
flask	22	19	33	16	33	3	*
flat	11	9	12	10	11	87	*
flatboat	18	33	33	13	33	8	
flatness	23	33	21	33	33	2	
flatten	21	18	33	16	33	4	*
flattery	23	33	33	17	33	2	*
flavor	19	17	17	33	15	7	*
flea	18	19	33	13	33	8	*
fled	15	15	15	13	33	17	
flee	18	19	20	14	33	9	*
fleece	23	33	33	17	33	2	*
fleecy	23	33	33	17	33	2	
fleet	16	15	17	13	33	15	*
flesh	14	15	13	13	33	25	*
flew	7	11	15	3	9	169	
flexibility	21	33	17	33	33	4	
flexible	19	17	15	33	33	7	*
flick	22	33	33	15	33	3	*
flicker	19	33	33	13	33	7	*

See key on page 13.

WORD	OVERALL	TEXT-BOOK	GEN'L.	STORY-BOOK	SPOKEN	FREQ.	MULTI-MEANING
flight	12	11	12	12	33	47	*
fling	23	33	33	33	14	2	*
Flintstone	14	33	33	33	8	27	
flip	13	33	33	15	8	28	*
flipper	18	19	33	14	15	8	*
float	11	11	19	11	9	71	*
flock	14	14	20	12	33	22	*
flood	13	12	15	12	13	29	*
floor	6	6	7	4	6	223	*
flop	17	33	33	13	13	11	*
floppy	21	33	33	15	15	5	
Florida	13	13	16	33	11	28	
flour	14	13	21	12	33	22	*
flourish	23	16	33	33	33	2	*
flow	11	9	11	12	33	59	*
flower	3	6	11	4	2	448	*
flown	19	16	33	15	15	7	
flu	23	33	21	33	33	2	*
fluff	21	33	33	14	33	5	*
fluffy	18	18	33	14	13	8	*
fluid	17	17	14	18	33	11	*
flung	18	16	18	16	33	8	
fluorescence	22	33	19	33	33	3	
flush	22	19	19	33	33	3	*
fluster	23	33	33	17	33	2	*
flute	21	17	33	16	15	5	*
flutter	16	17	33	12	33	14	*
flux	19	33	15	33	33	7	*
fly	4	4	11	3	4	314	*
foam	14	18	12	14	33	24	*
focal	23	33	21	33	33	2	
focus	15	15	13	33	33	16	*
foe	23	20	21	33	33	2	*
fog	12	12	15	9	33	54	*
foggy	18	18	16	16	33	9	*
foil	20	17	16	33	33	6	*
fold	13	11	17	12	12	37	*
foliage	22	33	19	33	33	3	*
folk	11	12	13	10	12	61	*
folklore	19	33	15	33	33	7	*
follow	3	2	2	4	8	476	*
follower	18	17	17	16	33	8	*

See key on page 13.

WORD	OVERALL	TEXT-BOOK	GEN'L.	STORY-BOOK	SPOKEN	FREQ.	MULTI-MEANING
followup	23	33	21	33	33	2	*
folly	22	33	20	18	33	3	*
fond	17	15	18	14	33	12	*
Fonz	20	33	33	33	12	6	
foo	21	33	33	14	33	5	
food	4	3	6	4	4	351	*
fool	10	13	14	5	12	100	*
foolish	14	13	17	12	33	24	*
foot	7	7	12	5	7	173	*
football	10	12	14	16	4	99	*
footmen	22	33	33	15	33	3	*
footprint	20	18	33	14	33	6	*
footstep	15	15	21	13	14	16	*
for	1	1	1	1	1	6646	*
forbidden	21	17	18	33	33	5	
force	6	5	3	12	12	194	*
forceful	23	33	21	33	33	2	
ford	18	15	15	33	33	9	*
forecast	21	19	17	33	33	5	*
foregoing	23	33	19	33	33	2	
forehead	16	14	17	14	33	14	*
foreign	12	12	8	33	33	49	*
foreigner	21	20	18	33	33	4	*
foremost	22	33	19	33	33	3	*
foreseen	23	33	21	33	33	2	
forest	7	6	11	5	11	170	*
forever	13	14	14	11	33	32	*
forge	23	33	20	33	33	2	*
forget	6	11	12	8	3	191	*
forgive	17	33	15	14	33	11	*
forgiveness	21	33	18	18	33	5	
forgot	7	12	17	11	3	173	
forgotten	12	12	14	11	33	40	
fork	13	14	18	11	12	31	*
form	4	2	2	12	14	352	*
formal	16	14	13	33	33	15	*
formally	21	33	17	33	33	4	
format	23	33	21	33	33	2	*
formation	17	16	14	33	33	11	*
former	12	13	10	33	33	39	*
formerly	18	16	15	33	33	9	*
formidable	21	19	17	33	33	5	*

See key on page 13.

WORD	OVERALL	TEXT-BOOK	GEN'L.	STORY-BOOK	SPOKEN	FREQ.	MULTI-MEANING
formula	13	13	11	33	13	31	*
formulate	21	33	16	33	33	5	*
formulation	19	33	15	33	33	7	
fort	13	12	12	15	33	28	*
forth	10	11	12	7	11	100	*
forthcoming	23	33	19	33	33	2	*
fortunate	18	17	16	18	33	8	*
fortunately	14	15	16	16	11	22	
fortune	14	14	15	12	33	22	*
forty	12	13	14	12	10	50	*
forum	23	33	20	33	33	2	*
forward	11	9	11	14	12	65	*
fossil	18	14	33	33	13	8	*
foster	21	17	18	33	33	5	*
fought	13	12	13	13	12	36	
foul	18	18	33	33	11	9	*
found	3	2	2	3	4	582	*
foundation	15	15	12	17	33	20	*
founder	23	33	20	33	33	2	*
founding	21	33	17	33	33	4	
fountain	14	16	17	12	13	22	*
four	3	3	3	4	2	537	*
fourteen	13	14	14	14	11	29	
fourth	12	11	12	13	11	52	*
fowl	18	19	33	13	33	9	*
fox	7	12	18	4	6	166	*
fraction	15	12	13	33	33	20	*
fracture	23	33	33	33	14	2	*
fragile	22	20	20	33	33	3	*
fragment	21	17	20	33	33	4	*
fragrance	23	20	33	19	33	2	*
fragrant	21	19	33	14	33	5	
frail	22	19	21	33	33	3	*
frame	11	11	10	12	12	60	*
framework	21	17	19	33	33	4	*
France	12	10	12	14	33	48	
Francis	18	15	16	18	33	9	
Francisco	15	13	13	16	14	19	
Francois	18	19	33	13	33	8	
Frank	13	12	11	16	14	34	*
Frankenstein	19	33	33	18	12	7	*
frankfurter	21	33	17	33	15	5	

See key on page 13.

WORD	OVERALL	TEXT-BOOK	GEN'L.	STORY-BOOK	SPOKEN	FREQ.	MULTI-MEANING
Frankie	17	19	17	33	12	11	
Franklin	17	14	15	33	33	12	
frankly	22	33	18	33	33	3	*
frantic	21	20	19	18	33	4	*
frantically	21	19	21	18	33	4	
fraud	23	33	21	33	33	2	*
freak	23	33	33	33	14	2	*
freckle	17	33	33	12	33	11	*
Fred	11	13	15	8	9	76	
Freddy	18	18	16	33	13	8	
Frederick	13	17	16	11	33	31	
free	8	7	5	11	9	148	*
freedom	12	11	10	15	33	48	*
freely	18	15	16	33	33	9	
freeman	23	33	19	33	33	2	*
freeze	13	13	17	14	11	33	*
freight	17	15	15	33	33	10	*
French	11	7	9	15	13	78	*
Frenchman	22	18	21	33	33	3	*
frenzy	23	33	33	17	33	2	*
frequency	15	15	13	33	33	16	
frequent	17	16	14	33	33	10	*
frequently	13	12	11	33	33	33	
fresco	23	33	21	33	33	2	*
fresh	11	10	11	11	33	67	*
freshman	23	20	21	33	33	2	*
friction	20	16	17	33	33	6	*
Friday	12	13	12	12	11	45	
friend	2	4	4	2	2	739	*
friendly	12	11	12	12	11	50	*
frieze	22	33	18	33	33	3	*
fright	20	16	33	15	33	6	*
frighten	11	11	13	8	12	80	*
fringe	21	33	17	18	33	5	*
Frisbee	21	33	33	18	13	5	
Fritz	17	33	33	33	11	10	
frivolous	23	33	33	17	33	2	*
frizzy	23	33	33	17	33	2	
fro	21	19	33	15	33	4	*
frog	10	12	33	6	8	112	*
froggie	14	33	33	11	33	21	

See key on page 13.

WORD	OVERALL	TEXT-BOOK	GEN'L.	STORY-BOOK	SPOKEN	FREQ.	MULTI-MEANING
frolic	21	33	33	14	33	2	*
from	1	1	1	1	2	3096	*
front	5	4	6	4	6	267	*
frontier	17	14	15	33	33	11	*
frost	14	14	33	12	13	22	*
frosty	16	18	33	18	11	15	*
frown	15	15	16	13	33	16	*
froze	21	33	33	16	14	5	
frozen	11	12	15	12	7	66	*
fruit	11	10	13	11	11	66	*
fruitman	23	33	33	17	33	2	
frustrate	22	33	20	18	33	3	*
frustration	23	33	19	33	33	2	*
fry	12	14	33	11	11	40	*
fudge	19	33	33	15	13	7	*
fuel	16	12	17	33	33	15	*
fulfill	20	33	16	18	33	6	*
fulfillment	22	33	19	33	33	3	
full	5	5	5	4	10	243	*
fully	14	13	11	33	33	26	*
Fulton	21	33	17	33	33	4	
fume	21	20	33	15	33	4	*
fun	5	8	13	6	3	265	*
function	12	11	7	33	33	57	*
functional	20	33	15	33	33	6	*
fund	12	15	8	33	33	41	*
fundamental	16	17	13	33	33	14	*
fundamentally	23	33	21	33	33	2	
funeral	17	18	14	33	15	10	*
funny	6	11	13	7	3	213	*
fur	12	11	18	10	13	54	*
furious	18	18	21	14	33	8	*
furiously	17	18	19	14	33	10	
furnace	18	14	19	16	33	9	
furnish	15	14	13	18	33	18	*
furnishing	23	33	21	33	33	2	*
furniture	14	12	14	14	13	27	*
furry	15	18	33	12	14	17	*
further	11	11	6	12	14	30	*
furthermore	16	15	14	16	33	15	
fury	18	18	16	16	33	8	*

See key on page 13.

WORD	OVERALL	TEXT-BOOK	GEN'L.	STORY-BOOK	SPOKEN	FREQ.	MULTI-MEANING
fusion	22	33	18	33	33	3	*
fuss	21	19	33	14	33	5	*
future	11	11	6	13	14	81	*
fuzzy	15	33	33	11	13	20	*
Gabina	15	33	33	12	33	16	
Gabriel	21	19	19	33	33	4	
gaiety	22	33	21	18	33	3	*
gaily	23	18	33	19	33	2	
gain	12	12	7	33	33	57	*
gait	23	33	21	33	33	2	*
gale	23	19	33	19	33	2	*
Galen	20	33	33	33	12	6	
gallery	17	33	14	33	13	10	*
gallon	21	14	33	33	33	5	
gallop	15	15	33	12	33	18	*
gallowglass	23	33	33	17	33	2	*
galore	19	33	33	13	33	7	
gamble	21	33	17	33	33	4	*
game	3	5	7	10	2	566	*
gang	15	16	16	16	11	19	*
gap	20	17	17	33	33	6	*
garage	12	13	16	13	10	40	*
garbage	14	16	33	12	12	23	*
garden	7	8	11	4	11	175	*
gardener	21	33	33	16	14	5	
Garfield	23	33	33	33	14	2	
Garibaldi	21	33	16	33	33	5	
garland	23	33	21	33	33	2	*
garment	22	33	33	15	33	3	*
garrett	21	33	33	33	12	5	
Garry	22	33	19	33	33	3	
garter	23	33	33	33	14	2	*
garth	22	33	18	33	33	3	
gas	11	9	11	13	9	79	*
gasoline	15	13	19	14	14	16	
gasp	15	16	33	12	33	17	*
gate	11	11	13	10	11	69	*
gather	11	9	11	8	33	88	*
gauge	21	17	19	33	33	4	*
gave	3	4	5	3	4	401	
Gavin	20	33	15	33	33	6	

See key on page 13.

WORD	OVERALL	TEXT-BOOK	GEN'L.	STORY-BOOK	SPOKEN	FREQ.	MULTI-MEANING
gay	13	14	14	11	33	31	*
gaze	15	15	16	13	33	17	*
gazette	23	33	20	33	33	2	*
gear	16	15	15	15	14	14	*
gee	21	18	33	18	14	5	*
geese	14	15	33	11	33	23	*
general	7	7	3	12	13	180	*
generalize	23	33	21	33	33	2	*
generally	12	11	10	33	33	46	
generate	23	33	19	33	33	2	*
generation	14	12	11	33	33	27	*
generator	18	17	16	18	33	8	*
generous	18	16	15	33	33	8	*
generously	23	33	21	33	33	2	
Geneva	21	19	17	33	33	5	
Genevieve	17	33	33	12	33	11	
genius	18	16	16	33	33	8	*
gentile	22	33	18	33	33	3	*
gentle	14	12	15	12	33	26	*
gentleman	13	14	15	12	33	28	*
gentlemen	14	15	16	12	13	23	*
gently	13	12	14	11	14	37	
genuine	17	19	14	18	33	10	*
genuinely	22	33	20	18	33	3	
geographical	21	33	17	33	33	4	
geography	22	15	33	33	33	3	*
geological	23	33	21	33	33	2	
geometric	20	17	17	33	33	6	*
geometry	21	16	20	33	33	4	*
George	9	8	10	7	12	127	*
Georgia	15	15	12	18	33	17	
Georgie	22	18	33	33	14	3	
gerbil	17	33	33	12	33	12	
germ	23	16	33	33	33	2	*
German	12	11	11	17	12	50	*
Germanic	22	20	20	33	33	3	*
Germany	13	11	11	33	14	34	
Gert	17	33	33	12	33	12	
gesture	17	16	14	18	33	11	*
get	1	1	2	1	1	3454	*
Gettysburg	23	33	33	17	33	2	

See key on page 13.

WORD	OVERALL	TEXT-BOOK	GEN'L.	STORY-BOOK	SPOKEN	FREQ.	MULTI-MEANING
ghetto	23	33	19	33	33	2	*
ghost	8	12	19	11	4	140	*
giant	9	11	13	9	6	114	*
Gibson	22	33	21	18	33	3	
giddityup	23	33	33	17	33	2	
giddy	23	33	33	33	14	2	*
gift	12	12	12	12	13	43	*
gigantic	20	18	20	16	33	6	
giggle	14	33	33	11	14	25	
Gilhorn	21	33	17	33	33	4	
Gilligan	14	33	33	33	8	25	
gin	20	19	16	33	33	6	*
ginger	17	18	33	18	11	11	*
gingerbread	12	18	33	13	7	47	*
giraffe	13	18	33	11	13	32	*
girdle	23	33	33	17	33	2	*
girl	2	3	4	3	1	881	*
give	2	2	2	2	3	696	*
given	6	4	3	11	14	188	
glacier	20	14	33	16	33	6	
glad	9	10	14	6	11	113	*
gladly	19	33	33	13	33	7	
Gladys	12	33	33	9	33	41	
glance	13	12	12	14	33	33	*
gland	21	17	20	18	33	5	*
glare	21	17	33	16	33	4	*
glass	7	6	10	7	8	161	*
gleam	20	15	33	15	33	6	*
glide	17	19	33	13	33	10	*
glimmer	21	33	33	14	33	5	*
glimpse	19	16	17	18	33	7	*
glisten	23	20	33	19	33	2	*
glitter	17	17	33	13	15	10	*
globe	17	12	18	33	33	11	*
gloom	21	20	18	33	33	4	*
gloomy	21	19	33	15	33	4	*
Gloria	19	15	33	15	15	7	*
glorify	23	33	33	17	33	2	*
glorious	18	17	17	16	33	8	*
glory	15	17	16	12	33	20	*
glossy	21	33	33	14	33	5	*

See key on page 13.

WORD	OVERALL	TEXT-BOOK	GEN'L.	STORY-BOOK	SPOKEN	FREQ.	MULTI-MEANING
glove	15	15	21	15	11	20	*
glow	13	13	15	12	14	28	*
glue	15	15	15	17	11	20	*
glum	22	33	33	15	33	3	*
gnash	23	33	33	17	33	2	
gnome	23	33	33	17	33	2	*
go	1	1	1	1	1	4166	*
goal	11	13	11	33	7	63	*
goat	9	12	33	6	6	129	*
gob	20	33	33	33	12	6	*
gobble	18	33	33	14	13	8	*
goblin	21	33	33	14	33	5	
god	6	11	4	4	12	216	*
goddess	23	16	33	33	33	2	*
godmother	14	33	33	11	13	23	
Godzilla	13	33	33	33	7	36	
goer	20	33	33	14	33	6	
goes	3	6	11	8	2	531	
goggle	17	33	33	12	33	11	*
gold	9	7	13	7	9	128	*
golden	11	11	13	9	13	67	*
goldfish	14	17	33	11	13	22	
Goldilocks	11	33	33	33	5	71	
goldsmith	21	33	33	14	33	5	
golf	15	17	14	33	11	20	*
gone	5	6	7	4	6	253	
gong	21	33	33	18	13	5	*
goo	21	33	33	18	13	5	*
good	2	2	2	1	2	1125	*
goodbye	13	13	33	11	11	37	*
goodness	15	15	17	13	33	16	
goody	18	33	33	18	12	6	*
goof	23	33	33	33	14	2	*
goose	11	13	33	8	9	75	*
gopher	19	33	33	13	33	7	*
Gordon	16	19	20	33	11	14	*
gorilla	11	33	33	6	8	93	
gosh	15	33	33	33	10	18	*
gospel	22	33	18	33	33	3	
gossip	21	33	18	18	33	4	*
got	1	3	3	2	1	3085	*

See key on page 13.

WORD	OVERALL	TEXT-BOOK	GEN'L.	STORY-BOOK	SPOKEN	FREQ.	MULTI-MEANING
gotten	18	17	17	16	33	8	
gourd	16	33	33	12	33	13	*
govern	17	16	14	33	33	11	*
government	7	7	3	16	14	171	*
governmental	21	33	16	33	33	5	
governor	13	13	11	33	33	32	*
gown	18	19	17	14	33	9	*
grab	11	12	14	10	10	66	*
grace	15	15	13	15	33	16	*
graceful	21	17	20	33	33	4	
gracefully	19	33	21	14	33	7	
Gracie	18	33	33	13	33	8	
gracious	22	20	20	33	33	3	*
grade	11	12	12	13	6	59	*
grader	20	33	33	33	12	6	*
gradient	22	33	18	33	33	3	*
gradual	21	19	17	33	33	5	*
gradually	14	12	13	15	33	26	
graduate	15	15	12	33	33	17	*
graduation	22	19	19	33	33	3	*
graham	19	17	18	16	33	7	
grain	12	11	13	13	33	39	*
gram	18	33	15	33	15	8	*
grammar	23	18	33	19	33	2	*
Gran	22	33	20	18	33	3	
granary	23	33	33	17	33	2	*
grand	12	12	13	12	11	45	*
grandchild	17	33	33	13	33	10	
granddaughter	22	33	33	15	33	3	
grandfather	12	11	19	9	33	56	
grandly	23	33	33	17	33	2	
grandma	5	15	18	8	2	254	
grandmom	13	33	33	10	33	31	
grandmother	10	12	20	5	11	111	
grandpa	11	17	33	8	6	93	
grandparent	23	18	33	33	15	2	
grandson	22	33	33	15	33	3	
granite	23	17	33	33	33	2	*
granny	14	33	33	11	13	27	*
grant	12	12	10	13	33	49	*
grape	21	15	33	33	15	4	*
graph	16	12	17	33	33	13	*

See key on page 13.

WORD	OVERALL	TEXT-BOOK	GEN'L.	STORY-BOOK	SPOKEN	FREQ.	MULTI-MEANING
grasp	16	14	15	16	33	13	*
grass	6	7	13	4	6	189	*
grasshopper	18	15	33	14	33	9	*
grassland	23	17	33	33	33	2	*
grassy	21	17	33	15	33	5	*
grateful	18	16	15	18	33	9	*
gratefully	23	33	33	17	33	2	
gratitude	23	33	21	33	33	2	
grave	14	15	13	14	11	27	*
gravel	17	15	20	15	15	10	*
gravely	22	20	33	16	33	3	
graveyard	17	33	33	33	11	12	*
gravity	20	13	33	33	33	6	*
gray	10	10	11	7	12	100	*
grayish	23	33	33	19	15	2	*
grayness	23	33	33	17	33	2	
graze	17	14	33	14	33	10	*
grease	19	16	17	33	15	7	*
greasy	23	20	21	33	33	2	*
great	2	2	2	2	6	731	*
greatly	14	12	12	33	33	24	
greatness	22	19	19	33	33	3	
Greece	17	13	17	33	33	10	
greedy	23	20	33	19	33	2	*
Greek	12	10	12	33	33	39	*
green	4	5	11	3	5	345	*
Greenwich	18	33	15	18	33	8	
greet	13	13	16	11	33	33	*
Greg	14	33	14	33	10	27	
grew	5	7	12	3	11	232	
grey	16	19	19	13	14	15	*
grief	21	17	20	18	33	5	*
grieve	22	33	33	15	33	3	
Griffith	18	33	17	33	13	8	
grill	22	33	19	33	33	3	*
grim	21	17	18	33	33	5	*
grimly	23	33	19	33	33	2	
grin	13	13	13	13	13	28	
Grinch	21	33	33	33	12	5	
grind	15	14	21	14	12	19	*
grip	15	16	13	15	33	16	*
grizzly	22	19	33	33	14	3	*

See key on page 13.

WORD	OVERALL	TEXT-BOOK	GEN'L.	STORY-BOOK	SPOKEN	FREQ.	MULTI-MEANING
groan	18	16	33	14	33	8	*
grocer	20	33	33	14	33	6	
grocery	14	16	20	12	11	26	*
groove	23	16	33	33	33	2	*
gross	15	19	12	33	13	19	*
grotesque	23	33	21	33	33	2	*
grouch	22	33	33	33	13	3	*
ground	4	4	6	3	5	323	*
group	5	3	3	12	11	261	*
grouping	23	33	21	33	33	2	*
grove	16	16	18	13	33	14	*
grover	22	33	33	33	13	3	
grow	4	3	7	3	9	305	*
growl	14	16	33	11	13	25	*
grown	11	10	13	9	12	72	*
grownup	18	15	33	14	33	9	*
growth	12	12	8	16	33	53	*
grub	22	33	33	15	33	3	*
gruff	17	33	33	33	11	11	*
grumble	17	33	33	13	33	10	*
grunt	21	19	20	16	33	5	*
Guam	22	33	19	33	33	3	
guarantee	18	17	16	18	33	8	*
guard	12	12	11	12	14	43	*
guardian	23	33	21	33	33	2	*
guerrilla	19	33	15	33	33	7	*
guess	8	8	11	7	6	146	*
guest	12	12	11	12	13	48	*
guidance	17	18	13	33	33	11	*
guide	12	11	11	14	33	42	*
guidepost	23	33	21	33	33	2	*
guidon	23	33	33	17	33	2	*
guilt	18	33	14	33	33	8	*
guilty	18	17	15	33	33	8	*
guitar	17	16	16	18	13	12	
gulf	16	13	16	18	14	14	*
gull	13	15	33	10	33	35	*
gulp	19	33	33	13	33	7	*
gum	13	15	18	11	11	37	*
gumpy	17	33	33	12	33	12	
gun	7	10	8	11	5	159	*
guppy	23	19	33	19	33	2	

See key on page 13.

WORD	OVERALL	TEXT-BOOK	GEN'L.	STORY-BOOK	SPOKEN	FREQ.	MULTI-MEANING
gush	22	33	33	15	33	3	*
gust	20	33	33	14	33	6	*
gut	22	33	20	33	15	3	*
gutter	17	33	33	12	33	12	*
guy	4	14	12	16	2	379	*
gym	12	16	33	17	7	38	*
gymnastics	23	33	19	33	33	2	
gypsy	20	18	33	16	14	6	*
gyro	20	33	15	33	33	6	*
ha	12	17	33	11	9	41	
habit	13	12	13	13	33	31	*
habitat	21	33	18	18	33	4	*
habitation	23	33	33	17	33	2	*
hack	23	33	33	17	33	2	*
had	1	1	1	1	1	4295	
hadn't	11	12	11	11	14	66	
Hague	23	33	21	33	33	2	
hail	19	17	20	15	33	7	*
hailstone	23	33	33	17	33	2	
hair	4	7	8	5	3	290	*
haircut	21	33	33	14	33	5	
hairy	19	19	33	18	12	7	*
Hal	18	33	15	18	33	8	
half	5	4	4	8	5	251	*
halfback	23	33	20	33	33	2	*
halfway	14	13	17	12	14	23	*
hall	10	11	8	9	12	100	*
Halloween	15	16	33	15	11	20	
hallway	23	33	33	33	14	2	*
halt	17	17	16	15	33	10	*
halve	22	16	33	33	15	3	*
ham	16	16	16	14	14	14	*
hamburger	19	17	33	33	12	7	*
Hamilton	13	17	17	11	33	28	
hammer	14	13	33	14	11	22	*
hammock	22	33	33	15	33	3	*
Hampshire	22	19	19	33	33	3	*
hamster	20	33	33	14	33	6	
hand	2	2	2	2	2	850	*
handful	17	15	18	14	33	11	*
handicap	22	33	18	33	33	3	*
handkerchief	18	16	20	14	33	9	*

See key on page 13.

WORD	OVERALL	TEXT-BOOK	GEN'L.	STORY-BOOK	SPOKEN	FREQ.	MULTI-MEANING
handle	11	11	10	12	12	69	*
handlebar	21	33	33	18	13	5	
handoff	23	33	33	33	14	2	
handsome	13	13	13	11	33	37	*
handy	20	17	18	18	33	6	*
hang	11	11	12	11	8	89	*
hank	16	15	17	13	33	14	*
hanky	22	33	33	15	33	3	
Hanover	15	33	12	33	33	16	
Hans	16	15	13	33	33	14	
happen	4	4	5	3	4	361	*
happily	12	13	16	10	13	47	*
happiness	16	15	16	15	14	14	*
happy	4	7	11	2	7	319	*
harbor	13	12	14	12	33	33	*
hard	3	3	5	3	3	449	*
harden	22	20	19	33	33	3	*
hardly	11	11	11	10	10	94	*
hardship	21	17	20	33	33	4	*
hardware	22	19	19	33	33	3	*
hardy	16	19	12	33	33	15	*
hare	14	33	33	11	33	21	*
Harlem	22	33	18	33	33	3	
harm	16	14	15	15	33	14	*
harmful	22	15	33	33	33	3	
harmony	16	14	14	18	14	15	*
harness	16	15	20	13	33	13	*
Harold	12	16	14	9	33	48	
harpoon	23	18	33	19	33	2	
Harriet	22	20	20	33	33	3	
Harris	18	18	15	33	33	8	
Harry	11	13	14	7	33	73	*
harsh	21	16	19	33	33	5	*
hart	19	33	18	15	33	7	
Harvard	18	18	14	33	33	9	
harvest	16	13	19	14	33	14	*
Harvey	21	19	17	33	33	5	
has	1	1	1	3	1	1786	
hasn't	15	15	16	13	13	19	
haste	17	18	20	13	33	10	*
hasten	23	33	21	33	33	2	*
hastily	21	17	18	33	33	5	

See key on page 13.

WORD	OVERALL	TEXT-BOOK	GEN'L.	STORY-BOOK	SPOKEN	FREQ.	MULTI-MEANING
hat	6	9	12	4	6	195	*
hatch	17	14	33	14	13	12	*
hatchet	21	33	33	15	15	5	*
hate	11	12	12	11	7	87	*
hatful	23	33	33	17	33	2	
hath	15	17	33	11	33	19	
hatred	21	19	16	33	33	5	*
hatter	23	33	33	19	15	2	
haul	15	13	20	13	33	17	*
haunt	14	17	17	15	11	25	*
Havana	22	33	18	33	33	3	*
have	1	1	1	1	1	4614	*
haven	21	33	19	18	33	4	*
haven't	11	12	14	12	6	75	
haw	20	33	33	14	33	6	*
Hawaii	17	15	17	33	12	12	
Hawaiian	23	18	33	33	15	2	*
hawk	14	14	18	11	33	26	*
hay	12	13	16	11	11	40	*
hayloft	22	33	33	15	33	3	
haystack	22	33	33	18	14	3	
Hayworth	17	33	33	33	11	12	
hazard	20	19	16	33	33	6	*
he	1	1	1	1	1	13553	*
he'd	11	12	11	9	11	86	
he'll	11	13	14	12	6	78	
he's	2	9	10	5	1	663	
head	2	3	2	2	3	681	*
headache	15	33	33	13	12	17	*
headband	23	33	33	17	33	2	*
headdress	23	33	33	17	33	2	
headfirst	23	33	33	17	33	2	
heading	23	16	33	33	33	2	*
headlight	22	33	21	18	33	3	*
headquarter	14	16	12	15	33	22	
headway	23	33	33	17	33	2	*
heal	22	33	33	16	15	3	*
health	12	12	11	13	33	46	*
healthy	15	14	14	15	14	18	*
heap	14	17	18	11	33	24	*
hear	4	3	6	3	4	392	*
heard	4	4	5	3	5	383	

See key on page 13.

WORD	OVERALL	TEXT-BOOK	GEN'L.	STORY-BOOK	SPOKEN	FREQ.	MULTI-MEANING
hearing	23	33	21	33	33	2	*
Hearst	17	33	13	33	33	12	
heart	7	6	7	7	9	171	*
hearth	21	19	33	14	33	5	*
heartily	21	33	20	16	33	4	*
heat	11	6	9	17	14	83	*
heater	21	33	18	18	33	4	*
heather	18	33	33	16	12	8	*
heave	18	33	33	13	33	8	*
heaven	13	14	13	12	13	36	*
heavenly	22	33	20	18	33	3	*
heavily	15	14	12	33	33	19	*
heavy	8	5	10	9	9	144	*
Hebrew	22	20	20	33	33	3	*
heck	18	33	33	7	11	8	
Hector	11	18	33	11	33	58	
hedge	15	19	33	18	33	18	*
heed	22	33	21	12	33	3	*
heel	14	13	14	15	13	27	*
height	13	11	12	6	33	35	*
held	6	6	5	11	13	187	
Helen	13	13	18	14	33	36	
helicopter	15	14	33	33	11	20	*
helion	21	33	17	33	33	4	
helium	20	19	18	17	15	6	
hell	13	17	11	8	14	28	*
hello	10	13	20	18	5	112	
helmet	17	14	33	3	12	11	*
help	2	2	3	14	3	657	*
helper	17	15	33	14	15	10	
helpful	15	12	15	15	33	20	
helpless	17	16	16	33	33	11	*
Helva	18	33	14	33	33	8	
hemisphere	19	15	18	33	33	7	*
hen	11	14	16	7	12	67	*
hence	15	16	12	16	33	19	*
Henrietta	17	33	13	33	33	10	
Henry	12	9	11	12	33	57	
her	1	1	1	1	1	3551	*
herald	21	33	19	16	33	5	*
Herb	21	20	33	15	33	4	*

See key on page 13.

WORD	OVERALL	TEXT-BOOK	GEN'L.	STORY-BOOK	SPOKEN	FREQ.	MULTI-MEANING
Herbert	21	18	19	33	33	4	
herd	15	12	16	18	33	18	*
here	2	2	2	2	1	1063	*
here's	10	14	19	13	4	105	
hereby	23	33	21	33	33	2	
heritage	20	18	16	33	33	6	*
Herman	11	17	20	6	33	72	
hermit	17	33	33	12	33	12	*
hero	13	12	12	16	12	35	*
heroic	19	19	16	18	33	7	*
herring	21	19	33	14	33	5	
herself	10	11	10	7	11	107	*
hesitate	17	15	14	33	33	10	*
Hester	16	33	33	12	33	15	
hetman	21	33	16	33	33	5	
Hexham	19	33	33	13	33	7	
hey	5	14	17	9	2	238	
hi	7	15	33	10	3	182	
hickory	22	33	33	15	33	3	*
hid	12	14	33	10	12	41	
hidden	13	12	16	11	33	35	*
hide	5	11	14	4	3	263	*
hideous	21	33	19	18	33	4	*
hideout	19	33	33	14	15	7	
hierarchy	23	33	21	33	33	2	*
Higgins	19	33	33	13	33	7	
high	3	2	2	2	5	594	*
highchair	23	33	33	33	14	2	
highland	20	17	33	18	13	6	*
highly	13	12	11	17	33	33	
highroad	22	33	33	15	33	3	*
highway	13	11	12	15	13	33	
hike	15	16	33	33	11	16	*
hill	4	6	10	3	6	304	*
hillside	17	16	20	13	33	12	
hilly	20	19	33	16	14	6	*
him	1	1	1	1	1	3191	
himself	3	4	2	2	11	437	*
hind	17	15	33	14	15	10	*
Hinkle	18	33	33	33	11	8	
hint	17	15	16	16	33	10	*

See key on page 13.

WORD	OVERALL	TEXT-BOOK	GEN'L.	STORY-BOOK	SPOKEN	FREQ.	MULTI-MEANING
hip	20	16	17	33	33	6	*
hippo	15	33	33	12	14	17	
hippopotamus	14	17	33	11	14	26	
hire	15	14	13	14	33	19	*
hireling	22	33	33	15	33	3	
Hiroshima	23	33	19	33	33	2	
his	1	1	1	1	1	6981	*
hiss	16	33	33	12	33	15	*
Historian	16	19	13	33	33	13	*
historic	18	16	16	33	33	8	
historical	14	15	12	33	33	21	*
historically	21	33	17	33	33	4	
history	10	8	4	33	33	107	*
hit	3	8	8	11	2	417	*
hitch	15	18	33	12	33	16	*
hither	22	33	33	15	33	3	*
hive	19	17	33	15	13	7	*
ho	15	16	33	14	12	16	
hoag	21	33	16	33	33	5	
hoarse	22	20	33	16	33	3	*
hobby	18	15	33	18	12	9	*
hockey	14	33	33	14	11	22	*
Hodges	22	33	18	33	33	3	
hoe	19	19	33	14	33	7	*
Hoff	18	33	33	13	33	8	
hog	15	15	33	12	33	18	*
hogan	18	33	19	33	12	9	
hold	4	4	5	4	4	357	*
holder	18	33	15	33	15	8	*
hole	5	8	11	6	4	225	*
holiday	14	13	15	16	12	21	*
Holland	20	15	21	33	15	6	
holler	13	33	33	11	11	32	*
hollow	14	13	19	12	33	26	*
holly	16	33	33	33	11	15	*
Hollywood	21	33	16	33	33	5	
Holmes	17	18	14	33	33	10	
holster	23	33	20	33	33	2	
holy	14	16	13	14	33	21	*
home	2	2	2	1	1	1220	*
homely	21	33	20	16	33	4	*
homemade	23	19	33	19	33	2	*

See key on page 13.

WORD	OVERALL	TEXT-BOOK	GEN'L.	STORY-BOOK	SPOKEN	FREQ.	MULTI-MEANING
homer	13	14	17	11	33	32	*
Homeric	22	33	18	33	33	3	*
homespun	23	33	33	17	33	2	*
homestead	20	33	33	16	13	6	*
homework	19	16	33	15	15	7	*
homogeneous	23	33	21	33	33	2	*
honest	14	15	13	13	33	22	*
honestly	21	33	19	16	33	5	
honesty	21	33	20	18	15	5	*
honey	12	14	15	11	8	56	*
honeymoon	16	33	19	14	12	14	*
hong	21	33	19	18	15	5	
honk	18	33	33	13	33	8	*
honor	12	12	11	12	33	51	*
honorable	22	33	19	33	33	3	*
hood	12	16	33	13	7	47	*
hoof	18	16	33	14	33	8	*
hook	12	12	33	12	8	49	*
hoop	20	17	33	16	14	6	*
hooray	20	33	33	14	15	6	
hoot	14	33	20	11	33	22	*
Hoover	23	33	21	33	33	2	
hop	8	13	33	3	11	151	*
hope	7	7	4	7	11	182	*
hopeful	22	20	19	33	33	3	*
hopefully	21	19	21	18	33	4	*
hopeless	18	18	18	15	33	8	*
hopper	20	33	33	14	33	6	*
hopscotch	22	33	33	18	14	3	
horizon	15	15	15	13	33	18	*
horizontal	21	15	20	33	33	5	*
hormone	22	33	18	33	33	3	*
horn	11	11	14	9	11	69	*
hornet	18	33	33	13	33	8	
horrible	15	18	17	12	33	17	*
horrid	23	33	33	17	33	2	*
horror	20	18	17	18	33	6	*
horse	4	4	7	3	4	351	*
horseback	18	15	33	18	12	9	*
horseman	22	33	33	15	33	3	*
horseshoe	22	20	33	16	33	3	*
hose	15	16	20	14	12	17	*

See key on page 13.

WORD	OVERALL	TEXT-BOOK	GEN'L.	STORY-BOOK	SPOKEN	FREQ.	MULTI-MEANING
hospital	11	12	10	12	6	97	*
host	15	15	14	15	33	16	*
hostess	21	33	21	16	33	4	*
hostile	20	18	17	33	33	6	*
hot	4	5	10	4	3	351	*
hotel	12	13	9	33	12	47	
hound	16	16	33	14	33	8	*
hour	6	4	4	11	9	210	*
house	1	2	2	1	1	1635	*
household	16	14	14	15	33	15	*
housekeeper	19	33	33	13	33	7	*
housewarming	23	33	33	17	33	2	
housing	15	16	12	33	33	16	*
Houston	18	17	15	33	33	8	
hover	22	33	33	15	33	3	*
how	1	1	2	1	2	1554	*
how'd	22	33	33	18	14	3	
Howard	16	16	14	33	13	14	
howdy	16	33	33	16	11	15	
Howe	21	33	19	33	15	4	
however	5	4	2	12	13	241	*
Howie	21	33	33	14	33	5	
howl	14	15	33	11	33	25	*
hub	23	33	19	33	33	2	*
huddle	17	17	20	13	33	12	*
Hudgin	19	33	33	13	33	7	
Hudson	14	14	12	33	33	21	
huff	12	33	20	13	7	43	*
hug	12	18	33	9	11	49	*
huge	11	9	12	11	14	60	
Hugh	22	19	20	33	33	3	
Hughes	20	33	15	33	33	6	
huh	11	33	33	13	5	76	
hula	23	33	33	33	14	2	*
hulk	23	33	33	33	14	2	*
hull	21	19	18	33	33	4	*
hum	13	14	33	11	12	33	*
human	9	8	4	17	11	119	*
humanity	19	33	15	33	33	7	*
humble	18	17	17	15	33	9	*
humbug	23	33	33	17	33	2	*
humidity	23	33	21	33	33	2	

See key on page 13.

WORD	OVERALL	TEXT-BOOK	GEN'L.	STORY-BOOK	SPOKEN	FREQ.	MULTI-MEANING
humiliate	22	33	33	15	33	3	
hummer	22	33	33	15	33	3	
hummingbird	19	33	33	13	33	7	
humor	15	15	13	16	33	17	*
humorous	21	17	17	33	33	5	*
hump	20	33	33	14	33	6	*
Humpty	14	33	33	33	9	21	
hunch	23	33	33	17	33	2	*
hundred	5	4	6	7	5	251	*
hung	11	11	12	9	33	64	
Hungarian	22	19	20	33	33	3	*
hunger	16	15	17	14	33	13	*
hungry	7	11	16	3	9	167	*
hunk	23	33	33	33	14	2	
hunt	7	8	13	4	11	156	*
hunter	13	11	17	12	33	33	*
hurdle	18	33	33	13	33	8	*
hurl	23	19	33	19	33	2	*
hurrah	18	33	33	13	33	8	*
hurricane	18	16	21	15	15	9	
hurriedly	23	19	33	19	33	2	
hurry	7	9	12	5	8	156	*
hurt	8	11	14	10	4	147	*
husband	11	12	8	12	11	70	*
hush	17	17	33	13	15	11	*
hushaby	21	33	33	14	33	5	
husk	23	33	33	17	33	2	*
husker	23	33	33	33	14	2	
husky	21	20	33	15	33	4	*
hustle	18	33	33	13	33	8	*
hut	13	13	18	11	11	36	*
hutch	15	33	33	33	11	17	*
hydrant	23	33	33	19	15	2	*
hydrogen	16	13	14	33	33	15	
hymn	21	20	20	18	33	4	*
hypothalamic	21	33	16	33	33	5	*
hypothalamus	21	33	17	33	33	4	
hypothesis	21	19	17	33	33	5	*
hypothetical	23	33	21	33	33	2	*
hysterical	23	33	20	33	33	2	
I	1	1	1	1	1	13048	
I'd	9	11	11	7	10	119	

See key on page 13.

WORD	OVERALL	TEXT-BOOK	GEN'L.	STORY-BOOK	SPOKEN	FREQ.	MULTI-MEANING
I'll	3	5	7	2	3	571	
I'm	2	4	5	2	1	1019	
I've	6	9	10	6	5	185	
ice	4	6	13	6	2	381	*
iceberg	22	17	33	18	33	3	*
icicle	20	33	33	14	15	6	*
icing	22	33	33	33	13	3	*
icky	23	33	33	19	15	2	*
icy	15	15	19	12	33	19	*
Ida	10	33	33	4	33	105	
idea	6	3	4	11	11	221	*
ideal	14	15	11	33	33	22	*
ideally	23	33	20	33	33	2	*
identical	18	17	14	33	33	9	*
identification	17	19	13	33	33	11	*
identify	13	11	12	17	33	32	*
identity	14	16	12	33	13	22	*
ideological	21	33	16	33	33	5	*
ideology	22	33	18	33	33	3	*
idle	21	19	18	18	33	5	*
if	1	1	1	1	1	2881	*
ignorance	21	20	17	33	33	4	
ignorant	21	19	19	33	33	4	*
ignore	15	16	13	16	33	17	*
ill	13	12	13	12	13	37	*
illegal	23	33	21	33	33	2	
Illinois	13	13	13	12	12	34	*
illiterate	23	33	21	33	33	2	*
illness	19	16	16	33	33	7	*
illuminate	22	33	18	33	33	3	
illumination	23	33	21	33	33	2	*
illusion	18	33	14	33	33	9	*
illustrate	14	12	12	33	33	24	*
illustration	16	13	14	33	33	14	*
image	12	12	8	17	33	48	*
imagery	23	33	20	33	33	2	*
imaginary	18	15	17	18	33	8	*
imagination	14	13	12	16	14	25	*
imaginative	21	19	15	33	33	4	*
imagine	11	11	11	11	33	60	*
imitate	21	18	33	16	33	4	*

See key on page 13.

WORD	OVERALL	TEXT-BOOK	GEN'L.	STORY-BOOK	SPOKEN	FREQ.	MULTI-MEANING
imitation	20	19	16	33	33	6	*
immediacy	23	33	21	33	33	2	*
immediate	14	16	11	33	33	22	*
immediately	12	11	10	13	33	52	*
immense	20	17	18	12	33	6	*
immensely	23	33	21	33	33	2	
immigrant	21	17	20	33	33	4	
immigration	23	33	20	33	33	2	
immortality	21	33	17	33	33	4	
impact	15	15	12	33	33	19	*
impartial	23	33	21	33	33	2	
impassion	23	33	21	33	33	2	
impatience	23	33	20	33	33	2	
impatient	22	18	20	33	33	3	*
impatiently	22	18	20	33	33	3	
imperative	23	33	20	33	33	2	*
imperial	21	33	18	16	33	5	*
impersonal	22	33	18	33	33	3	*
implementation	23	33	21	33	33	2	
implication	18	33	14	33	33	8	*
implicit	22	33	18	33	33	3	*
imply	17	33	13	33	33	11	*
import	15	15	12	33	33	16	*
importance	13	12	11	33	33	36	*
important	5	3	4	11	14	236	*
importantly	23	33	21	33	33	2	
impose	19	19	15	33	33	7	*
impossible	13	12	11	13	33	37	*
impress	18	16	15	33	33	9	*
impression	14	13	12	33	33	23	*
impressive	16	17	13	33	33	14	
improve	12	11	10	33	33	45	*
improvement	15	15	12	33	33	18	*
impulse	17	16	14	33	33	10	*
impurity	23	33	21	33	33	2	*
in	1	1	1	1	1	16635	*
inability	21	33	17	33	33	4	
inadequate	18	33	14	33	33	8	
inaugural	23	33	21	33	33	2	*
inauguration	23	33	21	33	33	2	
Inc.	21	33	16	33	33	5	

See key on page 13.

WORD	OVERALL	TEXT-BOOK	GEN'L.	STORY-BOOK	SPOKEN	FREQ.	MULTI-MEANING
incapable	23	33	19	33	33	2	*
incense	23	33	33	17	33	2	*
incentive	22	33	19	33	33	3	
inch	10	5	10	13	10	109	*
incident	15	15	12	33	33	18	*
incidentally	22	33	18	33	33	3	*
inclination	23	33	21	33	33	2	*
incline	19	17	16	33	33	7	*
include	7	5	3	14	14	165	*
income	13	12	11	33	33	35	*
incoming	23	33	33	17	33	2	*
incomplete	21	17	18	33	33	5	
incorporate	22	33	18	33	33	3	*
increase	8	8	3	15	33	155	*
increasingly	16	15	13	33	33	13	
incredible	13	18	16	18	33	8	
incur	23	33	21	33	33	2	
indebted	23	33	20	33	33	2	*
indeed	11	11	8	10	33	88	*
indefinite	22	19	21	33	33	3	
independence	14	13	12	33	33	24	*
independent	14	13	12	33	33	23	*
independently	22	33	19	33	33	3	
index	14	15	11	33	33	23	*
India	14	12	12	16	33	27	
Indian	6	3	11	6	9	199	*
Indiana	16	17	18	15	12	15	
Indianapolis	23	33	33	33	14	2	
indicate	11	8	6	33	33	90	*
indication	17	18	14	33	33	10	*
indicator	21	33	17	33	33	4	*
indictment	22	33	19	33	33	3	*
Indies	21	16	20	33	33	4	
indifference	21	33	17	33	33	4	*
indifferent	21	18	19	33	33	4	*
indignant	23	33	20	33	33	2	
indignation	23	33	21	33	33	2	
indirect	20	18	16	33	33	6	
indirectly	21	19	17	33	33	5	
indispensable	22	33	18	33	33	3	*
individual	11	11	4	33	33	96	*
individualism	22	33	19	33	33	3	*

See key on page 13.

WORD	OVERALL	TEXT-BOOK	GEN'L.	STORY-BOOK	SPOKEN	FREQ.	MULTI-MEANING
individually	21	33	17	33	33	4	
Indonesia	22	20	20	33	33	3	
indoor	17	16	33	13	33	11	*
induce	20	19	16	33	33	6	*
indulge	23	33	21	33	33	2	*
industrial	13	19	9	33	33	36	*
industrialize	23	33	21	33	33	2	
industry	11	11	6	33	33	76	*
inescapable	23	33	21	33	33	2	
inevitable	18	18	14	33	33	9	
inevitably	18	33	14	33	33	9	
infancy	23	33	19	33	33	2	*
infant	21	20	18	18	33	4	*
infantry	21	33	17	33	33	4	*
infection	21	19	21	33	14	5	*
infectious	21	33	17	33	33	4	*
infinite	21	19	17	33	33	5	*
influence	12	11	8	33	33	53	*
influential	22	33	18	33	33	3	*
inform	15	17	12	33	33	16	*
informal	21	19	17	33	33	5	*
information	10	8	5	33	33	101	*
infrared	22	33	19	33	33	3	*
ingenious	23	33	20	33	33	2	*
ingredient	22	18	20	33	33	3	
inhabit	23	20	33	19	33	2	*
inhabitant	19	15	18	18	33	7	
inherit	21	19	17	33	33	5	*
inhibit	23	33	21	33	33	2	
iniquity	21	33	33	14	33	5	*
initial	15	17	12	33	14	20	*
initially	21	33	17	33	33	4	
initiate	21	33	19	18	33	4	*
initiative	18	33	14	33	33	8	
injure	19	16	16	33	33	7	*
injury	17	15	14	33	33	12	*
injustice	21	33	17	33	33	4	*
ink	19	14	33	15	33	7	*
inland	22	15	33	33	33	3	*
inn	18	16	20	15	15	9	*
inner	15	13	12	33	14	20	*
inning	17	18	19	33	12	11	*

See key on page 13.

WORD	OVERALL	TEXT-BOOK	GEN'L.	STORY-BOOK	SPOKEN	FREQ.	MULTI-MEANING
innocence	19	33	15	33	33	7	*
innocent	16	17	14	15	33	14	*
inorganic	23	33	19	33	33	2	*
input	21	33	16	33	33	5	*
inquire	19	19	17	16	33	7	*
inquirer	22	33	18	33	33	3	
inquiry	18	33	14	33	33	8	*
insane	22	33	18	33	33	3	*
insect	12	10	14	13	33	40	*
insert	18	16	15	33	33	9	*
inside	5	4	7	4	7	258	*
insight	17	19	14	33	33	10	*
insist	13	13	11	16	33	28	*
insistence	21	33	17	33	33	4	*
insistent	23	33	21	33	33	2	
insoluble	22	33	19	33	33	3	
inspect	22	33	19	33	33	3	*
inspection	18	18	16	16	33	8	*
inspector	22	33	18	33	33	3	*
inspiration	22	19	20	33	33	3	*
inspire	17	17	14	18	33	11	*
install	17	17	13	33	33	12	*
installation	19	33	15	33	33	7	*
instance	12	11	11	17	33	43	*
instant	15	13	14	14	33	20	*
instantly	16	15	16	14	33	13	*
instead	7	6	7	8	9	162	*
instinct	21	17	18	33	33	5	*
instinctively	22	20	20	33	33	3	
institute	15	17	12	33	33	17	*
institution	13	17	9	33	33	36	*
institutional	23	33	21	33	33	2	
instruct	21	33	17	33	33	4	*
instruction	14	13	12	17	33	21	*
instructor	22	33	21	33	15	3	
instrument	12	9	12	16	33	46	*
instrumental	23	33	19	33	33	2	*
insulation	22	19	20	33	33	3	*
insurance	15	16	13	33	13	17	*
insure	19	19	15	33	33	7	*
intact	22	33	18	33	33	3	*
integral	22	33	18	33	33	3	*

See key on page 13.

WORD	OVERALL	TEXT-BOOK	GEN'L.	STORY-BOOK	SPOKEN	FREQ.	MULTI-MEANING
integrate	23	33	19	33	33	2	*
integration	17	33	13	33	33	12	*
integrity	23	33	20	33	33	2	*
intellectual	15	19	11	33	33	20	*
intelligence	16	15	13	33	33	14	*
intelligent	16	15	15	14	33	14	*
intelligible	23	33	19	33	33	2	*
intend	14	13	12	17	33	21	*
intense	17	16	13	33	33	12	*
intensely	23	33	20	33	33	2	
intensification	23	33	21	33	33	2	
intensity	15	16	12	33	33	16	*
intensive	22	33	18	33	33	3	*
intent	21	19	18	18	33	5	*
intention	15	19	12	18	33	16	*
interaction	21	33	17	33	33	4	
interdependent	23	33	21	33	33	2	
interest	5	4	2	12	10	260	*
interfere	22	18	20	33	33	3	*
interference	17	33	13	33	33	11	*
interim	23	33	19	33	33	2	
interior	14	13	12	33	33	25	*
interlocking	23	33	21	33	33	2	
intermediate	20	19	16	33	33	6	*
internal	15	15	12	33	33	18	*
international	12	13	8	33	33	44	*
interpret	17	15	14	33	33	11	*
interpretation	15	17	12	33	33	18	*
interpreter	23	33	21	33	33	2	*
interrupt	16	15	17	14	33	14	*
interruption	23	33	21	33	33	2	
intersection	17	16	15	33	15	11	*
interstate	22	33	18	33	33	3	
interval	16	15	13	33	33	14	*
intervention	21	33	16	33	33	5	
interview	15	33	12	33	33	16	*
intimate	21	33	16	33	33	5	*
into	1	1	1	1	2	1876	*
intonation	23	33	21	33	33	2	*
intricate	22	19	20	33	33	3	*
introduce	13	12	12	15	12	36	*
introduction	17	15	14	33	33	12	*

See key on page 13.

WORD	OVERALL	TEXT-BOOK	GEN'L.	STORY-BOOK	SPOKEN	FREQ.	MULTI-MEANING
intuition	21	33	17	33	33	4	*
invade	23	16	33	33	33	2	*
invariably	18	19	14	33	33	8	
invariant	22	33	18	33	33	3	
invasion	19	17	15	33	33	7	*
invent	15	11	18	18	14	19	*
invention	16	12	16	33	33	14	*
inventory	18	33	14	33	33	9	*
invest	23	33	19	33	33	2	*
investigate	16	15	14	33	13	14	
investigation	14	14	12	33	33	22	
investigator	22	33	18	33	33	3	
investment	17	33	13	33	33	10	*
investor	21	33	17	33	33	4	
invisibility	23	33	33	17	33	2	
invisible	14	14	21	16	11	21	*
invitation	16	16	14	18	13	14	*
invite	12	12	13	11	11	56	*
involution	23	33	21	33	33	2	*
involve	11	11	5	33	33	77	*
involvement	22	33	18	33	33	3	
inward	22	20	20	33	33	3	*
iodide	23	33	21	33	33	2	
iodine	20	19	17	18	33	6	
ion	23	33	21	33	33	2	*
ionic	23	33	21	33	33	2	*
Ireland	19	14	18	33	33	7	
iris	23	33	33	17	33	2	*
Irish	17	14	15	33	14	12	*
iron	12	8	13	12	13	56	*
ironic	22	33	18	33	33	3	*
irony	22	33	19	33	33	3	*
irradiation	23	33	20	33	33	2	*
irrational	23	33	21	33	33	2	*
irregular	21	16	20	33	33	4	*
irregularity	23	33	21	33	33	2	*
irrelevant	22	33	18	33	33	3	
irresistible	23	33	21	33	33	2	
irresponsible	23	33	21	33	33	2	*
irrigation	23	16	33	33	33	2	
Irving	20	33	33	14	33	6	
is	1	1	1	1	1	8260	

See key on page 13.

WORD	OVERALL	TEXT-BOOK	GEN'L.	STORY-BOOK	SPOKEN	FREQ.	MULTI-MEANING
Isaac	17	33	20	13	33	11	
island	5	5	6	4	7	236	*
isle	21	17	33	18	15	4	*
isn't	8	9	11	6	8	141	
isolate	17	17	13	33	33	12	*
isolation	21	18	17	33	33	5	
Israel	13	14	17	11	33	28	
issue	11	13	5	33	33	73	*
it	1	1	1	1	1	12689	*
it'll	15	16	17	13	12	20	
it's	2	4	4	2	1	1103	
Italian	14	12	13	17	14	25	*
italicize	23	16	33	33	33	2	
Italy	14	11	14	33	33	21	
itch	15	33	33	12	14	16	*
item	12	12	10	33	33	43	*
its	2	1	1	4	2	1366	
itself	9	7	4	12	33	130	*
Ivan	17	18	33	12	33	12	
ivory	20	19	17	18	33	6	*
ivy	22	33	20	33	15	3	*
Jack	9	10	11	8	7	128	*
jack-o-lantern	23	33	33	33	14	2	
jacket	12	13	14	11	11	49	*
jackpot	23	33	33	33	14	2	*
Jackson	16	14	14	16	33	15	
Jacob	18	15	33	14	33	8	
jade	23	33	33	17	33	2	*
jagged	21	18	33	16	33	4	*
jaguar	22	33	33	15	33	3	
jail	10	17	16	33	4	107	*
jam	14	15	21	11	13	24	*
James	11	11	11	11	13	59	
Jamie	16	33	33	33	11	15	
Jane	12	11	14	11	12	55	
Janet	20	19	33	33	12	6	
Janey	16	17	33	12	33	14	
jangle	21	33	33	14	33	5	*
January	13	12	11	17	13	32	
Japan	15	12	14	33	33	18	*
Japanese	14	12	13	33	14	26	*
jar	13	11	17	13	12	31	*

See key on page 13.

WORD	OVERALL	TEXT-BOOK	GEN'L.	STORY-BOOK	SPOKEN	FREQ.	MULTI-MEANING
jasmine	17	33	33	12	33	12	*
Jason	14	18	33	33	10	21	
jaw	16	13	15	16	33	15	*
jay	14	17	17	13	12	21	*
jazz	14	18	11	33	33	25	*
Jean	14	13	16	13	13	23	*
jeep	17	18	17	18	13	10	*
jeer	23	33	33	17	33	2	
Jeff	12	13	33	15	7	43	
Jefferson	14	14	15	12	33	25	
jelly	15	15	33	15	11	18	*
Jenkins	18	16	20	14	33	9	
Jennifer	15	33	33	12	12	17	
jenny	19	18	21	33	13	7	
jerk	18	15	19	18	13	9	*
Jerry	14	14	17	33	11	24	
Jersey	17	16	15	16	33	11	*
Jerusalem	20	19	33	14	33	6	
jess	17	33	13	33	33	11	
Jessica	21	33	18	33	15	4	
jester	13	33	33	10	33	31	*
Jesus	13	33	12	12	12	34	
jet	14	12	15	14	14	25	*
Jew	14	17	11	33	33	21	*
jewel	21	15	33	16	33	5	*
jewelry	22	16	33	18	33	3	
Jewish	15	16	12	33	33	20	
jig	21	33	21	15	33	5	*
Jill	14	17	33	14	11	23	
Jim	11	8	14	10	11	87	
Jimmy	11	12	19	9	11	62	*
jingle	20	33	33	14	15	6	*
jo	22	17	33	33	15	3	
Joan	21	17	18	33	33	5	
Joanne	22	33	33	15	33	3	
Job	7	6	4	10	11	162	*
jock	23	33	33	33	14	2	*
Joe	12	8	12	15	12	53	
Joel	22	33	19	33	33	3	
Joey	14	16	33	17	10	22	
jog	22	33	33	15	33	3	*
John	6	4	3	13	8	195	*

See key on page 13.

WORD	OVERALL	TEXT-BOOK	GEN'L.	STORY-BOOK	SPOKEN	FREQ.	MULTI-MEANING
Johnnie	19	33	15	33	15	7	
Johnny	10	10	14	6	12	102	
Johnson	15	13	13	33	14	19	
Johnston	18	33	16	16	15	9	
join	10	7	9	10	12	110	*
joint	15	14	13	18	33	18	*
joke	12	12	14	11	11	43	*
joker	13	33	33	33	8	28	*
jolly	15	18	33	12	14	16	*
Jonah	17	33	33	12	33	12	*
Jones	12	13	12	12	12	45	
Jordan	21	18	33	15	33	5	
Joseph	13	14	12	12	33	31	
Joshua	19	33	33	13	33	7	
journal	17	33	13	33	33	10	*
journalism	22	33	18	33	33	3	*
journalist	23	33	20	33	33	2	*
journey	13	12	15	12	33	28	*
joy	12	12	13	11	33	40	*
Joyce	20	33	16	33	15	6	
joyfully	22	33	33	15	33	3	
joyous	22	33	33	15	33	3	
joyously	23	33	33	17	33	2	
Juan	12	15	33	8	33	47	
Juanita	22	33	18	33	33	3	
judge	11	11	10	12	33	59	*
judgment	14	16	11	17	33	25	*
judicial	21	33	17	33	33	4	*
Judy	19	15	21	33	13	7	
jug	16	17	33	12	14	15	*
juice	14	13	19	12	13	26	*
juicy	21	17	33	15	33	5	*
Julia	12	33	15	10	33	40	
Julian	13	33	21	10	33	33	
Julie	19	17	20	18	13	7	
Julius	17	33	33	12	33	12	
July	14	12	12	17	14	27	
jumbo	23	33	33	17	33	2	
jump	3	6	12	3	2	466	*
jumpy	18	33	33	13	33	8	*
June	12	12	11	17	12	39	
jungle	13	12	16	11	14	37	*

See key on page 13.

WORD	OVERALL	TEXT-BOOK	GEN'L.	STORY-BOOK	SPOKEN	FREQ.	MULTI-MEANING
junior	12	13	7	17	13	54	*
juniper	23	33	33	17	33	2	*
junk	13	17	21	14	9	31	*
Jupiter	21	15	20	33	33	5	*
jurisdiction	19	33	15	33	33	7	*
jury	15	17	12	33	33	18	*
just	1	2	2	1	1	2004	*
justice	13	14	11	33	33	32	*
justification	21	33	17	33	33	4	*
justify	17	33	13	33	33	12	*
jut	21	33	33	14	33	5	*
juvenile	21	33	17	18	33	5	*
kangaroo	14	17	33	11	14	27	
Kansas	17	14	14	33	33	11	
karate	20	33	33	33	12	6	
Karen	17	19	33	33	11	10	
Katanga	21	33	16	33	33	5	
Katchan	20	33	33	14	33	6	
Kate	12	16	13	11	11	39	
Kathy	16	16	33	33	11	14	
Katie	21	17	18	33	33	5	
Katy	12	33	33	8	33	46	
Kay	18	19	16	33	13	8	
keen	19	16	19	16	33	7	*
keep	3	3	4	3	3	529	*
keeper	15	17	33	13	12	16	*
Keith	18	33	16	33	13	9	
Kelly	15	17	33	33	11	19	
Ken	16	33	19	33	11	14	*
Kennedy	12	16	8	33	33	43	
kennel	22	33	33	15	33	3	*
Kent	22	33	18	33	33	3	
Kentucky	13	15	18	12	11	29	
kept	5	5	7	6	4	265	
kerchief	23	33	33	17	33	2	*
ketchup	18	33	33	16	12	8	
kettle	16	15	33	12	33	14	*
Kevin	22	33	33	16	15	3	
key	11	10	10	13	11	72	*
Khrushchev	15	33	11	33	33	20	
kick	7	12	13	11	3	165	*

WORD	OVERALL	TEXT-BOOK	GEN'L.	STORY-BOOK	SPOKEN	FREQ.	MULTI-MEANING
kickball	17	33	33	33	11	12	
kid	5	12	11	11	2	250	*
kiddie	21	33	33	33	12	5	
kidnap	21	33	33	33	12	5	
kidnapper	23	33	33	19	15	2	
Kiki	21	33	33	33	12	5	
Kiley	20	33	33	33	12	6	
kill	6	8	7	11	4	190	*
killer	17	18	16	18	13	10	*
kilometer	23	33	21	33	33	2	
Kim	18	19	33	33	11	9	
Kimberly	19	33	33	33	12	7	
Kind	2	2	4	4	2	627	*
kindergarten	12	19	33	15	7	42	
kindle	18	33	33	13	33	6	*
kindling	23	33	33	17	33	2	
kindly	19	15	21	16	33	7	*
kindness	21	16	33	16	33	4	*
kinetic	23	33	21	33	33	2	*
king	4	4	11	2	4	365	*
kingdom	13	15	15	11	33	28	*
kingfisher	23	33	33	17	33	2	
kingly	23	33	33	17	33	2	*
Kirby	22	19	20	33	33	3	
kiss	11	14	14	9	3	81	*
kit	15	16	33	12	13	16	*
kitchen	7	11	11	5	7	168	*
kite	15	15	33	12	13	20	*
kitten	11	14	33	7	11	69	*
kitty	16	18	33	16	11	14	*
knapsack	23	33	33	17	33	2	
knee	11	12	12	11	11	59	*
knelt	21	17	21	33	33	4	
knew	4	4	3	3	8	362	
knife	11	11	11	11	11	64	*
knight	15	14	15	14	33	17	*
knit	12	17	17	9	33	46	*
knives	19	16	33	15	15	7	*
knob	21	16	33	16	33	5	*
knock	6	12	13	8	3	208	*
knot	17	14	21	15	14	12	*

See key on page 13.

WORD	OVERALL	TEXT-BOOK	GEN'L.	STORY-BOOK	SPOKEN	FREQ.	MULTI-MEANING
know	1	2	2	2	1	2535	*
knowledge	12	11	9	17	33	56	*
known	7	4	5	11	33	156	
knuckle	22	33	21	18	33	3	*
koala	23	33	33	19	15	2	
Kokomo	14	33	33	33	9	22	
Kong	13	33	19	33	7	34	
Korea	22	20	19	33	33	3	
Korean	21	33	19	33	15	4	*
Kremlin	23	33	18	33	33	2	*
Krim	20	33	15	33	33	6	
la	14	16	12	15	33	21	*
label	15	12	15	16	33	20	*
labor	12	13	9	17	33	44	*
laboratory	15	13	13	33	33	18	*
Labrador	23	19	33	33	15	2	
lace	21	17	33	15	33	5	*
lacey	17	33	33	33	11	10	
Lachie	17	33	33	12	33	11	
lack	12	12	8	14	33	56	*
lacy	22	33	33	15	33	3	
lad	16	14	33	14	13	13	*
ladder	12	13	16	12	8	51	*
laddie	23	33	33	17	33	2	
lady	6	8	11	5	5	209	*
Lafayette	22	33	18	33	33	3	
lagoon	19	19	18	16	33	7	*
laid	10	11	11	11	6	111	
lair	22	33	33	15	33	3	*
lake	9	7	12	11	6	122	*
lamb	11	14	33	7	14	59	*
lame	23	19	33	19	33	2	*
lamp	12	12	17	12	11	39	*
land	3	2	5	4	3	437	*
landing	14	13	15	13	12	27	*
landlord	22	33	19	33	33	3	*
landscape	19	15	16	33	33	7	*
landslide	23	33	33	19	15	2	*
lane	16	14	15	18	14	14	*
language	10	6	9	11	33	102	*
lantern	16	15	18	14	14	13	*

See key on page 13.

WORD	OVERALL	TEXT-BOOK	GEN'L.	STORY-BOOK	SPOKEN	FREQ.	MULTI-MEANING
Lao	21	33	17	33	33	4	*
Laos	15	33	12	33	33	16	
lap	12	14	16	11	12	39	*
large	3	2	2	5	13	407	*
largely	14	13	12	33	33	22	*
Larry	21	17	20	33	15	5	
las	23	33	33	17	33	2	
lass	23	33	33	17	33	2	*
lassie	17	33	33	33	11	12	
lasso	21	33	33	16	14	5	*
last	2	2	2	3	2	665	*
latch	21	33	33	14	33	5	*
late	4	3	2	5	8	374	*
lately	18	17	19	33	13	8	
latent	23	33	21	33	33	2	*
Latin	14	11	13	33	33	25	*
latitude	21	14	33	33	33	4	*
latter	13	15	10	33	33	34	*
laugh	4	6	11	2	4	349	*
laughter	15	13	16	13	33	18	*
launch	16	14	14	16	33	14	*
laundry	22	18	33	33	14	3	*
Laura	14	15	16	33	11	23	
Laurie	17	19	33	33	11	10	
Laury	20	33	33	33	12	6	
lava	21	15	33	33	14	5	
lavender	23	33	33	17	33	2	*
law	8	8	3	16	13	133	*
lawn	12	13	17	11	13	38	*
Lawrence	17	16	14	33	33	12	
lawyer	13	15	12	12	14	31	
lay	5	6	8	5	5	242	*
layer	14	11	16	33	33	22	*
lazy	11	14	20	7	13	58	*
le	21	19	18	33	33	4	
lead	9	7	6	12	12	116	*
leader	11	11	7	11	33	88	*
leadership	14	16	11	33	33	25	*
leaf	12	12	19	9	13	52	*
leafy	18	18	33	13	33	8	*
league	13	13	11	17	12	33	*

See key on page 13.

WORD	OVERALL	TEXT-BOOK	GEN'L.	STORY-BOOK	SPOKEN	FREQ.	MULTI-MEANING
leak	22	19	33	33	14	3	*
lean	12	12	12	12	11	54	*
leap	12	12	14	11	33	46	*
leapt	21	33	33	14	33	5	
learn	4	2	5	7	6	328	*
lease	23	33	20	33	33	2	*
leash	17	33	33	14	12	10	*
least	8	7	4	11	12	150	*
leather	14	12	15	12	33	27	*
leave	3	3	4	2	3	533	*
Lebanon	23	19	33	19	33	2	
lecture	18	33	14	18	33	9	*
led	11	9	10	11	14	85	
ledge	17	16	33	13	14	12	*
lee	13	13	14	12	12	33	*
left	3	3	3	3	5	461	*
leg	6	6	10	6	5	216	*
legal	14	16	12	33	13	22	
legend	16	13	14	33	33	15	*
legislation	17	33	13	33	33	11	
legislative	17	18	13	33	33	11	*
legislator	21	33	16	33	33	5	
legislature	17	16	14	33	33	12	
legitimate	21	33	17	33	33	4	*
leisure	21	18	19	33	33	4	*
lemon	16	18	17	14	13	15	*
lemonade	15	17	33	12	33	17	
lend	17	17	18	13	33	12	*
length	11	7	9	15	33	78	*
lengthy	23	33	19	33	33	2	*
Lenny	23	33	33	33	14	2	
Lenore	12	33	33	9	33	38	
lens	18	14	19	18	33	8	*
Leo	11	33	33	6	33	67	*
leopard	12	18	33	9	13	41	*
less	6	5	3	11	13	193	*
lessen	20	33	20	15	33	6	*
lesson	12	11	13	13	11	49	*
lest	20	19	17	18	33	6	
Lester	22	33	18	33	33	3	
let	2	3	3	2	2	722	*
let's	5	7	12	5	4	228	

See key on page 13.

WORD	OVERALL	TEXT-BOOK	GEN'L.	STORY-BOOK	SPOKEN	FREQ.	MULTI-MEANING
letter	5	3	5	8	9	249	*
lettuce	16	18	33	16	11	15	
levee	22	33	33	15	33	3	*
level	10	9	4	17	33	105	*
lever	17	14	18	33	13	12	*
leviathan	22	33	33	15	33	3	*
Lewis	11	14	12	5	33	97	
li	12	33	33	7	33	50	
liberal	14	19	11	33	33	24	*
liberalism	22	33	18	33	33	3	*
liberate	23	33	21	33	33	2	*
liberty	15	13	12	33	33	19	*
library	12	11	11	12	12	53	*
license	17	18	14	18	33	11	*
lick	8	15	20	9	4	135	*
licorice	23	33	33	17	33	2	*
lid	14	14	16	14	12	21	*
lie	11	8	11	9	12	94	*
lieutenant	18	16	15	33	33	9	*
life	4	3	2	7	11	363	*
lifeguard	23	33	33	19	15	2	
lifetime	21	15	20	33	33	5	*
lift	10	9	12	8	11	107	*
ligament	18	33	33	33	11	8	*
light	4	3	3	4	6	397	*
lighthouse	19	18	33	14	33	7	
lightly	16	13	14	16	33	15	*
lightning	14	14	18	13	12	22	*
like	1	1	1	1	1	3883	*
likelihood	23	33	20	33	33	2	
likely	12	11	8	16	33	54	*
likewise	19	17	17	18	33	7	*
lilac	20	33	33	14	33	6	*
lily	14	17	20	12	12	24	*
Lima	23	33	33	17	33	2	
limb	14	15	33	12	13	22	*
lime	18	17	18	15	33	8	*
limestone	23	17	33	33	33	2	
limit	11	11	6	33	14	68	*
limitation	18	33	14	33	33	9	*
limp	19	19	19	15	33	7	*
Lincoln	11	12	13	7	13	82	

See key on page 13.

WORD	OVERALL	TEXT-BOOK	GEN'L.	STORY-BOOK	SPOKEN	FREQ.	MULTI-MEANING
Linda	14	15	13	33	11	26	
line	63	92	3	5	5	499	*
linear	21	33	16	33	33	5	*
linen	21	18	33	15	33	5	*
liner	21	33	33	14	33	5	*
ling	22	33	33	15	33	3	*
linguist	20	33	15	33	33	6	*
linguistic	23	33	20	33	33	2	
lining	22	16	33	33	15	3	*
link	14	13	14	33	11	24	*
lion	6	11	17	3	6	209	*
lip	12	12	11	12	12	53	*
lipstick	23	33	33	17	33	2	
liquid	13	11	13	16	33	32	*
liquidation	22	33	19	33	33	3	
liquor	17	33	13	33	33	10	*
Lisa	12	33	33	11	11	42	
list	8	4	6	12	14	136	*
listen	6	5	10	4	6	220	*
listener	15	15	14	13	33	18	
listless	23	33	33	17	33	2	
lit	17	15	17	15	14	12	
literal	22	33	18	33	33	3	*
literally	18	17	15	33	33	8	
literary	15	18	11	33	33	20	*
literature	13	14	9	33	33	37	*
litigation	22	33	18	33	33	3	
little	1	2	2	1	1	2897	*
live	2	2	2	2	3	847	*
lively	16	13	15	16	33	14	*
liver	21	17	17	33	33	5	*
livestock	20	17	17	33	33	6	
lizard	14	14	33	15	11	23	
Lizzie	20	33	17	33	14	6	
lo	18	33	16	15	33	9	
load	11	11	11	11	11	69	*
loaf	17	16	33	14	13	11	*
loan	15	18	11	33	33	20	*
loaves	23	19	33	19	33	2	*
lobby	17	33	16	16	13	10	*
lobster	14	17	33	11	33	21	*
local	11	12	5	16	33	85	*

See key on page 13.

WORD	OVERALL	TEXT-BOOK	GEN'L.	STORY-BOOK	SPOKEN	FREQ.	MULTI-MEANING
locally	23	33	19	33	33	2	
locate	12	10	11	33	33	44	*
location	13	12	11	33	33	28	*
lock	11	12	11	11	9	74	*
locker	19	33	20	33	12	7	*
locket	23	33	33	17	33	2	
locomotive	23	17	33	33	33	2	*
lodge	20	18	17	33	33	6	*
loft	15	18	33	12	33	16	*
lofty	23	18	33	19	33	2	*
log	11	11	16	10	11	63	*
logic	21	33	17	33	33	4	*
logical	17	16	14	33	33	10	*
logically	22	33	19	33	33	3	
loin	23	33	33	17	33	2	*
loll	23	33	33	19	15	2	*
lollipop	16	33	33	12	13	13	
London	13	12	11	15	14	37	
lone	19	17	21	33	13	7	*
loneliness	21	19	20	18	33	4	
lonely	12	12	15	11	14	42	*
lonesome	16	17	33	12	33	13	*
long	2	1	1	2	3	1119	*
look	1	1	1	1	1	2050	*
lookout	23	18	33	33	15	2	*
loom	15	18	20	12	33	20	*
loop	15	13	16	15	12	19	*
loose	12	12	13	11	11	53	*
loosely	21	18	19	33	33	4	
loosen	21	17	33	16	33	4	*
lope	20	33	33	14	33	6	*
lord	7	13	11	3	14	156	*
lordly	23	33	33	17	33	2	*
Loretta	22	33	33	15	33	3	
Lori	20	33	33	33	12	6	
los	15	15	13	33	33	16	
lose	9	11	9	11	6	130	*
loser	17	33	33	18	11	10	*
loss	13	13	11	17	33	30	*
lost	5	7	7	4	6	225	*
lot	3	7	7	5	2	462	*
lotion	22	33	21	33	15	3	

See key on page 13.

WORD	OVERALL	TEXT-BOOK	GEN'L.	STORY-BOOK	SPOKEN	FREQ.	MULTI-MEANING
Lou	16	18	18	13	33	14	
loud	9	10	14	46	9	14	*
loudly	15	13	17	12	33	20	
Louis	13	12	12	33	13	29	
Louise	19	19	33	16	13	7	
Louisiana	18	16	15	33	33	9	
Louisville	23	33	33	33	14	2	
lounge	23	33	21	33	33	2	*
lousy	22	33	19	33	33	3	*
love	4	7	4	3	5	326	*
lovel	15	33	33	11	33	17	
lovelier	23	33	33	17	33	2	
lovely	11	12	13	8	33	65	*
lover	18	16	15	33	33	9	*
loving	15	18	17	13	12	17	
lovingly	22	33	33	15	33	3	
low	6	4	4	8	11	219	*
lowland	21	15	33	18	33	4	*
loyal	19	18	17	18	33	7	*
loyalty	20	19	16	33	33	6	*
Lucille	22	33	18	33	33	3	
luck	13	12	13	13	13	28	*
luckily	19	18	33	15	13	7	
lucky	12	13	16	11	11	47	*
Lucy	11	15	13	8	12	65	
luggage	23	33	20	33	33	2	
Luke	21	20	33	15	33	4	
lullaby	22	33	33	16	15	3	*
lumber	15	13	14	16	33	16	*
luminous	22	33	19	33	33	3	*
lump	17	14	33	14	13	12	*
lumpy	21	33	33	16	14	5	*
lunar	21	18	20	33	33	4	*
lunch	10	11	14	8	6	112	*
luncheon	21	33	16	33	33	5	
lung	15	13	14	16	33	17	*
lute	20	33	33	14	33	6	*
luxury	20	19	16	33	33	6	*
lying	11	12	14	10	12	59	*
Lyle	11	33	33	5	33	91	
lynx	22	33	33	15	33	3	
lyric	20	33	15	33	33	6	*

See key on page 13.

WORD	OVERALL	TEXT-BOOK	GEN'L.	STORY-BOOK	SPOKEN	FREQ.	MULTI-MEANING
ma	15	13	16	15	14	16	
macaroni	18	18	33	18	12	9	*
machine	8	5	8	11	9	135	*
machinery	14	13	12	33	33	22	*
mack	18	19	33	14	13	9	
mackerel	22	33	33	15	33	3	*
mad	11	13	14	12	6	75	*
madam	13	19	33	10	33	34	*
madame	14	17	17	12	33	21	
made	2	1	1	2	3	1133	*
Madeline	16	33	33	12	33	13	
Madison	18	17	16	18	33	8	
magazine	13	12	12	16	12	32	*
Maggie	21	33	16	33	33	5	
magic	11	11	14	7	12	84	*
magical	21	33	19	18	33	4	
magician	23	18	33	19	33	2	*
magnet	17	12	33	33	13	12	*
magnetic	17	14	15	33	33	10	*
magnetism	22	19	21	33	33	3	*
magnification	23	33	20	33	33	2	*
magnificent	13	15	15	11	33	28	*
magnify	20	18	33	18	13	6	*
magnitude	18	18	15	33	33	8	*
magnum	23	33	19	33	33	2	
Magog	21	33	33	33	12	5	
magpie	21	33	33	14	33	5	*
mahogany	23	33	21	33	33	2	*
Maid	15	17	13	14	14	18	*
maiden	17	17	33	13	33	10	*
mail	12	12	12	12	11	45	*
mailbox	20	33	33	14	33	6	*
mailman	17	33	33	13	15	10	
main	11	6	11	14	13	79	*
Maine	21	15	20	33	33	5	
mainland	18	15	19	16	33	8	
mainly	16	13	14	33	33	14	*
maintain	12	13	8	33	33	44	*
maintenance	15	19	12	33	33	16	*
majestic	22	20	20	33	33	3	
majesty	15	17	33	11	33	20	*
major	11	10	5	15	33	88	*

See key on page 13.

WORD	OVERALL	TEXT-BOOK	GEN'L.	STORY-BOOK	SPOKEN	FREQ.	MULTI-MEANING
majority	15	14	12	33	33	18	*
make	1	1	1	1	1	1651	*
maker	16	15	14	18	13	15	
malaise	23	33	21	33	33	2	*
male	14	13	12	13	33	27	*
mallard	13	33	33	10	33	33	
mama	4	11	13	3	3	313	*
mammal	21	13	33	33	33	5	
man	1	2	1	1	1	1537	*
manage	13	12	12	15	33	29	*
management	14	18	11	17	33	25	*
manager	13	15	11	16	14	35	
managerial	23	33	20	33	33	2	
Manchester	17	33	13	33	33	11	
mane	15	16	33	12	33	17	*
maneuver	23	33	21	33	33	2	*
manger	17	33	33	14	12	11	*
mango	22	33	33	15	33	3	*
Manhattan	20	18	16	33	33	6	
manhole	23	33	33	19	15	2	
manicure	23	33	33	17	33	2	*
manifest	23	33	21	33	33	2	*
manifestation	23	33	21	33	33	2	*
manifold	21	33	18	18	33	4	*
mankind	17	15	14	33	33	12	*
manner	12	11	9	13	33	56	*
manpower	22	33	18	33	33	3	*
mansion	18	33	21	16	13	8	*
mantle	16	17	13	33	33	13	*
manual	21	33	17	33	33	4	*
Manuel	21	19	33	15	33	4	
manufacture	14	12	13	33	33	25	*
manufacturer	15	15	12	33	33	20	
manuscript	23	20	21	33	33	2	*
many	2	1	1	3	4	1063	*
map	11	5	15	14	14	65	*
maple	13	14	33	11	33	31	
Maplecrest	23	33	33	33	14	2	
mar	16	13	16	18	33	13	*
marble	11	13	16	11	7	67	*
March	11	11	8	12	12	80	*

See key on page 13.

WORD	OVERALL	TEXT-BOOK	GEN'L.	STORY-BOOK	SPOKEN	FREQ.	MULTI-MEANING
Marcia	16	33	33	14	11	15	
Marco	20	17	33	18	13	6	
Marcy	21	33	33	33	12	5	*
mare	18	17	17	16	33	8	
Margaret	21	17	20	18	33	5	
margin	20	15	20	33	33	6	*
marginal	20	33	15	33	33	6	*
Maria	13	13	19	11	14	34	
Marie	17	15	33	33	11	12	
marina	23	33	20	33	33	2	
marine	15	16	12	33	33	18	*
Maris	18	33	14	33	33	9	
marital	23	33	20	33	33	2	*
mark	7	4	6	11	10	172	*
marker	22	18	33	18	15	3	*
market	10	11	6	11	13	108	*
marriage	12	15	10	14	33	38	*
marry	10	11	10	9	8	108	*
marsh	21	15	33	33	14	5	
marshal	20	33	15	33	33	6	*
Marshall	19	19	15	33	33	7	*
marshmallow	23	33	33	17	33	2	*
Martha	13	15	33	10	33	34	
martin	12	13	12	11	14	39	*
Marty	20	33	18	33	14	6	
martyr	23	33	21	33	33	2	*
marvel	23	20	33	19	33	2	*
marvelous	17	16	19	13	33	12	*
Marvin	18	33	20	14	15	9	
Mary	6	9	11	4	11	185	
Marybelle	17	33	33	12	33	12	
Maryland	19	17	16	33	33	7	
mash	22	33	33	16	15	3	
mask	14	15	20	14	11	27	*
mason	18	33	16	33	13	8	
mass	12	11	10	17	33	53	*
Massachusetts	15	14	13	33	33	17	
massive	16	16	14	16	33	13	*
mast	22	15	33	33	33	3	*
master	12	11	11	12	14	56	*
masterpiece	23	33	21	33	33	2	*

See key on page 13.

WORD	OVERALL	TEXT-BOOK	GEN'L.	STORY-BOOK	SPOKEN	FREQ.	MULTI-MEANING
mastery	23	33	20	33	33	2	*
mat	18	16	33	14	15	9	*
match	11	10	11	13	8	81	*
mate	14	14	14	14	13	21	*
material	9	6	5	15	33	120	*
math	17	33	33	18	11	10	
mathematic	17	33	33	12	33	12	*
mathematical	18	15	15	33	33	8	*
mathematics	17	13	16	33	33	10	*
Matilda	15	33	33	11	33	18	
matinee	23	33	33	33	14	2	
Matt	15	19	33	12	13	18	
matter	6	5	4	7	11	212	*
mattress	17	33	33	14	12	10	*
mature	18	18	14	33	33	9	*
maturity	17	19	14	33	33	10	*
Maude	17	33	16	14	33	10	
Max	11	17	19	6	12	77	
Maxel	11	33	33	6	33	65	
Maxie	12	33	33	7	33	50	
maximum	14	16	11	33	33	22	*
may	2	1	1	6	12	736	*
maybe	6	8	9	4	7	203	
mayor	15	14	13	16	33	18	
McGillicudy	19	33	33	13	33	7	
me	1	2	1	1	1	2453	
meadow	12	13	17	8	13	55	
meager	23	33	33	17	33	2	*
meal	12	11	12	11	33	51	*
mean	3	2	3	5	3	527	*
meaning	10	5	9	16	33	98	*
meaningful	19	17	15	33	33	7	*
meaningless	21	20	18	33	33	4	*
meant	11	10	11	11	14	72	
meantime	21	18	19	18	33	5	*
meanwhile	14	13	14	13	33	22	*
measles	22	20	33	16	33	3	*
measure	9	5	6	14	13	129	*
measurement	13	12	11	33	33	31	*
meat	11	10	12	11	11	73	*
mechanic	19	16	16	33	33	7	*
mechanical	17	14	14	33	33	12	*

See key on page 13.

WORD	OVERALL	TEXT-BOOK	GEN'L.	STORY-BOOK	SPOKEN	FREQ.	MULTI-MEANING
mechanism	17	19	13	33	33	12	*
medal	22	20	33	18	15	3	*
media	22	33	18	33	33	3	*
medical	12	13	8	33	33	45	*
medicine	13	12	14	13	12	28	*
medieval	21	18	17	33	33	5	*
Mediterranean	21	14	33	33	33	5	*
medium	15	15	13	18	14	17	*
meek	20	33	16	18	33	6	*
meet	6	6	4	6	11	202	*
meeting	16	15	15	15	33	13	*
megaton	23	33	20	33	33	2	
Mei	12	33	33	7	33	50	
melancholy	22	20	20	33	33	3	*
melody	16	14	14	18	14	14	*
melon	20	33	33	14	33	6	*
melt	11	11	14	11	10	68	*
member	7	5	3	14	33	171	*
membership	15	19	12	33	33	19	*
memorable	23	33	19	33	33	2	
memorial	20	19	16	33	33	6	*
memory	13	12	11	14	33	35	*
Memphis	23	20	21	33	33	2	
men	3	2	2	3	5	572	*
menace	21	33	20	18	15	4	*
mend	18	17	33	14	33	8	*
mental	15	13	13	33	33	17	*
mentally	21	17	18	33	33	5	
mention	12	12	9	16	33	47	*
mercenary	22	33	19	33	33	3	*
Mercer	15	33	11	33	33	19	
merchant	14	13	13	14	33	23	*
mercury	18	13	20	33	33	8	*
mercy	17	18	16	14	33	12	*
mere	16	15	13	33	33	15	*
Meredith	21	33	17	33	33	4	
merely	12	12	9	16	33	45	
merge	23	33	20	33	33	2	*
merger	21	33	16	33	33	5	*
meridian	23	17	33	33	33	2	*
merit	17	33	13	33	33	10	*
mermaid	20	33	33	14	33	6	

WORD	OVERALL	TEXT-BOOK	GEN'L.	STORY-BOOK	SPOKEN	FREQ.	MULTI-MEANING
merrily	18	19	33	13	33	9	
merry	12	15	21	11	11	38	*
mess	12	18	16	11	8	52	*
message	12	11	11	12	14	51	*
messenger	21	17	20	18	33	5	*
messy	21	33	33	16	14	5	*
met	10	11	9	8	11	108	
metal	12	10	12	33	11	52	*
metallic	22	18	20	33	33	3	*
metalsmith	19	33	33	13	33	7	
metaphysic	22	33	19	33	33	3	*
metaphysical	21	33	17	33	33	4	*
meteorite	23	33	21	33	33	2	
meter	19	14	19	33	33	7	*
method	10	7	5	33	33	107	*
Methodist	22	33	18	33	33	3	*
metropolis	23	33	21	33	33	2	*
metropolitan	18	33	14	33	33	8	*
mew	20	33	33	14	33	6	*
Mexican	15	13	14	18	33	16	*
Mexico	14	11	16	33	14	22	
MG	21	19	17	33	33	5	
Miami	17	18	16	33	13	10	
mice	11	12	20	9	11	67	*
Michael	11	15	19	7	12	63	
Michelangelo	21	33	16	33	33	5	
Michelle	22	33	33	33	13	3	
Michigan	15	15	16	33	12	16	
Mickey	11	33	15	15	6	58	
micrometeorite	23	33	21	33	33	2	*
microorganism	22	33	19	33	33	3	
microphone	17	33	33	33	11	11	
microscope	20	14	21	33	33	6	*
microscopic	23	33	21	33	33	2	*
mid	22	33	33	18	14	3	*
midday	22	20	33	16	33	3	
middle	6	7	9	9	4	195	*
midge	14	33	33	11	33	23	
midnight	13	13	16	12	11	34	*
midst	16	15	16	13	33	15	*
midway	23	33	21	33	33	2	*
midwest	22	19	19	33	33	3	

See key on page 13.

WORD	OVERALL	TEXT-BOOK	GEN'L.	STORY-BOOK	SPOKEN	FREQ.	MULTI-MEANING
might	3	3	2	5	4	468	*
mighty	13	12	15	11	14	36	*
migrate	23	18	33	19	33	2	*
mike	9	11	11	6	9	123	
Mikey	21	33	33	33	12	5	
mild	19	14	18	33	33	7	*
Mildred	22	20	33	16	33	3	
mile	6	3	6	10	12	195	*
mileage	21	33	18	33	15	5	*
militant	23	33	21	33	33	2	*
military	11	13	6	17	33	61	*
militia	23	33	19	33	33	2	*
milk	7	8	13	5	6	180	*
milkman	20	33	33	14	33	6	
mill	12	12	12	12	11	49	*
miller	15	17	16	12	33	19	*
milligram	21	33	16	33	33	5	
million	7	7	5	11	7	159	*
millstone	23	33	33	17	33	2	*
Milton	16	33	17	12	33	16	
Milwaukee	23	33	21	33	33	2	
mind	6	5	3	7	11	209	*
mine	6	9	11	9	3	210	*
mineral	14	11	15	33	33	22	*
mingle	23	33	21	33	33	2	*
miniature	22	18	20	33	33	3	*
minibike	13	33	33	33	7	31	
minimal	20	33	15	33	33	6	*
minimize	21	33	17	33	33	4	*
minimum	15	17	12	33	33	17	*
minister	12	14	12	11	33	42	*
ministry	22	33	18	33	33	3	*
Minneapolis	23	33	21	33	33	2	
Minnesota	17	17	18	15	13	11	
minnow	21	33	33	16	14	5	*
minor	15	14	12	33	33	19	*
minority	21	33	16	33	33	5	*
mint	22	33	33	15	33	3	*
minus	21	18	21	33	15	4	*
minute	6	5	5	6	7	222	*
miracle	18	16	15	33	33	8	*
Miriam	19	33	15	33	33	7	

See key on page 13.

WORD	OVERALL	TEXT-BOOK	GEN'L.	STORY-BOOK	SPOKEN	FREQ.	MULTI-MEANING
mirror	13	12	15	12	14	30	*
miscellaneous	23	33	20	33	33	2	*
mischief	20	19	33	14	33	6	*
miserable	17	17	18	14	33	10	*
misery	21	19	18	33	33	4	*
misfortune	21	19	20	16	33	5	*
mislead	23	33	20	33	33	2	
misplace	23	33	33	17	33	2	*
miss	4	4	4	4	5	354	*
missile	14	16	11	33	33	22	*
mission	12	13	11	11	33	48	*
missionary	18	16	15	33	33	9	
Mississippi	14	12	14	14	33	24	
Missouri	17	14	16	33	13	12	
missy	16	33	33	33	11	15	
mist	17	15	18	14	33	11	*
mistake	13	12	13	12	33	35	*
mistaken	18	17	17	16	33	8	
mister	13	18	20	12	9	37	*
mistress	21	19	33	16	14	5	*
misty	17	33	33	13	15	11	*
misunderstand	23	33	19	33	33	2	*
Mitchell	15	33	15	13	13	17	
mitt	16	33	33	33	11	11	*
mitten	11	18	33	5	12	92	*
mix	11	11	12	12	11	60	*
mixer	23	33	33	33	14	2	*
mixture	16	13	14	16	33	16	*
moan	19	17	33	14	33	7	*
moat	21	33	33	14	33	5	*
mob	23	33	20	33	33	2	*
mobile	17	33	13	33	33	11	*
mobility	23	33	21	33	33	2	
Moby	21	33	33	33	12	5	
mock	21	33	21	15	33	5	*
mockingbird	23	33	33	17	33	2	
mode	18	16	15	33	33	8	*
model	11	11	10	33	11	60	*
moderate	19	17	16	33	33	7	*
modern	11	8	6	17	33	81	*
modernization	22	33	18	33	33	3	*
modest	18	18	15	33	33	8	*

See key on page 13.

WORD	OVERALL	TEXT-BOOK	GEN'L.	STORY-BOOK	SPOKEN	FREQ.	MULTI-MEANING
modify	19	14	18	33	33	7	*
Moffet	21	33	33	33	12	5	
moist	19	14	19	33	33	7	*
moisture	19	14	20	33	33	7	
molasses	23	18	33	19	33	2	*
mold	14	13	12	33	33	23	*
mole	22	19	33	16	33	3	*
molecular	21	33	17	33	33	4	*
molecule	16	11	21	33	33	14	*
molly	19	19	33	15	13	7	
molten	23	18	33	19	33	2	*
mom	3	14	33	9	2	459	
moment	8	7	4	11	33	137	*
momentous	23	33	21	33	33	2	
momentum	22	33	18	33	33	3	
momma	13	33	33	33	7	35	
mommy	11	33	33	10	5	93	
Monday	13	14	12	13	33	28	
monetary	23	33	21	33	33	2	
money	4	4	5	7	4	299	*
monitor	22	33	18	33	33	3	*
monk	19	19	15	33	33	7	*
monkey	6	12	20	3	6	200	*
monopoly	13	33	18	33	8	32	*
monorail	21	33	33	33	12	5	
monotonous	23	33	21	33	33	2	*
Monroe	22	33	19	33	33	3	
monsieur	18	19	19	14	33	8	
monster	10	14	33	12	4	112	*
monstrous	21	33	18	18	33	4	*
Montgomery	21	33	17	33	33	4	
month	8	6	4	11	11	155	*
monthly	20	19	16	33	33	6	*
monument	18	17	15	33	33	9	*
mood	14	12	13	17	13	22	*
moon	5	5	12	2	12	273	*
moonlight	13	14	18	11	33	30	*
moonshine	15	33	33	11	33	17	*
moor	21	33	33	14	33	5	*
Moore	18	19	15	18	15	9	
moose	20	17	33	16	14	6	*
mop	22	33	33	16	15	3	*

See key on page 13.

WORD	OVERALL	TEXT-BOOK	GEN'L.	STORY-BOOK	SPOKEN	FREQ.	MULTI-MEANING
moral	13	17	9	33	33	37	*
morale	21	33	17	33	33	4	*
morality	19	33	15	33	33	7	*
more	1	1	1	2	2	1718	*
Moreland	21	33	17	33	33	4	
moreover	13	14	11	16	33	29	
Morgan	14	14	12	33	33	22	
morning	3	4	6	2	4	462	*
morphophonemics	23	33	21	33	33	2	*
Morris	13	33	16	10	33	37	
Morse	18	18	15	33	33	8	
mortal	22	20	20	33	33	3	*
mortality	23	33	21	33	33	2	*
mortar	22	20	19	33	33	3	*
mortgage	21	33	17	33	33	4	*
Moscow	17	18	13	33	33	12	
Moses	18	19	20	15	13	9	
mosque	23	33	20	33	33	2	
mosquito	17	13	33	14	33	12	
moss	17	14	20	14	33	11	*
mossy	22	33	33	15	33	3	*
most	2	2	1	5	5	712	*
mostly	12	12	13	13	11	45	
motel	16	18	15	33	12	14	
moth	16	15	33	13	14	13	
mother	2	2	5	1	2	1296	*
motherly	23	33	33	17	33	2	*
motif	23	33	21	33	33	2	*
motion	12	11	12	13	33	44	*
motionless	21	18	33	16	33	4	
motivate	23	33	21	33	33	2	
motivation	23	33	19	33	33	2	*
motive	17	33	13	33	33	10	*
motor	12	12	11	14	11	53	*
motorboat	22	33	33	16	15	3	
motorcycle	14	33	33	17	9	25	
mound	21	15	19	33	33	5	*
mount	12	11	11	13	33	45	*
mountain	6	3	11	6	7	212	*
mountainous	23	16	33	33	33	2	*
mountie	23	33	33	33	14	2	

See key on page 13.

WORD	OVERALL	TEXT-BOOK	GEN'L.	STORY-BOOK	SPOKEN	FREQ.	MULTI-MEANING
mourn	23	33	21	33	33	2	*
mournful	23	20	33	19	33	2	*
mournfully	22	33	33	15	33	3	
mouse	6	12	19	4	4	189	*
mousie	22	33	33	15	33	3	
mouth	6	7	11	5	6	188	*
mouthful	17	33	33	12	33	11	*
movable	21	19	17	33	33	5	*
move	3	2	3	3	3	618	*
movement	11	9	7	16	33	73	*
mover	22	33	33	15	33	3	
movie	11	13	15	12	7	61	
movies	13	14	14	16	9	35	*
mow	22	33	33	18	14	3	*
mower	21	33	33	16	14	5	
Mr.	2	2	2	4	3	629	
Mrs.	4	5	2	4	5	363	
Ms.	21	33	33	33	12	5	
much	2	2	2	3	3	771	
mud	11	11	14	8	11	76	*
muddy	14	15	20	12	14	23	*
muffet	21	33	33	16	14	5	
muffin	20	33	33	14	33	6	
muffle	19	19	19	15	33	7	*
muffler	23	33	33	33	14	2	*
mug	23	33	33	17	33	2	*
mulberry	16	33	33	12	33	13	*
mule	16	14	33	12	33	16	*
Mulligan	12	33	33	8	33	47	
multiple	16	14	14	33	33	13	*
multiplication	22	15	33	33	33	3	*
multiplicity	23	33	21	33	33	2	*
multiply	16	13	17	16	33	14	*
multitude	21	33	33	14	33	5	*
mum	23	33	33	17	33	2	*
mumble	22	33	33	16	15	3	*
mummy	21	33	33	18	13	5	*
mumps	23	33	33	19	15	2	
munch	16	33	33	12	33	13	
municipal	19	33	15	33	33	7	*
municipality	23	33	21	33	33	2	*

See key on page 13.

WORD	OVERALL	TEXT-BOOK	GEN'L.	STORY-BOOK	SPOKEN	FREQ.	MULTI-MEANING
murder	14	18	11	33	33	25	*
murderer	21	33	17	33	33	4	
Mormon	18	18	17	16	33	8	*
muscle	12	11	12	16	13	40	*
muscular	21	18	17	33	33	5	*
museum	14	13	13	33	12	22	
mushroom	14	16	33	11	13	22	*
music	9	7	6	11	10	127	*
musical	13	12	11	33	33	29	*
musician	14	14	12	15	33	23	
muskrat	23	33	33	17	33	2	
must	2	2	2	2	9	682	*
mustache	19	19	33	14	15	7	*
mustard	17	19	16	14	33	12	*
mustn't	21	20	33	15	33	4	
mutt	23	33	33	17	33	2	*
mutter	15	16	15	13	33	18	*
mutton	23	33	21	33	33	2	
mutual	19	19	15	33	33	7	*
mutually	22	33	18	33	33	3	
muzzle	22	20	20	33	33	3	*
my	1	1	1	1	1	4715	*
Myra	20	33	15	33	33	6	
myself	9	11	10	8	9	117	*
mysterious	16	13	15	16	14	15	*
mystery	15	14	14	33	13	17	*
myth	17	16	14	33	33	10	*
mythological	22	33	18	33	33	3	*
nack	21	33	33	14	33	5	
nag	23	33	21	33	33	2	*
nail	13	11	15	13	13	31	*
naked	17	17	14	16	33	12	*
name	2	2	3	3	2	828	*
namely	18	33	14	33	33	8	
Nancy	16	14	33	13	14	15	
nap	12	18	33	8	12	50	*
napkin	21	20	33	16	15	4	*
Napoleon	23	15	33	33	33	2	*
narrative	20	33	15	33	33	6	*
narrator	22	20	19	33	33	3	
narrow	12	11	12	13	33	45	*

See key on page 13.

WORD	OVERALL	TEXT-BOOK	GEN'L.	STORY-BOOK	SPOKEN	FREQ.	MULTI-MEANING
nary	23	33	33	17	33	2	
Nassau	22	33	18	33	33	3	
nasty	17	33	33	14	12	12	*
Nat	14	33	33	17	9	25	
Nathan	21	18	33	33	13	5	
nation	9	7	4	16	33	126	*
national	9	11	3	33	14	115	*
nationalism	18	33	14	33	33	8	
nationally	23	33	20	33	33	2	
native	14	12	12	33	14	27	*
natural	11	8	8	33	33	72	*
naturally	14	13	12	17	14	26	*
nature	11	10	7	33	13	72	*
naughty	18	33	33	16	12	8	*
naval	17	17	14	33	33	10	*
navy	15	13	13	33	33	18	*
nay	22	20	33	16	33	3	*
Nazi	19	19	15	33	33	7	*
near	4	3	5	4	11	296	*
nearby	12	11	13	12	33	39	
nearly	11	7	9	12	14	87	*
neat	12	14	16	11	11	47	*
neatly	16	15	16	14	33	14	
necessarily	16	16	13	33	33	15	
necessary	11	9	6	33	33	83	*
necessitate	23	33	19	33	33	2	*
necessity	16	17	13	33	33	14	*
neck	11	11	11	10	10	85	*
necklace	18	17	33	14	13	9	
necktie	22	33	33	15	33	3	
Ned	22	14	33	33	33	3	
need	3	2	2	4	5	528	*
needle	13	12	17	12	13	32	*
needless	23	33	19	33	33	2	
needn't	23	20	33	19	33	2	
negative	14	13	12	33	33	22	*
neglect	18	18	15	33	33	8	*
negligible	23	33	20	33	33	2	
negotiate	21	33	17	33	33	4	*
negotiation	21	33	16	33	33	5	
Negro	11	11	8	13	33	60	*

See key on page 13.

WORD	OVERALL	TEXT-BOOK	GEN'L.	STORY-BOOK	SPOKEN	FREQ.	MULTI-MEANING
neigh	23	33	33	17	33	2	
neighbor	10	11	11	8	11	103	*
neighborhood	12	13	11	12	13	38	*
neither	11	11	9	12	11	77	*
neon	22	33	18	33	33	3	*
nephew	23	33	21	33	33	2	*
nerve	16	13	14	18	33	16	*
nervous	17	13	15	33	33	12	*
nervously	23	18	33	19	33	2	
nest	9	11	16	5	11	129	*
net	12	13	14	11	11	49	*
Netherlands	23	15	33	33	33	2	
network	16	16	13	33	33	14	*
neurotic	23	33	20	33	33	2	*
neutral	17	17	14	33	33	11	*
neutralist	23	33	21	33	33	2	
never	2	3	2	2	3	710	*
nevertheless	14	14	12	15	33	26	
new	2	1	1	2	4	1180	*
Newark	22	33	21	18	33	3	
newly	17	14	15	33	33	10	*
Newport	20	33	15	33	33	6	
newspaper	11	11	11	11	12	68	*
newt	23	33	21	33	33	2	
Newton	22	18	33	33	14	3	
next	3	3	3	2	3	612	*
nibble	14	33	33	11	14	22	*
nice	5	11	11	3	4	249	*
nicely	16	18	20	14	15	9	
Nick	16	17	15	13	33	15	*
nickel	17	14	33	16	13	11	*
nickname	17	18	20	14	15	11	*
Nicolas	21	33	17	33	33	4	
niece	21	33	21	18	15	4	*
night	2	3	3	2	3	765	*
nightfall	22	20	33	16	33	3	
nightmare	22	33	20	18	33	3	*
nightshirt	23	33	33	17	33	2	
nighttime	21	33	18	18	33	4	
Nile	23	16	33	33	33	2	
nimble	23	33	33	18	15	2	*
nine	9	11	11	11	6	120	*

See key on page 13.

WORD	OVERALL	TEXT-BOOK	GEN'L.	STORY-BOOK	SPOKEN	FREQ.	MULTI-MEANING
nineteen	16	17	17	33	12	13	
nineteenth	14	17	12	33	14	21	
ninety	16	18	19	14	12	14	*
ninth	17	17	16	33	13	10	*
nip	22	33	33	16	15	3	*
nitrogen	20	15	19	33	33	6	
Nixon	19	19	15	33	33	7	
no	1	1	1	1	1	2337	*
Noah	20	33	33	14	33	6	
noble	16	14	16	15	33	13	*
nobody	7	11	12	7	5	156	*
nod	12	12	12	11	33	43	*
noise	10	11	14	6	11	110	*
noisily	23	33	33	17	33	2	
noisy	15	14	33	12	13	17	*
nominal	23	33	19	33	33	2	*
nominate	23	33	21	33	33	2	*
nomination	22	33	19	33	33	3	*
non	21	33	16	33	33	5	
none	10	11	11	11	8	100	*
nonetheless	23	33	20	33	33	2	
nonsense	17	16	18	14	33	10	*
nonspecific	21	33	17	33	33	4	
noon	13	12	15	13	12	30	*
nope	12	33	33	33	5	53	
nor	10	9	7	10	33	106	*
Nora	16	33	33	12	33	15	
norm	18	33	14	33	33	8	*
normal	12	13	9	33	33	41	*
normally	17	15	14	33	33	11	
Norman	21	20	18	33	33	4	*
north	8	4	6	11	12	145	*
northeast	20	16	17	33	33	6	*
northern	13	11	13	14	33	37	*
northwest	17	14	15	18	33	12	*
northwestern	23	19	33	33	15	2	*
Norway	21	13	33	33	33	5	
Norwich	23	33	33	17	33	2	
nose	7	10	12	4	7	181	*
nostalgia	23	33	21	33	33	2	*
nostril	19	18	33	14	33	7	*
nosy	23	33	33	17	33	2	

See key on page 13.

WORD	OVERALL	TEXT-BOOK	GEN'L.	STORY-BOOK	SPOKEN	FREQ.	MULTI-MEANING
not	1	1	1	1	1	3448	*
notable	21	33	16	33	33	5	*
notably	21	33	17	33	33	4	
notation	22	15	33	33	33	3	*
note	8	6	5	13	11	140	*
notebook	21	14	33	33	33	4	
nothing	3	5	3	3	3	467	*
notice	8	4	11	8	13	140	*
noticeable	22	19	19	33	33	3	*
notify	23	33	21	33	33	2	*
notion	16	17	12	33	33	15	*
notorious	23	33	21	33	33	2	
noun	14	9	33	33	33	27	*
novel	14	15	11	33	33	23	*
novelist	22	33	18	33	33	3	
November	13	14	11	33	12	33	
now	1	1	1	1	2	1416	*
nowadays	21	18	19	33	33	4	
nowhere	14	15	15	13	14	21	*
nuclear	13	14	11	33	33	32	*
nuclei	21	20	18	33	33	4	*
nucleus	21	16	19	33	33	5	*
nude	21	33	16	33	33	5	*
nuisance	22	19	33	16	33	3	*
null	22	33	18	33	33	3	*
number	3	2	2	12	4	477	*
numeral	16	11	33	33	33	14	*
numerical	21	33	17	33	33	4	*
numerous	15	14	13	18	33	17	
nun	23	33	33	17	33	2	*
nurse	12	13	14	12	11	38	*
nursery	18	17	18	18	13	8	*
nut	12	13	14	11	11	48	*
nutrition	23	33	21	33	33	2	
o'clock	11	12	14	11	6	80	*
O'Toole	19	33	33	13	33	7	
oak	16	14	18	14	33	14	*
oar	20	15	33	15	33	6	*
oat	19	16	33	14	33	7	*
oatmeal	23	33	33	33	14	2	*
Oatsdale	23	33	33	17	33	2	
Obadiah	12	33	33	8	33	46	

See key on page 13.

WORD	OVERALL	TEXT-BOOK	GEN'L.	STORY-BOOK	SPOKEN	FREQ.	MULTI-MEANING
obedience	23	33	21	33	33	2	*
obey	17	15	21	14	33	11	*
object	11	6	8	33	33	90	*
objection	22	33	18	33	33	3	*
objective	13	16	10	33	33	34	*
obligation	18	33	14	33	33	9	*
oblige	21	33	16	33	33	5	*
oblong	23	33	33	17	33	2	
obscure	21	33	17	33	33	4	*
observation	14	13	12	33	33	24	*
observe	12	10	11	17	33	55	*
observer	17	16	14	33	33	11	
obstacle	23	33	20	33	33	2	
obtain	12	11	8	33	33	56	*
obtainable	23	33	19	33	33	2	
obvious	14	15	11	33	33	26	*
obviously	13	14	11	33	33	32	
occasion	14	12	11	33	33	27	*
occasional	16	16	14	16	33	13	*
occasionally	15	13	13	33	33	18	
occupant	23	33	21	33	33	2	*
occupation	18	15	15	33	33	9	
occupational	23	33	19	33	33	2	*
occupy	15	13	13	33	33	18	*
occur	11	11	8	17	33	62	*
occurrence	17	33	13	33	33	10	*
ocean	9	5	14	8	11	119	*
October	13	13	11	16	13	30	*
octopus	12	33	33	8	12	51	*
odd	13	12	11	13	33	36	*
oddly	22	19	20	33	33	3	
odor	17	14	16	18	33	11	*
odyssey	23	33	19	33	33	2	*
of	1	1	1	1	1	21984	*
off	2	2	2	2	1	1149	*
offense	23	33	21	33	33	2	*
offensive	23	20	21	33	33	2	*
offer	10	10	6	11	33	106	*
office	8	10	4	11	11	134	*
officer	11	11	6	12	33	72	*
official	12	12	9	33	33	44	*
officially	21	19	17	33	33	5	

See key on page 13.

WORD	OVERALL	TEXT-BOOK	GEN'L.	STORY-BOOK	SPOKEN	FREQ.	MULTI-MEANING
offset	23	33	21	33	33	2	*
often	65	3	4	11	12	250	
oh	2	5	10	2	2	780	*
Ohio	14	13	14	14	14	22	
oil	11	8	11	12	10	88	*
oily	23	33	20	33	33	2	*
oink	15	33	33	13	33	8	
OK	10	18	33	12	4	108	
okay	11	16	16	11	8	61	
Oklahoma	21	18	18	33	833	5	
old	2	2	2	1	3	934	*
older	11	11	11	13	10	67	
olive	13	14	33	14	9	30	*
Olly	14	33	33	11	33	27	
Olympic	16	17	33	12	33	13	*
omelet	22	33	33	16	15	3	
ominous	22	33	19	33	33	3	
omit	7	15	15	33	33	10	*
on	1	1	1	1	1	8349	*
once	2	3	3	3	2	639	*
one	1	1	1	1	1	5363	*
onion	18	16	18	16	33	8	
only	2	1	1	2	2	1245	*
onset	18	33	14	33	33	9	*
onto	11	11	12	9	12	72	*
ontological	23	33	21	33	33	2	*
open	3	3	2	3	3	541	*
opening	23	16	33	33	33	2	*
openly	18	33	14	33	33	8	
opera	16	16	13	33	33	14	*
operate	12	12	7	33	14	54	*
operation	11	11	7	33	11	71	*
operational	20	33	15	33	33	6	*
operator	15	15	12	33	33	19	*
Opie	21	33	33	33	12	5	
opinion	12	12	9	33	33	43	*
opium	21	33	17	33	33	4	*
opossum	23	33	33	17	33	2	*
opponent	17	19	15	33	13	10	*
opportunity	12	12	7	33	33	51	*
oppose	15	16	12	33	33	19	*
opposite	12	9	11	15	14	50	*

See key on page 13.

WORD	OVERALL	TEXT-BOOK	GEN'L.	STORY-BOOK	SPOKEN	FREQ.	MULTI-MEANING
opposition	17	18	13	33	33	12	*
optical	21	33	17	33	33	4	*
optimal	19	33	15	33	33	7	
optimism	22	33	18	33	33	3	*
optimistic	22	33	18	33	33	3	
optimum	21	33	17	33	33	4	*
or	1	1	1	1	1	3047	*
oral	18	18	15	33	33	8	*
orange	11	11	16	8	7	92	*
orbit	16	12	15	33	33	15	*
orchard	15	15	33	12	33	17	
orchestra	14	14	12	16	33	21	*
order	5	4	3	10	33	244	*
orderly	20	17	16	33	33	6	*
ordinance	23	33	21	33	33	2	*
ordinarily	21	17	18	33	33	5	
ordinary	13	11	12	13	33	36	*
ore	19	13	33	33	33	7	*
Oregon	20	15	19	33	33	6	
organ	16	13	15	16	14	16	*
organic	17	18	14	33	33	10	*
organism	23	15	33	33	33	2	*
organization	12	12	7	33	33	55	*
organize	13	12	11	33	33	31	*
Orient	22	20	19	33	33	3	*
Oriental	21	19	17	33	33	5	*
orientation	21	33	17	33	33	4	*
origin	15	12	13	33	33	19	*
original	12	11	11	33	33	43	*
originally	17	13	16	33	33	11	
originate	21	18	18	33	33	5	
oriole	21	33	19	18	33	4	*
Orleans	15	15	13	15	33	17	
orthodontic	23	33	21	33	33	2	
orthodontist	23	33	21	33	33	2	
orthodox	21	33	17	33	33	4	*
Oscar	16	16	20	14	13	14	
osteo	20	33	33	14	33	6	
ostrich	21	19	33	16	15	4	*
other	1	1	1	2	1	2091	*
otherwise	14	13	11	33	33	26	*
otter	12	19	33	8	33	44	*

See key on page 13.

WORD	OVERALL	TEXT-BOOK	GEN'L.	STORY-BOOK	SPOKEN	FREQ.	MULTI-MEANING
Otto	20	17	33	16	14	6	
ouch	17	33	33	14	12	10	*
ought	12	12	12	13	13	38	*
ounce	21	14	33	18	33	5	*
our	2	2	1	4	2	1034	
ourselves	14	13	12	17	13	27	*
out	1	1	1	1	1	3401	*
outcome	17	18	14	33	33	10	
outdoor	13	13	15	12	13	29	*
outer	15	12	14	33	33	18	*
outfield	20	33	33	33	12	6	*
outfielder	23	33	33	33	14	2	
outfit	16	16	17	15	12	16	*
outgoing	23	33	21	33	33	2	*
outlet	23	33	21	33	33	2	*
outline	16	12	19	33	14	14	*
outlook	18	33	14	33	33	9	*
output	17	16	14	33	33	11	*
outright	23	33	21	33	33	2	*
outrun	23	33	33	17	33	2	*
outset	22	33	18	33	33	3	
outside	4	6	6	5	4	287	*
outsider	23	33	21	33	33	2	*
outstanding	17	15	14	33	33	12	*
outward	21	16	20	33	33	5	*
outwit	23	33	33	17	33	2	*
oval	21	18	21	18	33	4	*
oven	15	14	33	13	12	18	
over	1	1	1	1	1	1720	*
overall	19	17	19	16	33	7	*
overboard	21	19	21	16	33	5	*
overcast	23	33	21	33	33	2	*
overcoat	23	33	33	17	33	2	*
overcome	17	15	15	18	33	11	*
overhead	14	14	17	12	33	22	*
overlook	21	16	33	16	33	5	*
overly	23	33	21	33	33	2	
overnight	15	16	17	18	11	18	*
oversea	20	19	16	33	33	6	
overt	23	33	19	33	33	2	
overtake	23	33	33	17	33	2	*
overwhelm	20	19	16	33	33	6	*

See key on page 13.

WORD	OVERALL	TEXT-BOOK	GEN'L.	STORY-BOOK	SPOKEN	FREQ.	MULTI-MEANING
owe	17	17	15	18	13	11	*
Owen	20	33	15	33	33	6	
owl	9	13	33	4	13	124	
owlet	23	33	33	17	33	2	
own	3	2	2	3	6	543	*
owner	13	12	12	15	12	37	
ownership	20	18	16	33	33	6	
ox	15	17	33	14	11	18	*
oxen	19	16	20	16	33	7	*
oxidation	21	33	16	33	33	5	*
oxygen	13	11	13	33	13	28	
oyster	21	16	21	33	33	4	*
Oz	16	33	33	33	11	13	
Ozark	23	33	33	17	33	2	
pa	17	12	33	15	33	11	
pace	13	14	12	12	33	32	*
Pacific	14	11	14	17	33	23	*
pack	11	11	12	8	11	89	*
package	14	12	16	12	33	27	*
packer	21	33	33	15	15	5	
pad	14	14	21	12	12	24	*
paddle	16	13	33	15	12	16	*
page	6	3	11	15	10	187	*
paid	11	11	9	11	33	74	
pail	13	15	33	11	12	36	*
pain	12	12	11	15	33	38	*
painful	19	19	15	33	33	7	*
painfully	22	33	18	33	33	3	
paint	6	10	9	5	5	200	*
painter	16	18	14	15	33	13	*
painting	16	16	14	33	13	14	*
pair	10	7	12	8	12	109	*
paisley	23	33	33	17	33	2	*
pajamas	16	18	33	13	13	15	*
palace	11	12	14	8	33	66	*
palatability	23	33	21	33	33	2	
pale	13	13	12	12	33	32	*
palfrey	18	33	14	33	33	8	
palm	14	13	14	12	33	25	*
Palmer	16	33	12	33	33	14	
pamphlet	23	33	21	33	33	2	
pan	11	12	15	9	11	65	*

See key on page 13.

WORD	OVERALL	TEXT-BOOK	GEN'L.	STORY-BOOK	SPOKEN	FREQ.	MULTI-MEANING
Panama	20	17	33	14	33	6	
pancake	17	33	33	14	12	12	*
pane	19	19	33	14	15	7	*
panel	15	17	11	33	33	20	*
panic	18	18	16	16	33	9	*
pansy	18	33	18	14	33	9	*
pant	18	19	20	14	33	8	*
panther	15	33	33	15	11	17	
pants	12	15	20	11	9	46	
papa	9	12	12	12	4	120	
papaya	22	33	33	16	15	3	
paper	5	3	6	8	4	279	*
par	22	33	18	33	33	3	*
parachute	21	19	33	33	12	5	*
parade	13	14	15	12	11	35	*
paradise	22	33	19	33	33	3	*
paradox	23	33	21	33	33	2	*
paradoxically	23	33	19	33	33	2	
paragraph	13	10	15	33	33	29	*
parallel	14	12	13	33	33	21	*
paramagnetic	22	33	18	33	33	3	
parameter	23	33	21	33	33	2	*
paramount	23	33	21	33	33	2	*
parasympathetic	23	33	21	33	33	2	*
parcel	23	19	33	19	33	2	
parcheesi	23	33	33	19	15	2	
parchment	22	33	33	15	33	3	*
pardon	17	18	21	13	33	10	*
parent	11	11	11	12	12	63	*
parentheses	22	14	33	33	33	3	*
Paris	13	12	12	15	33	31	
papish	23	33	19	33	33	2	*
park	6	10	7	7	5	183	*
Parker	14	18	12	16	13	22	
parliament	20	17	17	33	33	6	*
parliamentary	23	33	21	33	33	2	*
parlor	17	17	17	15	15	11	*
parochial	22	33	19	33	33	3	*
parriage	19	33	33	13	33	7	
parrot	15	15	33	13	12	19	*
part	3	2	2	7	4	615	*
partial	21	17	19	33	33	4	*

See key on page 13.

WORD	OVERALL	TEXT-BOOK	GEN'L.	STORY-BOOK	SPOKEN	FREQ.	MULTI-MEANING
partially	19	19	15	33	33	7	
participate	17	33	13	33	33	12	*
participation	17	18	13	33	33	11	*
particle	14	12	12	33	33	26	*
particular	11	11	7	17	33	64	*
particularly	12	12	9	33	33	48	*
partisan	21	33	16	33	33	5	*
partlet	21	33	33	14	33	5	
partly	14	12	13	33	13	23	
partner	13	13	13	12	11	38	*
partnership	18	19	14	33	33	9	*
partridge	14	33	33	13	11	22	*
party	6	8	5	6	6	211	*
pass	5	4	4	5	6	282	*
passage	14	12	12	33	14	27	*
passenger	15	12	14	33	33	19	*
passion	17	18	13	33	33	11	*
passionate	22	33	19	33	33	3	*
passive	23	33	19	33	33	2	*
password	23	33	33	33	14	2	*
past	5	6	5	5	7	230	*
paste	15	15	20	17	11	20	*
pastern	23	33	21	33	33	2	*
pastor	21	33	17	33	15	5	*
pasture	13	12	18	11	33	31	*
pat	13	14	14	12	12	35	*
patch	12	13	16	11	11	45	*
patent	16	18	12	33	33	14	*
path	11	10	11	10	33	71	*
pathetic	23	33	21	33	33	2	*
pathological	23	33	21	33	33	2	*
pathology	18	33	14	33	33	8	*
patience	18	16	16	18	33	9	*
patient	12	13	9	17	33	43	*
patiently	18	17	20	14	33	9	
patio	16	33	33	12	33	13	*
Patrick	23	17	33	33	33	2	
patriot	22	33	20	18	33	3	
patriotic	23	33	20	33	33	2	*
patrol	7	17	15	33	3	169	*
patrolman	22	33	19	33	33	3	
patron	23	33	21	33	33	2	*

See key on page 13.

WORD	OVERALL	TEXT-BOOK	GEN'L.	STORY-BOOK	SPOKEN	FREQ.	MULTI-MEANING
patronage	23	33	20	33	33	2	*
patter	22	33	33	15	33	3	*
pattern	10	4	8	13	33	111	*
Patty	15	18	33	16	11	20	*
Paul	11	10	14	11	9	75	
pause	14	13	13	14	33	24	*
pavement	20	19	19	16	33	6	*
pavillion	23	33	33	33	14	2	*
paw	13	14	33	11	14	32	*
pay	7	7	6	11	6	159	*
payday	20	33	33	18	12	6	
payment	13	16	11	17	14	30	*
payroll	21	33	17	33	33	4	*
pea	14	15	15	13	12	22	*
peace	11	11	6	12	33	80	*
peaceful	15	14	15	13	33	19	*
peacefully	23	20	33	19	33	2	
peach	18	13	33	16	33	9	*
peacock	19	19	33	15	13	7	*
peak	15	13	15	14	33	18	*
peanut	12	14	33	11	9	44	*
pear	13	16	33	11	14	28	*
pearl	16	14	20	13	33	15	*
peasant	15	15	19	12	33	19	*
peat	23	33	33	17	33	2	*
pebble	13	15	33	11	13	34	*
peck	15	33	33	12	13	20	*
peculiar	17	15	15	18	33	11	*
peculiarly	23	33	21	33	33	2	
pedal	17	18	33	15	12	11	*
peddler	15	19	33	12	33	17	
peek	15	33	33	11	13	20	*
peel	17	18	33	13	33	10	*
peep	15	33	33	11	33	20	*
peer	14	14	13	13	33	25	*
peg	15	19	33	13	12	18	*
Peggy	13	18	33	11	13	31	
pelican	21	33	33	15	15	5	
pelle	14	33	33	11	33	22	
pelt	22	33	20	18	33	3	*
pen	13	12	17	13	12	29	*
penalty	20	33	18	33	14	6	*

See key on page 13.

WORD	OVERALL	TEXT-BOOK	GEN'L.	STORY-BOOK	SPOKEN	FREQ.	MULTI-MEANING
pencil	12	11	14	16	10	46	*
pending	22	33	18	33	33	3	*
penetrate	20	19	16	33	33	6	*
penetration	22	33	18	33	33	3	*
penguin	16	18	33	33	11	14	
peninsula	21	15	20	33	33	5	
pennant	22	33	20	18	33	3	*
Pennsylvania	14	13	13	33	12	21	
penny	12	12	15	11	13	50	*
pension	22	33	18	33	33	3	*
pentagon	22	33	18	33	33	3	*
people	2	1	2	2	2	1185	*
pepper	14	17	18	12	12	23	*
peppermint	14	33	33	13	11	21	*
per	9	7	4	33	33	128	*
perceive	19	19	15	33	33	7	*
percent	15	13	13	33	33	20	*
percentage	17	17	13	33	33	12	*
perception	18	33	14	33	33	9	*
perch	14	15	33	11	33	25	*
perfect	13	12	12	12	33	38	*
perfection	22	19	19	33	33	3	*
perfectly	14	13	14	13	33	22	*
perform	12	11	11	12	33	48	*
performance	12	13	8	33	33	44	*
performer	21	19	18	18	33	5	
perfume	18	16	20	18	13	9	*
perhaps	7	5	4	11	33	157	*
peril	23	33	21	33	33	2	*
perilous	23	33	21	33	33	2	
period	9	8	4	17	33	113	*
periodic	23	33	21	33	33	2	*
peripheral	23	33	21	33	33	2	*
perish	22	33	33	15	33	3	*
permanent	16	14	13	33	33	14	*
permanently	21	20	18	33	33	4	
permission	17	15	15	18	33	11	*
permit	12	13	8	33	33	49	*
perpendicular	23	16	33	33	33	2	*
perpetual	22	33	21	33	33	2	*
Perry	22	33	21	33	15	3	
persevere	16	33	33	12	33	15	

See key on page 13.

WORD	OVERALL	TEXT-BOOK	GEN'L.	STORY-BOOK	SPOKEN	FREQ.	MULTI-MEANING
Persian	19	16	16	33	33	7	*
persist	23	33	20	33	33	2	*
persistence	23	33	21	33	33	2	*
persistent	21	19	17	33	33	5	*
person	4	4	4	11	2	390	*
personal	11	12	7	33	33	58	*
personality	15	15	12	33	33	19	*
personally	17	18	13	33	33	11	*
personnel	15	19	12	33	33	19	*
perspective	20	33	15	33	33	6	*
persuade	17	15	14	33	33	12	*
persuasion	23	33	21	33	33	2	*
pertinent	21	33	16	33	33	5	
Peru	22	17	33	33	15	3	
pet	11	12	21	11	8	66	*
petal	17	18	33	13	15	11	
Pete	14	14	16	13	13	21	
Peter	7	11	13	3	9	178	*
petition	20	19	16	33	33	6	*
petitioner	19	33	15	33	33	7	
petroleum	23	15	33	33	33	2	
petticoat	23	33	33	16	33	2	*
petty	23	33	21	33	33	2	*
petunia	23	33	33	16	33	2	
phantom	23	33	33	33	14	2	*
phase	14	18	11	33	33	25	*
pheasant	23	33	33	16	33	2	*
phenomena	20	33	15	33	33	6	
phenomenon	18	19	14	33	33	9	
Phil	15	19	12	33	15	18	
Philadelphia	15	13	13	16	33	20	
philharmonic	23	33	20	33	33	2	
Philip	16	15	16	15	14	14	
Philippine	23	16	33	33	33	2	
Philistine	21	33	33	14	33	5	*
Phillip	21	33	33	33	12	5	
philosopher	18	17	15	18	33	9	*
philosophic	23	33	19	33	33	2	*
philosophical	20	33	15	33	33	6	*
philosophy	14	17	11	33	33	23	*
phoenix	23	33	21	33	33	2	
phone	13	15	12	14	11	37	*

WORD	OVERALL	TEXT-BOOK	GEN'L.	STORY-BOOK	SPOKEN	FREQ.	MULTI-MEANING
phonemic	23	33	21	33	33	2	*
phonologic	23	33	20	33	33	2	
phony	21	33	19	18	33	4	*
phosphor	22	33	18	33	33	3	
photograph	16	13	14	33	33	14	*
photographic	22	19	19	33	33	3	*
phrase	12	9	13	18	33	40	*
physical	12	12	9	33	33	44	*
physically	20	18	16	33	33	6	*
physician	19	18	18	16	33	7	*
physics	18	15	16	33	33	8	*
physiological	21	33	16	33	33	5	*
pianist	22	33	18	33	33	3	
piano	14	12	14	15	14	23	*
piazza	21	33	17	33	33	4	*
Picasso	22	33	18	33	33	3	
pick	3	5	9	3	2	453	*
picket	23	33	21	33	33	2	*
pickle	21	33	33	14	33	5	*
pickup	22	33	18	33	33	3	*
picnic	12	14	18	11	11	43	*
picture	4	2	6	6	4	381	*
picturesque	22	19	21	33	33	3	*
pie	11	11	18	8	11	70	*
piece	5	4	6	6	6	249	*
pied	23	33	33	16	33	2	
pieman	21	33	33	14	33	5	
pier	18	18	33	14	15	8	*
pierce	21	20	33	15	33	4	*
Pierre	18	14	17	33	33	8	
pig	4	11	21	3	3	336	*
pigeon	13	14	33	11	13	32	*
piggy	14	33	33	16	8	27	
piglet	15	33	33	12	13	20	
pigment	23	33	21	33	33	2	*
pike	17	33	13	18	33	11	*
pile	11	11	13	9	9	82	*
pilgrim	20	15	33	15	33	6	*
pilgrimage	23	33	21	33	33	2	*
pill	16	33	16	13	33	15	*
pillow	12	15	21	11	11	42	*
pilot	14	12	13	33	33	22	*
pin	13	12	17	13	11	36	*

See key on page 13.

WORD	OVERALL	TEXT-BOOK	GEN'L.	STORY-BOOK	SPOKEN	FREQ.	MULTI-MEANING
pinata	12	33	33	7	33	50	
pinch	16	19	33	14	12	14	*
pine	13	12	18	12	15	28	*
pineapple	21	19	21	33	15	4	*
ping	20	33	33	16	13	6	*
pink	11	12	13	11	7	84	*
pinky	22	33	33	33	13	3	
Pinocchio	21	33	33	33	12	5	
Pinson	21	33	33	14	33	5	
pint	19	16	18	33	13	7	*
pinto	17	33	33	13	33	12	*
pinwheel	23	33	33	17	33	2	*
pioneer	16	12	16	33	33	14	*
pip	16	33	14	14	33	14	*
pipe	12	11	16	11	12	53	*
piranha	18	33	33	13	33	8	
pirate	14	24	19	12	13	22	*
pistol	16	17	15	18	13	13	
pit	17	15	18	15	33	10	*
pitch	12	11	13	15	11	40	*
pitcher	12	13	15	13	9	41	*
pitter	20	33	33	14	33	6	
Pittsburgh	18	16	15	33	15	2	
pituitary	23	33	19	33	33	2	*
pity	21	17	18	33	33	5	*
pixie	18	33	33	16	12	8	*
pizza	17	33	33	33	11	12	
place	2	2	2	2	3	893	*
placement	22	33	18	33	33	3	*
plaid	22	33	33	15	33	3	*
plain	11	9	12	12	11	68	*
Plainfield	23	33	33	17	33	2	
plainly	20	17	17	33	33	6	
plan	5	4	3	10	12	234	*
plane	9	6	9	12	8	119	*
planet	12	10	13	33	11	49	*
planetary	21	33	16	33	33	5	*
plank	20	19	21	15	33	6	*
planner	22	33	18	33	33	3	
plant	5	3	7	5	11	256	*
plantation	18	14	16	33	33	8	*
plasma	22	33	18	33	33	3	*

See key on page 13.

WORD	OVERALL	TEXT-BOOK	GEN'L.	STORY-BOOK	SPOKEN	FREQ.	MULTI-MEANING
plaster	18	17	16	16	33	10	*
plastic	12	12	12	16	9	47	*
plate	11	11	13	13	10	58	*
plateau	22	14	33	33	33	3	*
platform	14	14	12	33	33	23	*
Plato	18	33	14	33	33	8	
play	1	3	3	2	1	1595	*
player	11	11	11	16	9	64	*
playful	23	19	33	33	15	2	*
playground	14	15	33	13	11	23	*
playhouse	23	33	33	17	33	2	*
playmate	23	33	33	33	14	2	
playroom	18	33	33	18	11	10	
plea	23	33	19	33	33	2	*
plead	16	18	19	13	33	13	*
pleasant	14	12	14	14	33	26	*
pleasantly	21	20	20	18	33	4	
please	6	8	11	3	11	220	*
pleasure	13	12	12	14	33	28	*
plentiful	22	17	33	18	33	3	*
plenty	12	11	12	11	33	48	*
plink	21	33	33	14	33	5	*
plod	22	33	33	15	33	3	*
plop	17	33	33	12	33	11	*
plot	15	15	12	33	33	17	*
plow	15	13	16	14	33	18	*
pluck	19	16	33	14	33	7	*
plug	17	17	16	33	12	12	*
plum	19	16	33	14	33	7	*
plumbing	23	33	21	33	33	2	*
plump	16	18	33	12	33	16	*
plunder	22	33	33	15	33	3	*
plunge	16	14	17	13	33	15	*
plunk	21	33	33	16	14	5	*
plural	18	12	33	33	33	8	*
plus	12	13	12	33	11	42	*
Pluto	20	17	33	33	12	6	*
Plymouth	21	18	19	33	15	5	
plywood	22	20	20	33	33	3	
pocket	10	11	12	7	10	100	*
pocketknife	22	33	33	33	13	3	
poem	11	11	10	14	14	58	*

See key on page 13.

WORD	OVERALL	TEXT-BOOK	GEN'L.	STORY-BOOK	SPOKEN	FREQ.	MULTI-MEANING
poet	12	12	9	16	33	48	*
poetic	17	18	14	33	33	11	*
poetry	13	13	11	16	33	30	*
point	3	3	2	6	5	420	*
poise	22	33	19	33	33	3	*
poison	16	15	20	33	11	15	*
poisonous	22	16	33	18	33	3	
poke	15	18	33	12	13	18	*
poky	18	33	33	13	33	8	*
Poland	18	17	14	33	33	9	
polar	20	15	33	33	13	6	*
Polaris	23	33	20	33	33	2	
pole	11	9	14	13	8	69	*
police	8	12	8	11	5	149	*
policeman	11	13	16	9	11	63	
policemen	14	17	17	12	12	26	
policy	11	14	5	33	33	76	*
polish	15	14	14	14	33	18	*
polite	15	16	33	11	33	20	*
politely	16	16	20	12	33	16	
politic	14	16	12	16	33	22	*
political	11	12	5	33	33	76	*
politically	23	33	19	33	33	2	
politician	18	18	14	18	33	10	*
polka	23	33	33	17	33	2	*
poll	21	33	17	33	33	4	*
pollen	21	16	19	33	33	5	*
Polly	22	17	33	18	33	3	
polo	22	33	33	33	13	3	*
polynomial	18	33	14	33	33	9	*
pom	23	33	33	33	14	2	
pond	11	11	15	7	11	81	
ponder	22	33	33	15	33	3	*
pong	22	33	33	18	14	3	
pont	16	33	13	33	33	13	
pony	13	12	20	12	11	38	*
ponytail	23	33	33	33	14	2	
puddle	17	33	33	13	13	11	
poof	22	33	33	15	33	3	
pooh	13	19	33	13	8	33	
pool	6	12	10	6	4	190	*
poop	22	33	33	16	15	3	*

See key on page 13.

WORD	OVERALL	TEXT-BOOK	GEN'L.	STORY-BOOK	SPOKEN	FREQ.	MULTI-MEANING
poor	7	7	11	5	10	172	*
poorly	23	33	19	33	33	2	
pop	11	12	16	11	6	86	*
popcorn	16	17	33	14	12	13	
pope	18	19	13	33	33	10	*
Popeye	11	33	33	33	4	88	
poppa	13	33	33	13	8	36	
popper	23	19	33	19	33	2	
Popperville	19	33	33	13	33	7	
poppy	23	33	33	17	33	2	*
popsicle	20	33	33	33	12	6	
popular	13	11	11	33	33	38	*
popularity	21	19	17	33	33	5	
populate	21	18	19	33	33	4	*
population	12	11	9	33	33	52	*
porch	11	13	13	11	10	63	*
porcupine	15	19	33	12	13	17	
pork	20	17	20	16	33	6	*
porky	16	33	33	33	11	16	
porous	22	33	19	33	33	3	*
porpoise	22	33	33	15	33	3	*
porridge	7	33	33	13	3	177	
port	15	12	16	15	33	17	*
portable	22	33	18	33	33	3	*
porter	20	19	17	18	33	6	*
portion	14	13	12	17	33	26	*
Portland	20	33	15	33	33	6	
portrait	21	19	17	33	33	5	*
Portugal	23	18	33	19	33	2	
posada	14	33	33	11	33	22	
pose	23	33	19	33	33	2	*
position	10	8	4	17	14	106	*
positive	13	13	11	17	33	28	*
positively	22	18	20	33	33	3	
posse	23	33	19	33	33	2	*
possess	16	15	13	33	33	14	*
possession	16	13	14	33	33	13	*
possibility	13	14	10	17	33	37	*
possible	8	6	4	16	33	138	*
possibly	13	13	12	13	33	30	
possum	14	33	33	11	13	22	
post	11	11	10	12	12	69	*

See key on page 13.

WORD	OVERALL	TEXT-BOOK	GEN'L.	STORY-BOOK	SPOKEN	FREQ.	MULTI-MEANING
poster	22	18	33	18	15	3	*
postman	18	33	33	13	15	10	
postpone	23	33	21	33	33	2	*
posture	21	19	18	33	33	4	*
postwar	23	33	19	33	33	2	
posy	22	33	33	18	14	3	*
pot	11	12	15	9	10	73	*
potato	11	11	14	11	7	77	*
potent	23	33	21	33	33	2	*
potential	15	16	12	33	33	18	*
potentiality	23	33	21	33	33	2	*
potholder	23	33	33	17	33	2	
potion	21	22	22	14	33	5	
Potomac	23	19	33	19	33	2	
potter	22	33	21	18	33	3	*
pottery	18	16	17	18	15	8	*
pouch	23	19	33	19	33	2	*
poultry	20	19	19	16	33	6	
pounce	18	33	33	13	33	8	*
pound	11	7	11	11	11	89	*
pour	11	11	13	11	11	64	*
poverty	20	17	16	33	33	6	*
pow	20	33	33	18	12	6	*
powder	14	12	15	13	13	27	*
power	7	5	3	13	12	168	*
powerful	13	11	12	15	33	32	*
pox	21	33	33	15	15	5	*
practical	14	13	12	33	33	22	*
practically	14	14	13	33	13	21	*
practice	10	7	8	12	11	106	*
prairie	14	13	16	12	14	27	
praise	15	16	14	13	33	17	*
prance	22	33	33	15	33	3	*
prank	23	33	33	17	33	2	*
pray	14	15	15	12	33	22	*
prayer	14	14	13	13	33	22	*
preach	18	33	14	33	33	8	*
preacher	19	33	19	14	33	7	
precarious	23	33	21	33	33	2	*
precaution	23	33	21	33	33	2	*
precede	16	17	13	33	33	13	*
precedent	23	33	321	33	33	2	*

See key on page 13.

WORD	OVERALL	TEXT-BOOK	GEN'L.	STORY-BOOK	SPOKEN	FREQ.	MULTI-MEANING
precinct	23	33	21	33	33	2	*
precious	15	13	15	14	33	18	*
precipitate	23	33	21	33	33	2	*
precise	18	16	14	33	33	10	*
precisely	16	16	13	33	33	14	
precision	16	17	13	33	33	13	*
predicate	21	14	33	33	33	4	*
predict	18	15	15	33	33	9	
predictable	23	33	21	33	33	2	
prediction	23	33	20	33	33	2	*
predisposition	23	33	21	33	33	2	
prefer	14	12	13	15	33	24	*
preferably	22	33	18	33	33	3	
preference	23	33	21	33	33	2	*
prefix	22	15	33	33	33	3	*
pregnant	21	33	21	33	13	5	*
prehistoric	23	17	33	33	33	2	*
prejudice	22	20	19	33	33	3	*
preliminary	19	19	15	33	33	7	*
premier	20	33	15	33	33	6	*
premise	23	33	21	33	33	2	*
premium	22	33	19	33	33	3	*
preoccupation	23	33	21	33	33	2	*
preoccupy	23	33	19	33	33	2	*
preparation	15	15	12	33	33	20	*
prepare	11	11	8	12	33	71	*
Presbyterian	23	33	19	33	33	2	*
prescribe	21	33	18	18	33	4	*
presence	13	14	11	14	33	29	*
present	5	6	3	10	8	234	*
presentation	18	33	14	33	33	8	*
presently	16	15	14	15	33	15	*
preservation	21	33	17	33	33	4	
preserve	14	14	11	17	33	24	
preside	23	33	20	33	33	2	*
presidency	23	33	19	33	33	2	*
president	8	8	3	12	33	153	*
presidential	18	19	14	33	33	9	
press	11	11	7	12	11	85	*
pressure	11	11	6	33	33	74	*
prestige	19	33	15	33	33	7	*
Preston	23	33	33	33	14	2	

See key on page 13.

WORD	OVERALL	TEXT-BOOK	GEN'L.	STORY-BOOK	SPOKEN	FREQ.	MULTI-MEANING
presumably	18	33	13	33	33	10	
presume	22	33	19	33	33	3	*
pretend	10	12	16	8	6	106	*
pretty	6	9	11	4	5	224	*
pretzel	20	33	33	15	14	6	
prevail	21	33	17	33	33	4	*
prevent	12	12	10	33	33	43	*
prevention	20	33	15	33	33	6	
preventive	22	33	19	33	33	3	
previous	13	13	11	33	33	28	*
previously	16	16	12	33	33	16	
prey	19	15	33	14	33	7	*
price	11	11	8	13	13	69	*
prick	23	33	33	17	33	2	*
prickly	22	20	33	16	33	3	*
pride	14	13	13	13	33	26	*
priest	15	14	14	13	33	20	
primarily	15	16	12	33	33	18	*
primary	13	14	11	33	33	28	*
prime	15	13	13	33	33	18	*
primitive	16	13	14	33	33	16	*
primm	14	33	33	11	33	27	
princess	8	12	19	4	11	139	*
Princeton	23	20	33	19	33	2	
principal	13	12	11	33	33	31	*
principally	23	33	20	33	33	2	
principle	11	11	7	33	33	58	*
print	12	11	11	16	14	45	*
prior	17	33	13	33	33	11	*
priority	21	33	17	33	33	4	*
prison	15	15	13	16	13	19	*
prisoner	16	15	16	15	14	13	
privacy	22	33	19	33	33	3	*
private	11	13	7	12	14	66	*
privately	21	20	18	33	33	4	
privet	22	33	33	15	33	3	
privilege	18	19	14	33	33	10	*
prize	11	12	15	12	6	78	*
pro	21	33	17	33	33	4	*
pro-Western	22	33	19	33	33	3	
probability	16	18	12	33	33	15	*

See key on page 13.

WORD	OVERALL	TEXT-BOOK	GEN'L.	STORY-BOOK	SPOKEN	FREQ.	MULTI-MEANING
probable	19	19	15	33	33	7	*
probably	7	5	5	12	6	178	
problem	5	4	2	13	14	235	*
procedure	12	14	9	33	33	39	*
proceed	14	15	11	17	33	26	*
process	10	9	4	33	33	101	*
procession	17	16	33	13	33	12	*
proclaim	19	19	16	18	33	7	*
proclamation	21	33	18	18	33	4	*
procurement	21	33	16	33	33	5	
produce	9	5	6	17	14	118	*
producer	18	19	15	33	33	8	*
product	10	5	7	33	33	102	*
production	12	12	9	33	14	46	*
productive	19	18	15	33	33	7	*
productivity	21	33	17	33	33	4	*
profession	17	18	14	33	15	11	*
professional	13	14	11	33	33	33	*
professor	14	14	12	33	14	24	*
profile	22	33	18	33	33	3	*
profit	16	15	13	33	33	15	*
profitable	22	33	18	33	33	3	
profound	19	19	15	33	33	7	*
profoundly	23	33	21	33	33	2	
program	7	11	2	33	11	168	*
progress	12	12	9	17	33	44	*
progressive	21	19	17	33	33	5	*
prohibit	23	33	21	33	33	2	*
prohibition	22	33	18	33	33	3	*
project	12	12	7	33	33	53	*
projection	21	19	17	33	33	5	*
prolong	21	33	17	33	33	4	*
prominent	17	16	13	33	33	12	*
prominently	23	33	21	33	33	2	
promise	11	11	9	11	14	72	*
promote	16	33	12	33	33	14	*
promotion	20	33	15	33	33	6	*
prompt	23	33	19	33	33	2	*
promptly	18	16	15	33	33	9	
prone	22	33	18	33	33	3	*
pronoun	21	14	33	33	33	4	
pronounce	17	13	17	33	33	11	*

See key on page 13.

WORD	OVERALL	TEXT-BOOK	GEN'L.	STORY-BOOK	SPOKEN	FREQ.	MULTI-MEANING
pronunciation	22	14	33	33	33	3	
proof	16	15	13	33	14	14	*
propaganda	19	33	15	33	33	7	*
propagation	23	33	21	33	33	2	
propeller	22	18	33	18	15	3	
proper	12	11	11	11	33	57	*
properly	14	13	12	17	33	21	
property	11	11	6	33	11	84	*
proportion	15	13	13	33	33	17	*
proportional	22	33	18	33	33	3	*
proportionate	23	33	21	33	33	2	*
proportionately	23	33	21	33	33	2	
proposal	15	33	12	33	33	17	*
propose	14	16	11	17	33	27	*
proposition	21	33	17	33	33	4	*
proprietor	23	33	19	33	33	2	*
proprietorship	23	33	21	33	33	2	
prose	21	20	18	33	33	4	*
prosecution	23	33	21	33	33	2	*
prosecutor	23	33	21	33	33	2	*
prospect	16	18	13	33	33	13	*
prospective	21	33	16	33	33	5	*
prosperity	21	19	18	33	33	4	
prosperous	22	19	21	33	33	3	*
protect	12	10	12	13	13	47	*
protection	14	13	12	17	33	24	*
protective	21	16	18	33	33	5	
protein	17	15	14	33	33	12	*
protest	16	15	13	18	33	16	*
Protestant	16	33	12	33	33	16	*
Protestantism	23	33	19	33	33	2	
proud	11	11	13	9	13	66	*
proudly	14	14	20	12	33	23	
prove	11	10	9	13	33	63	*
proven	23	33	19	33	33	2	
provide	8	8	3	17	33	154	*
providence	15	19	11	33	33	20	*
province	17	14	15	33	33	11	*
provincial	23	33	21	33	33	2	*
provision	14	18	11	33	33	22	*
prowl	19	33	33	13	33	7	*
psychological	18	19	13	33	33	10	*

See key on page 13.

WORD	OVERALL	TEXT-BOOK	GEN'L.	STORY-BOOK	SPOKEN	FREQ.	MULTI-MEANING
psychologist	21	33	16	33	33	5	
psychology	22	33	18	33	33	3	*
Ptolemaic	22	33	19	33	33	3	*
public	8	11	3	13	33	136	*
publication	15	33	11	33	33	19	*
publicity	16	33	12	33	33	13	*
publish	13	13	11	33	33	31	*
publisher	21	33	16	33	33	5	
puck	21	33	33	18	13	5	*
pudding	16	19	33	13	12	13	*
puddle	14	33	33	11	12	22	*
Puerto	13	17	15	18	15	10	
puff	11	14	33	11	7	62	*
pull	4	4	8	3	4	336	*
pulley	22	19	19	33	33	3	*
pulmonary	20	33	15	33	33	6	*
pulse	21	17	20	18	33	5	*
pump	15	12	16	18	13	17	*
pumpkin	12	15	33	12	7	49	*
pumpkinhead	17	33	33	12	33	12	
punch	13	16	33	12	11	30	*
punctuation	22	15	33	33	33	3	*
punish	23	16	33	33	33	2	*
punishment	20	17	16	33	33	6	*
punk	23	33	33	17	33	2	*
pup	15	19	33	12	12	19	*
pupil	14	12	13	17	33	22	*
puppet	15	18	33	33	11	17	*
puppy	11	14	33	9	7	80	
purchase	13	14	11	17	33	30	*
pure	14	12	12	16	33	25	*
purely	18	19	15	33	33	8	*
purify	22	33	20	19	33	3	
purity	22	33	19	33	33	3	
purple	12	13	18	11	10	45	*
purpose	11	11	6	16	33	83	*
purr	20	33	33	14	33	6	*
purse	16	16	18	13	13	16	*
pursuant	20	33	15	33	33	6	
pursue	16	17	13	18	33	13	*
pursuit	21	18	17	33	33	5	*
push	5	7	11	5	4	253	*

See key on page 13.

WORD	OVERALL	TEXT-BOOK	GEN'L.	STORY-BOOK	SPOKEN	FREQ.	MULTI-MEANING
pushup	20	33	33	14	33	6	
pussy	21	33	33	14	33	5	*
put	1	2	3	1	1	1474	*
puzzle	13	12	14	13	12	34	*
pyramid	22	15	33	33	33	3	*
python	21	33	18	18	33	4	
quack	11	33	17	6	12	73	*
quackety	16	33	33	12	33	13	
quaint	22	33	19	33	33	3	*
quake	23	33	33	17	33	2	*
Quaker	22	33	33	15	33	3	*
qualification	20	33	15	33	33	6	*
qualify	18	33	14	33	33	9	*
quality	12	11	8	33	33	53	*
quantitative	23	33	21	33	33	2	*
quantity	15	13	13	33	33	18	*
quarrel	16	16	16	14	33	13	*
quart	17	14	33	14	15	11	*
quarter	12	11	12	15	12	41	*
quarterback	21	20	33	33	13	4	*
quartet	23	33	21	33	33	2	*
quartz	23	19	33	19	33	2	
queen	11	11	13	7	11	95	*
queer	17	14	33	15	13	11	*
quench	22	33	33	15	33	3	*
quest	21	33	17	33	33	4	
question	5	4	3	12	10	233	*
questionable	23	33	21	33	33	2	*
questionnaire	18	33	14	33	33	9	*
quick	11	11	12	11	12	65	*
quickly	9	6	11	8	13	123	
quiet	9	10	11	6	10	130	*
quietly	12	11	13	11	33	51	
quill	22	20	20	33	33	3	
quilt	22	18	33	16	33	3	*
quint	23	33	19	33	33	2	
quirt	23	33	21	33	33	2	
quit	11	15	17	13	6	62	*
quite	7	6	5	7	12	172	*
quiver	22	33	33	15	33	3	*
quiz	21	33	33	33	12	5	*
quotation	23	16	33	33	33	2	*

See key on page 13.

WORD	OVERALL	TEXT-BOOK	GEN'L.	STORY-BOOK	SPOKEN	FREQ.	MULTI-MEANING
quote	18	33	13	33	33	10	*
quotient	23	17	33	33	33	2	*
rabbi	22	33	18	33	33	3	*
rabbit	3	11	19	2	4	414	*
raccoon	10	16	33	4	11	112	*
race	5	6	8	5	5	230	*
racer	16	33	33	18	11	15	*
Rachel	15	33	13	13	33	19	
racial	19	19	15	33	33	7	*
rack	20	17	20	33	14	6	*
racoon	23	33	33	19	15	2	*
radar	18	16	16	33	15	9	
radiant	23	20	21	33	33	2	*
radiation	14	16	11	33	33	26	*
radiator	21	33	33	15	33	5	
radical	18	19	15	33	33	8	*
radically	22	33	18	33	33	3	*
radio	11	9	10	14	11	74	*
radioactive	21	18	20	33	33	4	
radish	22	33	21	19	33	3	
radius	21	17	20	33	33	4	*
raft	17	14	33	13	33	12	*
rafter	19	33	33	13	33	7	*
rag	14	14	16	12	12	26	*
rage	14	14	15	12	33	24	*
raggedy	17	33	33	33	11	11	
raid	19	19	20	15	33	7	*
rail	16	13	15	14	33	16	*
railroad	12	11	12	13	12	51	*
railway	21	18	19	33	33	4	*
rain	5	6	12	3	7	277	*
rainbow	13	15	33	11	14	30	*
raincoat	23	33	33	17	33	2	
raindrop	21	20	33	15	33	4	
rainfall	21	14	33	33	33	4	*
rainy	17	14	33	14	14	12	
raise	8	6	6	9	12	138	*
raisin	23	33	33	17	33	2	
rajah	17	33	33	12	33	12	*
rake	13	18	19	11	11	34	*
rally	21	17	20	33	33	4	*
Ralph	12	14	16	9	14	49	

See key on page 13.

WORD	OVERALL	TEXT-BOOK	GEN'L.	STORY-BOOK	SPOKEN	FREQ.	MULTI-MEANING
ram	18	18	33	13	15	10	*
rammer	21	33	33	15	33	5	
ramp	15	33	33	33	10	20	*
ran	3	5	9	2	3	533	
ranch	15	11	15	17	33	20	*
rancher	21	18	18	33	33	5	
random	18	18	14	33	33	10	*
Randy	21	19	33	33	12	5	*
rang	12	14	16	11	13	42	
range	11	11	5	15	14	89	*
ranger	18	33	33	18	11	10	*
rank	16	14	13	33	33	15	*
ranter	23	33	33	17	33	2	
rap	23	33	33	17	33	2	*
rapid	15	13	13	16	33	19	*
rapidly	13	11	12	33	33	29	
rare	16	14	13	18	33	16	*
rarely	16	15	13	33	14	15	*
rascal	16	33	33	15	11	15	*
rash	20	33	33	18	12	6	*
raspberry	20	33	33	14	33	6	*
rat	13	12	33	11	13	37	*
rate	10	11	4	33	33	102	*
rather	8	8	3	11	14	147	*
ratio	16	17	12	33	33	15	*
ration	23	33	20	33	33	2	*
rational	18	16	15	33	33	8	*
rattle	14	14	33	11	33	24	*
rattlesnake	18	17	33	18	12	9	
raven	19	33	33	13	33	7	*
ravenous	23	33	33	17	33	2	*
raw	14	13	13	17	13	21	*
ray	13	11	15	12	12	37	*
Rayburn	17	33	13	33	33	11	
Raymond	20	33	17	33	14	6	
razor	22	33	18	33	33	3	
reach	5	4	4	4	12	275	*
react	19	17	15	33	33	8	*
reaction	12	13	8	33	33	48	*
reactionary	21	33	16	33	33	5	*
reactivity	21	33	17	33	33	4	
read	3	2	4	5	3	476	*

See key on page 13.

WORD	OVERALL	TEXT-BOOK	GEN'L.	STORY-BOOK	SPOKEN	FREQ.	MULTI-MEANING
reader	13	12	11	17	13	34	*
readily	16	16	13	18	33	14	
readiness	22	33	18	33	33	3	
ready	6	5	9	5	7	216	*
real	3	7	5	7	2	545	*
realism	20	33	16	33	33	6	*
realistic	19	33	14	33	33	8	
realistically	23	33	21	33	33	2	
reality	14	16	11	17	33	27	*
realization	20	33	16	33	33	6	*
realize	11	11	9	12	33	70	*
really	3	4	5	4	2	435	*
realm	21	19	17	33	33	5	*
realtor	21	33	17	33	33	4	
rear	13	13	12	16	13	30	*
reason	7	6	4	11	13	157	*
reasonable	15	16	12	33	33	18	*
reasonably	18	19	14	33	33	9	
reassurance	23	33	21	33	33	2	*
Rebecca	13	33	33	10	13	37	
rebel	17	33	14	16	33	11	*
rebellion	21	20	18	33	33	4	*
recall	14	12	11	33	33	27	*
receive	9	8	5	13	33	114	*
receiver	18	16	18	33	13	9	
recent	12	12	7	33	33	55	*
recently	12	12	10	33	33	39	
reception	18	33	14	33	33	9	*
recess	15	18	33	16	11	18	*
recipe	21	18	21	18	33	4	*
reciprocal	23	33	21	33	33	2	*
recital	23	33	21	33	33	2	*
reckless	22	33	20	19	33	3	*
reckon	16	17	33	12	33	13	*
recognition	16	16	13	33	33	13	*
recognize	11	11	8	12	33	70	*
recommend	14	18	11	33	33	21	*
recommendation	17	33	13	33	33	11	*
reconnaissance	23	33	21	33	33	2	
record	7	6	4	17	7	164	*
recorder	11	33	33	33	5	71	*
recover	18	15	16	18	33	9	*

See key on page 13.

WORD	OVERALL	TEXT-BOOK	GEN'L.	STORY-BOOK	SPOKEN	FREQ.	MULTI-MEANING
recovery	19	18	15	33	33	8	
recreation	17	17	13	33	33	12	
recreational	23	33	21	33	33	2	
recruit	21	33	17	33	33	4	*
rectangle	19	16	33	14	33	7	
rectangular	23	16	33	33	33	2	*
rector	19	33	14	33	33	8	*
red	2	4	6	2	2	653	*
redcoat	23	33	21	33	33	2	
redeem	23	33	33	17	33	2	*
redskin	23	33	33	33	14	2	
reduce	12	13	7	33	33	50	*
reduction	17	19	13	33	33	11	*
redwing	21	33	33	15	33	5	*
reed	16	13	33	13	33	15	*
reef	21	18	19	33	33	4	*
reel	22	33	33	16	15	3	*
refer	12	11	11	33	33	44	*
referee	23	33	33	33	14	2	*
reference	14	14	11	33	33	25	*
referral	23	33	21	33	33	2	*
refill	23	33	33	17	33	2	*
reflect	13	12	11	33	33	37	*
reflection	16	18	14	13	33	16	*
reform	16	16	13	33	33	13	*
refrain	23	33	20	33	33	2	*
refrigeration	22	33	18	33	33	3	
refrigerator	15	14	16	18	12	18	
refuge	23	18	33	19	33	2	*
refund	21	33	16	33	33	5	*
refusal	22	33	18	33	33	3	*
refuse	12	12	11	13	13	40	*
regard	12	13	7	16	33	55	*
regardless	17	16	14	33	33	11	*
Reggie	12	33	33	7	33	51	
regime	21	33	16	33	33	5	*
regiment	19	33	15	18	33	7	*
region	11	7	11	33	33	67	*
regional	18	33	13	33	33	10	*
register	16	16	13	33	33	14	*
registration	21	33	16	33	33	5	*
regret	20	18	16	33	33	6	*

See key on page 13.

WORD	OVERALL	TEXT-BOOK	GEN'L.	STORY-BOOK	SPOKEN	FREQ.	MULTI-MEANING
regular	12	11	11	17	12	43	*
regularly	18	14	16	33	33	9	
regulation	17	18	13	33	33	11	*
regulus	23	33	20	33	33	2	*
rehabilitation	21	33	16	33	33	5	
reign	23	19	33	19	33	2	*
rein	19	17	20	16	15	7	*
reindeer	17	17	33	15	12	11	
reinforce	23	33	20	33	33	2	*
reject	16	19	12	33	33	14	*
rejection	23	33	19	33	33	2	*
rejoice	17	33	33	12	33	11	
relate	12	11	10	17	33	50	*
relation	12	12	8	33	33	49	*
relationship	12	12	10	33	33	40	*
relative	14	13	12	16	33	27	*
relatively	14	14	11	33	33	25	*
relax	17	15	14	33	14	12	*
relay	23	18	33	19	33	2	*
release	14	13	12	33	14	26	*
relevance	23	33	20	33	33	2	*
relevant	21	33	16	33	33	5	*
reliable	20	19	16	33	33	6	*
relief	15	14	12	33	33	20	*
relieve	20	17	18	15	33	6	*
religion	12	13	9	33	33	40	*
religious	12	12	8	33	33	48	*
relish	23	33	21	33	33	2	*
reluctant	22	33	18	33	33	3	*
reluctantly	23	20	33	19	33	2	
rely	20	17	16	33	33	6	*
remain	9	7	4	13	33	127	*
remainder	19	15	16	33	33	7	*
remark	13	13	11	33	33	34	*
remarkable	14	13	13	15	33	21	
remarkably	21	33	17	18	33	5	
remedy	22	33	18	33	33	3	*
remember	3	4	5	7	2	456	*
remind	13	12	13	13	14	32	
reminder	22	33	21	19	33	3	
remote	18	16	14	33	33	10	*
removal	17	18	13	33	33	11	

See key on page 13.

WORD	OVERALL	TEXT-BOOK	GEN'L.	STORY-BOOK	SPOKEN	FREQ.	MULTI-MEANING
remove	12	11	9	16	33	55	*
renaissance	20	19	16	33	33	6	*
render	17	33	13	33	33	12	*
renew	19	33	17	15	33	8	*
renewal	23	33	21	33	33	2	*
rent	18	14	16	33	33	9	*
rental	22	33	18	33	33	3	*
reorganization	20	33	15	33	33	6	
repair	15	13	14	16	14	19	*
repeat	12	10	11	12	14	56	*
repeatedly	21	33	17	33	33	4	
repel	23	33	21	33	33	2	*
repetition	21	17	18	33	33	5	*
replace	13	11	11	33	33	38	*
replacement	20	18	16	33	33	6	*
reply	10	11	11	7	33	102	*
report	7	8	3	17	7	161	*
reportedly	23	33	21	33	33	2	
reporter	16	15	12	33	33	16	
represent	11	7	8	33	33	79	*
representation	19	33	15	33	33	7	*
representative	13	14	11	33	33	30	*
reproachful	23	33	33	17	33	2	
reptile	19	13	33	18	33	7	*
republic	16	14	13	33	33	15	*
republican	14	16	11	33	33	23	*
reputation	18	16	15	16	33	10	*
request	14	17	11	33	33	22	*
require	10	11	4	33	33	106	*
requirement	13	16	11	33	33	30	
rerun	22	33	33	33	13	3	*
rescue	14	15	17	14	12	21	
research	12	12	7	33	33	50	*
resemblance	21	20	18	33	33	4	*
resemble	18	14	15	33	33	10	*
resent	21	33	17	33	33	4	
resentment	21	33	17	33	33	4	
reservation	21	18	17	33	33	5	*
reserve	15	17	12	33	33	17	*
reservoir	21	19	20	33	14	5	*
residence	19	19	15	33	33	8	*
resident	19	33	14	33	33	8	*

See key on page 13.

WORD	OVERALL	TEXT-BOOK	GEN'L.	STORY-BOOK	SPOKEN	FREQ.	MULTI-MEANING
residential	17	33	13	33	33	11	*
residue	23	33	21	33	33	2	
resign	23	33	21	33	33	2	*
resin	23	33	21	33	33	2	*
resist	18	17	14	19	33	10	*
resistance	16	16	13	33	33	14	*
resolution	16	33	12	33	33	16	*
resolve	18	18	14	33	33	9	*
resonance	22	33	18	33	33	3	*
resort	22	20	19	33	33	3	*
resource	13	12	11	33	33	28	*
respect	12	12	8	15	14	54	*
respectable	19	19	16	19	33	7	*
respective	21	33	17	33	33	4	*
respectively	19	33	14	33	33	7	*
respiratory	21	33	17	33	33	4	
respond	16	15	13	33	33	13	*
respondent	21	33	17	33	33	4	*
response	13	15	11	33	33	29	*
responsibility	12	13	9	17	14	43	*
responsible	14	13	12	33	33	23	*
rest	5	4	6	6	4	282	*
restaurant	15	14	13	33	14	19	
restless	18	16	18	14	33	10	*
restoration	23	33	19	33	33	2	*
restorative	23	33	21	33	33	2	*
restore	19	16	16	33	33	8	*
restrain	21	33	16	33	33	5	*
restraint	23	33	19	33	33	2	*
restrict	19	19	15	33	33	7	*
restriction	19	33	14	33	33	8	*
result	7	6	3	16	33	164	*
resultant	22	33	19	33	33	3	*
resume	18	33	14	33	33	9	*
resumption	23	33	21	33	33	2	*
retail	21	33	16	33	33	5	*
retain	17	17	13	33	33	12	*
retention	22	33	19	33	33	3	*
retire	16	18	13	18	33	15	*
retirement	20	33	15	33	33	6	*
retreat	18	16	16	16	33	10	*
retrieve	23	33	20	33	33	2	*

See key on page 13.

WORD	OVERALL	TEXT-BOOK	GEN'L.	STORY-BOOK	SPOKEN	FREQ.	MULTI-MEANING
return	6	5	4	7	33	195	*
reunion	23	33	19	33	33	2	*
reveal	13	13	11	17	33	32	*
revelation	22	33	18	33	33	3	*
revenue	16	33	12	33	33	15	*
revere	23	33	33	17	33	2	*
reverend	16	33	12	33	33	13	*
reverse	18	15	15	33	33	9	*
review	13	13	11	17	13	34	*
revise	21	33	17	33	33	4	*
revision	21	33	17	33	33	4	*
revival	23	33	21	33	33	2	*
revive	22	33	21	19	33	3	*
revolt	23	20	21	33	33	2	*
revolution	14	12	12	17	33	27	*
revolutionary	19	16	16	33	33	7	*
revolve	23	20	33	19	33	2	*
revolver	22	33	18	33	33	3	*
revulsion	23	33	20	33	33	2	*
reward	19	16	18	16	33	8	*
rewrite	23	15	33	33	33	2	*
rex	11	33	33	6	14	61	
rhino	19	33	33	33	12	7	*
rhinoceros	17	33	33	12	33	12	
Rhode	14	18	11	33	33	27	
rhyme	17	13	33	18	13	12	*
rhythm	14	12	14	17	33	21	*
rhythmic	21	18	19	33	33	4	*
rib	18	14	19	18	15	9	*
ribbon	14	13	19	12	14	27	*
rice	14	12	14	16	13	22	*
rich	11	8	12	12	11	80	*
Richard	13	12	11	33	14	31	
Richmond	21	33	19	18	33	4	
Ricky	17	15	33	33	11	12	
Rico	15	18	16	12	14	20	
rid	13	14	16	13	11	28	*
ridden	21	18	33	16	33	4	*
riddle	18	16	33	14	15	9	*
riddler	23	33	33	33	14	2	
ride	4	6	11	6	2	397	*
rider	14	13	15	13	13	24	*

See key on page 13.

WORD	OVERALL	TEXT-BOOK	GEN'L.	STORY-BOOK	SPOKEN	FREQ.	MULTI-MEANING
ridge	17	13	17	18	33	12	*
ridiculous	20	18	17	33	33	6	
ridinghood	23	33	33	33	14	2	
rifle	12	13	11	13	13	40	*
right	2	2	2	2	1	1258	*
righteousness	23	33	33	17	33	2	
rigid	19	17	15	33	33	7	*
rigidly	23	33	21	33	33	2	
rim	21	15	33	16	33	5	*
rind	22	33	33	15	33	3	
ring	9	8	12	10	6	119	*
ringer	23	33	33	17	33	2	*
rinse	23	33	33	17	33	2	*
Rio	23	16	33	33	33	2	
rip	17	16	33	13	13	12	*
ripe	15	14	18	12	33	19	*
ripen	23	33	33	17	33	2	*
ripple	17	33	33	12	33	11	*
rise	11	8	7	11	33	97	*
risen	21	33	20	16	33	5	
risk	15	16	12	18	33	17	*
rite	23	33	21	33	33	2	*
Ritter	23	33	21	33	33	2	
ritual	19	33	15	16	33	8	*
rival	21	19	19	18	33	5	*
river	5	3	7	3	12	277	*
riverside	23	33	20	33	33	2	
rivulet	23	33	33	17	33	2	
road	5	4	5	5	6	271	*
roadside	22	19	33	16	33	3	*
roam	18	15	33	14	33	9	*
roar	11	11	13	8	33	69	*
roast	18	15	20	14	33	10	*
rob	14	19	15	15	11	24	*
robber	11	14	33	10	8	62	
robbery	23	33	20	33	33	2	
robe	17	16	33	13	33	12	
Robert	8	12	9	5	33	131	
Roberto	18	33	33	13	33	10	
robin	11	12	33	11	6	72	*
Robinson	16	17	14	18	13	14	
robot	16	17	33	33	11	13	*

See key on page 13.

WORD	OVERALL	TEXT-BOOK	GEN'L.	STORY-BOOK	SPOKEN	FREQ.	MULTI-MEANING
rock	4	4	11	3	4	351	*
rockabye	23	33	33	33	14	2	
Rockefeller	22	33	19	33	33	3	
rocker	23	33	33	19	15	2	*
rocket	11	11	18	11	10	61	*
rocky	14	12	20	13	14	21	*
rod	14	11	17	15	12	26	*
rode	11	11	13	9	10	82	
rodeo	22	19	33	33	14	3	*
Roger	14	13	15	33	11	22	
rogue	22	33	33	15	33	3	*
role	12	13	8	33	33	44	*
roll	5	7	11	4	4	275	*
roller	13	16	33	13	9	31	*
Roman	13	11	12	33	33	34	*
romance	21	33	18	18	33	4	*
romantic	18	16	14	33	33	10	*
Rome	14	13	12	16	33	26	
roof	10	11	12	7	8	104	*
rookie	23	33	21	33	33	2	*
room	3	3	3	2	3	548	*
Roosevelt	17	14	15	33	33	12	
roost	23	33	33	17	33	2	*
rooster	12	17	33	8	14	51	*
root	11	8	12	13	33	58	*
rope	10	10	17	11	5	106	*
rose	8	10	11	4	12	152	*
Rosie	12	33	33	9	11	50	
Ross	19	17	19	33	13	7	
rosy	19	33	20	14	33	7	*
rot	19	33	21	14	33	7	*
rotary	23	33	20	33	33	2	*
rotate	21	17	19	33	33	4	*
rotation	22	19	19	33	33	3	*
rotten	16	33	33	12	13	15	*
rough	13	12	13	13	13	32	*
roughly	17	16	15	15	33	11	*
round	5	5	11	3	6	257	*
rouse	21	33	21	16	33	4	*
Rousseau	21	33	17	33	33	4	
route	14	12	13	17	14	24	*
routine	18	16	14	33	33	10	*

See key on page 13.

WORD	OVERALL	TEXT-BOOK	GEN'L.	STORY-BOOK	SPOKEN	FREQ.	MULTI-MEANING
rover	19	19	33	15	13	8	*
row	11	8	13	11	11	88	*
rowboat	19	19	33	14	33	7	
Roy	13	18	14	14	11	28	
royal	11	13	13	8	33	64	*
Ruanda	23	33	21	33	33	2	
rub	13	12	15	12	33	30	*
rubber	13	11	17	12	12	34	*
rubble	22	33	33	33	13	3	*
ruby	20	33	33	14	33	6	*
rude	21	18	33	15	33	5	*
Rudolph	14	33	33	33	8	27	
ruff	19	33	33	16	12	7	*
ruffle	23	33	33	17	33	2	*
Rufus	15	17	33	12	33	17	
rug	14	14	18	13	11	26	*
rugged	19	15	16	3	33	7	*
ruin	14	13	14	14	12	25	*
rule	9	5	6	12	12	120	*
ruler	15	11	20	16	33	17	
rumble	15	33	33	11	33	17	*
rumor	23	33	21	33	33	2	*
Rumpelstiltskin	23	33	33	33	14	2	
rumple	23	33	33	17	33	2	*
run	2	3	3	2	2	830	*
runaway	22	18	33	19	15	3	*
rung	23	20	33	19	33	2	*
runner	13	15	33	33	8	30	*
runway	19	18	33	18	12	8	*
rupee	22	33	18	33	33	3	
rural	16	16	12	33	33	15	
rush	6	11	12	9	3	207	*
Russ	21	33	16	33	33	5	
Russell	22	20	19	33	33	3	
Russia	13	13	11	33	33	28	
Russian	13	12	11	33	33	36	*
rust	19	18	20	16	15	7	*
rustle	17	18	20	13	33	11	*
rusty	17	16	21	13	33	12	*
rut	23	33	33	17	33	2	*
Ruth	17	17	14	16	33	12	
rye	19	19	33	15	13	7	*

See key on page 13.

WORD	OVERALL	TEXT-BOOK	GEN'L.	STORY-BOOK	SPOKEN	FREQ.	MULTI-MEANING
Sabrina	17	33	33	12	33	11	
sachet	23	33	33	17	33	2	*
sack	13	14	21	11	13	29	*
sacred	16	16	14	16	14	15	*
sacrifice	18	33	15	16	33	10	*
sad	11	11	14	6	12	86	*
saddle	15	13	15	14	13	20	*
Sadie	16	33	33	12	33	16	
sadly	14	14	19	12	33	21	
sadness	23	18	33	19	33	2	
safe	10	10	12	8	10	104	*
safely	15	12	18	14	33	18	
safety	13	12	13	14	13	29	*
said	1	1	1	1	1	5284	
sail	9	7	13	6	12	118	*
sailboat	15	18	33	12	13	18	
sailor	12	11	21	11	12	40	*
saint	16	17	17	13	33	14	*
sake	16	16	13	15	33	16	*
sal	13	33	33	10	33	31	
salad	18	19	20	15	13	10	*
salary	16	18	13	33	33	13	
sale	11	12	7	15	14	58	*
Salem	19	33	33	13	33	8	
salesman	16	17	19	13	33	14	
salesmen	18	33	14	33	33	9	
saline	19	33	14	33	33	7	*
sally	13	12	18	12	33	28	*
salmon	19	13	33	33	33	7	*
saloon	21	33	16	33	33	5	*
salt	11	11	12	12	8	72	*
salty	21	17	33	15	33	5	*
Salvador	16	33	33	12	33	15	
salvation	18	33	14	18	33	9	*
Sam	7	11	11	4	10	175	
Samaritan	23	33	33	17	33	2	*
same	3	2	2	6	4	578	*
Sammy	16	18	33	13	12	16	
sample	13	12	11	33	33	35	*
Samson	16	33	33	12	33	16	
Samuel	18	16	14	33	33	10	
San	11	12	12	9	13	63	

See key on page 13.

WORD	OVERALL	TEXT-BOOK	GEN'L.	STORY-BOOK	SPOKEN	FREQ.	MULTI-MEANING
sanction	21	33	16	33	33	5	*
sanctuary	23	33	21	33	33	2	*
sand	10	9	14	7	11	109	*
sandal	22	33	33	19	14	3	*
sandbox	23	33	33	33	14	2	
Sandburg	21	33	16	33	33	5	
Sandra	21	17	33	33	14	4	
sandwich	12	13	20	11	9	48	*
sandy	16	13	33	15	12	15	*
sane	23	33	21	33	33	2	*
sans	11	12	15	7	12	77	
sanitation	23	33	19	33	33	2	*
sank	15	15	17	12	33	20	
Santa	13	14	15	33	8	38	
sap	21	18	33	16	33	4	*
Sara	17	18	33	13	15	11	
Sarah	13	15	15	11	14	28	
sat	4	6	8	2	5	372	
Satan	20	33	33	14	33	6	
satellite	17	12	21	33	33	12	*
satire	23	33	21	33	33	2	*
satisfaction	18	15	15	33	33	10	*
satisfactorily	23	33	19	33	33	2	
satisfactory	17	17	14	33	33	11	
satisfy	13	12	12	14	33	31	*
Saturday	11	12	12	11	8	76	
Saturn	23	16	33	33	33	2	*
sauce	16	18	16	18	12	13	*
saucer	21	17	33	16	33	4	*
Saul	21	33	33	15	33	5	
sausage	23	33	33	17	33	2	
savage	19	16	16	33	33	7	*
Savannah	23	33	21	33	33	2	*
save	9	9	9	9	7	129	*
saviour	21	33	20	16	33	4	*
saw	2	3	4	2	2	828	*
Saxon	21	33	17	33	33	4	*
say	1	2	2	1	1	1479	*
scale	12	9	12	16	33	45	*
scallop	23	33	33	17	33	2	*
scamper	21	19	33	15	33	5	*
scan	23	33	20	33	33	2	*

See key on page 13.

WORD	OVERALL	TEXT-BOOK	GEN'L.	STORY-BOOK	SPOKEN	FREQ.	MULTI-MEANING
scandal	23	33	21	33	33	2	*
Scandinavia	23	20	33	19	33	2	
scapegoat	21	33	33	15	33	5	*
scar	18	19	16	15	15	10	*
scarce	22	16	33	19	33	3	*
scarcely	15	14	15	13	33	20	*
scare	8	13	16	9	4	138	*
scarecrow	13	19	33	10	12	37	*
scaredy	19	33	33	13	33	8	
scarf	16	17	33	13	12	16	*
scarlet	21	17	33	16	33	4	*
scarves	23	33	33	17	33	2	*
scary	14	19	33	13	10	27	*
scatter	13	12	15	12	13	34	*
scene	12	11	9	16	14	51	*
scenery	21	17	18	33	33	5	*
scenic	23	33	21	33	33	2	*
scent	19	16	33	14	33	7	*
schedule	14	16	11	33	14	24	*
scheme	16	16	14	15	33	14	*
scholar	14	15	13	13	33	22	*
scholarly	23	33	21	33	33	2	
scholarship	17	33	13	33	33	11	*
scholastic	23	33	21	33	33	2	*
school	2	2	2	4	2	643	*
schoolhouse	21	18	19	18	33	5	
schoolmaster	23	33	33	17	33	2	
schooner	22	19	33	16	33	3	*
science	11	9	7	33	13	73	*
scientific	13	11	11	33	33	36	
scientist	11	5	13	33	13	66	*
scissors	19	16	33	14	15	8	*
scold	17	17	33	12	33	12	*
scooby	13	33	33	33	8	30	
scoop	19	19	33	14	33	7	*
scoot	23	33	33	33	14	2	
scooter	20	33	33	16	13	6	*
scope	19	33	15	33	15	8	*
score	11	11	11	33	9	67	*
scornfully	23	33	33	17	33	2	
Scot	23	33	21	33	33	2	*
Scotch	21	33	33	16	14	5	*

See key on page 13.

WORD	OVERALL	TEXT-BOOK	GEN'L.	STORY-BOOK	SPOKEN	FREQ.	MULTI-MEANING
Scotland	19	15	18	18	33	7	
Scott	13	15	17	15	9	32	
Scottish	22	18	20	33	33	3	*
Scotty	16	17	13	33	13	16	
scour	22	33	33	15	33	3	*
scout	15	13	21	13	13	19	*
scowl	23	19	33	19	33	2	*
scraggly	23	33	33	17	33	2	
scramble	15	15	20	12	13	19	*
scrap	15	14	17	13	13	20	*
scrapbook	23	20	33	19	33	2	
scrape	19	17	33	15	13	7	*
scratch	12	12	16	11	11	54	*
scream	11	13	13	10	8	74	*
screech	16	19	33	12	33	13	*
screen	13	12	12	13	13	32	*
screw	15	15	13	33	13	17	*
script	23	33	19	33	33	2	*
Scripture	23	33	19	33	33	2	*
scroll	21	33	33	15	33	5	*
Scrooge	22	18	33	33	14	3	
scrub	14	16	20	11	33	26	*
scrunch	20	33	33	14	15	6	*
scrutiny	22	33	18	33	33	3	*
scuffle	23	33	33	17	33	2	*
sculptor	23	20	33	19	33	2	
sculpture	22	20	19	33	33	3	*
scurry	18	33	33	13	33	10	*
scuttle	23	33	33	17	33	2	*
sea	4	3	11	3	11	295	*
seabird	23	33	33	17	33	2	
seagull	20	33	33	14	33	6	
seal	12	12	14	11	11	49	*
seam	19	16	17	18	33	8	*
Sean	22	33	33	33	13	3	
seaplane	23	33	33	17	33	2	
search	11	11	11	9	14	81	*
seashore	21	17	33	16	33	4	*
seasick	23	33	33	33	14	2	
season	11	11	10	12	33	65	*
seasonal	23	20	21	33	33	2	*
seat	9	10	11	8	7	126	*

Sey key on page 13.

WORD	OVERALL	TEXT-BOOK	GEN'L.	STORY-BOOK	SPOKEN	FREQ.	MULTI-MEANING
seaweed	19	17	33	14	15	7	*
Sebastian	18	33	33	13	33	10	
secant	19	33	15	33	33	7	*
secede	23	33	20	33	33	2	
second	4	3	3	7	5	326	*
secondary	18	16	14	33	33	9	*
secrecy	23	33	21	33	33	2	*
secret	10	11	11	7	10	111	*
secretary	12	14	6	33	33	55	*
secretly	23	18	33	19	33	2	
section	10	8	5	33	33	98	*
sector	21	33	16	33	33	5	*
secular	21	33	17	33	33	4	*
secure	16	14	13	33	33	14	*
security	13	16	11	17	33	28	*
see	1	1	2	1	1	2080	*
seed	11	9	11	9	12	94	*
seek	10	12	10	11	6	109	*
seeker	22	33	33	33	13	3	
seem	3	3	2	4	12	428	*
seemingly	20	19	17	18	33	6	
seen	4	4	5	4	5	317	
segment	18	14	16	33	33	9	*
segregate	22	33	18	33	33	3	*
segregation	23	33	20	33	33	2	*
seize	16	13	15	16	33	14	*
seldom	16	13	14	19	33	16	*
select	12	11	11	16	33	44	*
selection	15	13	12	33	33	20	*
selective	21	33	17	33	33	4	*
selectmen	23	33	33	17	33	2	
self	13	17	12	15	11	29	*
selfish	21	19	21	18	33	4	*
sell	11	9	11	11	11	75	*
seltzer	22	33	33	15	33	3	
semester	23	33	20	33	33	2	*
seminary	23	33	20	33	33	2	*
senate	15	14	12	33	33	19	*
senator	14	15	11	17	33	24	
send	11	9	11	11	11	96	*
sender	20	33	33	14	33	6	
senior	18	19	14	33	33	9	*

See key on page 13.

WORD	OVERALL	TEXT-BOOK	GEN'L.	STORY-BOOK	SPOKEN	FREQ.	MULTI-MEANING
sensation	19	17	15	33	33	7	*
sense	8	8	4	12	12	134	*
sensibility	23	33	21	33	33	2	*
sensible	19	16	18	19	33	7	*
sensitive	15	15	12	33	33	18	*
sensitivity	19	33	15	33	33	7	
sensory	23	33	21	33	33	2	*
sent	8	8	9	6	11	146	
sentence	7	2	12	16	33	178	*
sentiment	19	33	14	33	33	7	*
sentimental	22	33	18	33	33	3	*
separate	11	3	10	15	33	64	*
separately	21	16	18	33	33	5	
separation	21	33	17	33	33	4	*
September	13	13	11	33	33	29	
sequence	17	15	14	33	33	11	*
serene	22	33	20	19	33	3	*
sergeant	14	18	15	13	12	23	*
series	12	11	10	17	33	47	*
serious	12	11	11	33	33	41	*
seriously	16	14	13	33	33	15	*
seriousness	23	33	21	33	33	2	
sermon	22	33	19	33	33	3	*
serpent	18	33	33	13	33	10	*
serum	21	33	17	33	33	4	*
servant	12	13	13	9	33	56	
serve	9	9	4	11	13	123	*
service	8	11	3	17	33	136	*
sesame	15	33	33	33	10	20	*
session	13	17	11	33	33	28	*
set	3	2	2	5	4	485	*
settle	11	9	11	12	14	67	*
settlement	16	13	15	33	33	13	*
settler	16	12	19	33	33	15	
setup	23	33	21	33	33	2	*
seven	7	8	11	7	5	182	*
seventeen	16	16	15	16	12	15	
seventeenth	21	18	19	33	15	5	
seventh	16	16	14	16	14	13	*
seventy	16	15	33	14	12	15	*
several	6	4	3	11	33	194	*
severe	16	15	14	33	33	13	*

See key on page 13.

WORD	OVERALL	TEXT-BOOK	GEN'L.	STORY-BOOK	SPOKEN	FREQ.	MULTI-MEANING
severely	21	20	17	33	33	4	
sew	13	13	20	11	12	35	*
sewage	19	19	15	33	33	8	
sewer	19	33	20	18	13	7	*
sex	14	16	11	33	33	25	*
sexual	16	33	12	33	33	14	*
shabby	21	33	33	15	33	5	*
shack	23	18	33	33	15	2	*
shade	11	11	13	10	33	59	*
shadow	11	11	12	11	12	62	*
shady	18	18	33	13	33	9	*
shaft	20	15	19	33	33	6	*
shaggy	16	18	33	12	33	16	*
shake	11	11	14	11	11	63	*
shaken	21	18	19	18	33	5	
Shakespeare	17	18	13	33	33	11	
shaky	22	33	33	15	33	3	*
shall	4	6	5	3	14	297	*
shallow	16	13	18	16	14	13	*
shame	17	16	16	14	33	12	*
shampoo	23	33	33	17	33	2	*
shan't	21	33	33	18	13	5	
shank	23	33	33	17	33	2	*
Shanna	21	33	33	33	12	5	
shape	9	6	9	10	11	120	*
share	10	10	6	11	11	111	*
shark	15	13	33	16	11	19	*
sharp	11	10	12	10	11	87	*
sharpe	18	33	15	16	33	10	
sharpen	22	20	33	33	14	3	
sharply	16	14	14	18	33	15	
shatter	21	18	18	18	33	5	
shave	19	33	20	15	15	7	*
shawl	18	18	33	13	33	10	
Shayne	20	33	15	33	33	6	
she	1	1	1	1	1	5325	*
she'd	12	14	12	12	12	39	
she'll	13	16	20	12	11	35	
she's	5	12	13	11	2	257	
shear	16	33	13	16	14	13	*
shed	14	13	19	12	13	22	*
sheep	11	11	16	8	12	78	*

See key on page 13.

WORD	OVERALL	TEXT-BOOK	GEN'L.	STORY-BOOK	SPOKEN	FREQ.	MULTI-MEANING
sheer	21	17	18	33	33	5	*
sheet	12	11	11	14	12	50	*
shelf	13	13	19	12	12	28	*
shell	11	11	14	8	11	84	*
Shelley	22	33	19	33	33	3	
Shelly	14	33	33	33	9	21	
shelter	12	13	11	13	33	39	*
Shepard	23	33	33	33	14	2	
shepherd	13	15	33	11	12	29	*
sheriff	15	15	16	33	11	17	
Sherman	19	33	15	33	33	7	
sherry	18	33	21	33	12	9	
shield	20	16	21	18	15	6	
shift	13	13	11	14	14	34	*
shilling	22	20	33	16	33	3	*
shimmer	23	33	33	17	33	2	*
shimmy	19	33	33	33	12	7	*
shine	11	11	16	7	13	85	*
shiny	13	14	33	11	13	29	*
ship	6	4	9	5	9	220	*
shipment	21	33	17	33	33	4	*
shipwreck	23	33	33	33	14	2	*
shirt	11	12	15	12	5	88	*
shiver	13	14	19	11	33	28	*
shock	14	13	13	14	13	26	*
shoe	6	9	12	4	5	198	*
shoelace	20	33	33	14	33	6	
shoemaker	19	33	33	13	33	7	
shone	14	14	33	11	33	23	
shoo	21	33	33	16	14	5	*
shook	11	11	12	7	33	80	*
shoot	8	11	11	11	4	137	*
shop	9	11	11	7	10	114	*
shopper	23	33	33	17	33	2	*
shore	11	10	12	11	12	67	*
short	6	4	5	9	10	205	*
shortage	20	19	17	18	33	6	
shortly	17	14	14	33	33	12	*
Shorty	23	19	33	19	33	2	
shot	9	11	9	12	5	130	*
shotgun	19	33	21	33	12	8	*
should	3	2	2	4	11	507	*

See key on page 13.

WORD	OVERALL	TEXT-BOOK	GEN'L.	STORY-BOOK	SPOKEN	FREQ.	MULTI-MEANING
shoulder	10	9	11	8	11	107	*
shouldn't	15	15	16	13	13	20	
shout	6	8	11	3	33	203	*
shove	16	18	21	14	12	14	*
shovel	13	15	33	11	14	33	*
show	2	2	2	3	2	732	*
shower	15	16	17	13	12	19	*
showmanship	23	33	19	33	33	2	
shown	10	5	8	16	33	101	
shred	23	33	21	33	33	2	
shriek	18	19	33	13	33	10	*
shrill	21	15	33	18	33	4	*
shrimp	21	20	33	15	33	4	*
shrink	23	33	33	17	33	2	*
shrub	22	16	33	19	33	3	*
shrug	18	17	17	15	33	10	*
shuffle	23	33	33	17	33	2	*
Shuman	21	33	33	33	12	5	
shut	11	12	13	10	7	86	*
shutter	19	33	33	13	33	8	*
shy	16	15	18	14	13	14	*
shyly	23	33	33	17	33	2	
sick	11	12	13	11	8	80	*
sicken	23	33	33	17	33	2	*
sickness	21	16	33	18	15	4	*
Sid	13	33	33	10	33	32	
side	3	2	3	4	4	474	*
sidetrack	23	33	33	33	14	2	*
sidewalk	12	13	16	11	11	44	
sideway	18	17	33	15	13	9	
Sidney	23	33	21	33	33	2	
sift	22	33	33	15	33	3	*
sigh	12	12	14	11	33	44	*
sight	11	9	11	9	13	94	*
Sigmund	21	33	33	33	12	5	
sign	7	6	6	9	9	156	*
signal	11	11	11	11	33	63	*
signet	23	33	33	17	33	2	*
significance	15	17	12	33	33	18	*
significant	14	15	11	33	33	24	*
significantly	21	33	17	33	33	4	
silence	13	12	13	13	33	31	*

See key on page 13.

WORD	OVERALL	TEXT-BOOK	GEN'L.	STORY-BOOK	SPOKEN	FREQ.	MULTI-MEANING
silent	12	11	13	11	33	51	*
silently	16	14	17	14	33	14	
silk	15	12	19	13	33	19	*
silken	23	20	33	19	33	2	*
silky	23	19	33	19	33	2	*
sill	21	19	33	15	15	5	*
silly	11	13	17	7	9	84	*
silver	12	10	15	11	12	57	*
silverback	17	33	33	12	33	11	
silverware	23	33	33	33	14	2	
silvery	19	17	33	14	33	8	*
similar	11	10	8	33	33	63	*
similarity	21	17	20	33	33	4	*
similarly	17	16	14	33	33	11	
Simms	21	33	17	33	33	4	
Simon	13	15	33	11	12	33	
simple	9	6	7	11	12	129	*
simplicity	21	20	17	33	33	4	*
simplify	20	16	17	33	33	6	
simply	11	11	8	12	33	71	*
simultaneous	23	33	21	33	33	2	*
simultaneously	18	19	14	33	33	10	
sin	14	33	12	14	33	23	*
since	4	3	2	11	11	294	*
sincere	22	33	18	33	33	3	*
sincerely	23	33	33	17	33	2	
sincerity	22	33	18	33	33	3	
sing	5	8	11	4	6	229	*
singer	17	14	16	18	33	11	*
single	9	7	7	11	12	115	*
singular	19	14	18	33	33	7	*
sinister	22	33	18	33	33	3	*
sink	13	12	16	13	12	31	*
Sioux	22	18	21	33	33	3	*
sip	17	33	21	13	33	12	*
sir	11	11	11	11	12	67	*
siren	19	33	33	14	13	8	*
sissy	17	33	33	13	13	11	
sister	4	9	13	4	2	379	*
sit	3	6	8	3	2	482	*
site	14	15	11	33	33	23	*
sitter	15	33	15	13	12	19	

See key on page 13.

WORD	OVERALL	TEXT-BOOK	GEN'L.	STORY-BOOK	SPOKEN	FREQ.	MULTI-MEANING
situate	21	33	17	33	33	4	*
situation	11	11	5	33	33	74	*
six	4	5	6	6	3	372	*
sixteen	14	14	16	14	11	24	
sixteenth	20	18	19	33	14	6	
sixth	14	14	15	15	11	27	*
sixty	14	14	12	16	14	23	*
sizable	22	33	18	33	33	3	
size	9	6	8	11	10	125	*
sizzle	23	33	33	17	33	2	*
skate	13	13	33	12	10	37	*
skeletal	22	33	18	33	33	3	
skeleton	15	14	33	33	11	17	*
sketch	16	14	14	33	33	13	*
ski	19	19	33	18	12	7	*
skid	21	33	33	16	14	5	*
skiff	22	33	20	19	33	3	*
skill	12	11	11	33	33	48	*
skillful	20	15	20	18	33	6	*
skim	21	15	33	18	33	4	*
skin	11	7	13	12	11	70	*
skinny	15	19	20	14	11	18	*
skip	12	14	21	7	33	56	*
skipper	21	33	33	33	12	5	*
skirt	17	14	16	18	14	12	*
skull	23	16	33	33	33	2	*
skunk	12	16	33	9	10	57	*
sky	5	6	11	3	7	266	*
Skyros	21	33	16	33	33	5	
skyscraper	21	17	33	16	33	4	
slab	21	19	20	18	33	4	*
slack	23	33	21	33	33	2	*
slain	23	20	33	19	33	2	
slam	16	18	17	14	12	16	*
slant	19	14	33	16	33	7	*
slap	12	16	21	11	11	40	*
slash	21	19	20	16	33	5	*
slate	17	33	20	13	33	11	*
slaughter	22	33	20	18	33	3	*
slave	12	11	12	11	33	46	*
slavery	16	14	14	18	33	13	*
slaw	22	33	33	33	13	3	

See key on page 13.

WORD	OVERALL	TEXT-BOOK	GEN'L.	STORY-BOOK	SPOKEN	FREQ.	MULTI-MEANING
slay	23	33	33	17	33	2	*
sled	15	14	33	13	12	19	*
sleek	22	18	33	16	33	3	*
sleep	3	6	11	2	3	453	*
sleeper	19	33	33	13	33	7	*
sleepily	22	33	33	15	33	3	
sleepy	13	15	33	11	12	31	*
sleeve	15	15	16	14	13	18	*
sleigh	18	33	33	13	15	10	*
slender	18	15	16	18	33	9	*
slept	11	12	15	7	10	84	
slew	23	33	33	17	33	2	*
slice	14	13	18	12	33	23	*
slick	18	18	33	15	12	9	*
slid	13	14	15	11	12	36	
slide	11	11	14	11	6	91	*
slight	14	13	12	17	33	24	*
slightly	13	12	11	15	33	34	
slim	19	17	16	33	33	7	*
slimy	23	33	33	33	14	2	*
slip	11	11	12	11	11	70	*
slipper	13	18	33	9	33	38	*
slippery	16	16	33	12	33	13	*
slit	21	19	33	16	15	4	*
slop	23	33	33	17	33	2	*
slope	15	12	16	18	33	17	*
sloppy	22	33	33	16	15	3	*
slot	22	19	33	19	15	3	*
sloth	14	33	33	11	33	21	*
slow	11	10	11	11	11	74	*
slowly	7	5	11	5	33	167	
slug	20	33	20	18	14	6	*
slum	21	33	17	33	33	4	*
slump	21	33	17	18	33	5	*
slung	20	33	33	14	33	6	
slunk	22	33	33	15	33	3	
smack	19	33	33	18	12	7	*
small	3	2	2	3	8	571	*
smart	13	14	16	12	11	38	*
smash	14	16	17	14	11	23	*
smear	21	33	33	33	12	5	*
smell	6	11	12	6	3	219	*

See key on page 13.

WORD	OVERALL	TEXT-BOOK	GEN'L.	STORY-BOOK	SPOKEN	FREQ.	MULTI-MEANING
smile	6	8	7	5	8	193	*
smith	13	12	12	13	33	30	*
smoke	11	11	12	9	11	82	*
smokestack	21	33	33	15	33	5	
smoky	21	20	33	15	33	4	*
smooth	12	11	13	12	14	41	*
smoothly	19	14	19	18	33	8	
smother	23	33	33	19	15	2	*
smuggler	23	33	33	17	33	2	
snack	21	33	33	15	33	5	*
snail	17	17	33	13	14	12	*
snake	11	11	12	9	8	97	*
snap	12	13	13	11	12	39	*
snapdragon	23	33	33	17	33	2	
snappy	23	33	33	17	33	2	*
snarl	21	18	21	18	33	4	*
snatch	14	19	19	11	33	21	*
sneak	14	19	33	14	11	23	*
sneaker	22	33	33	15	33	3	*
sneeze	14	18	33	11	13	22	*
snicker	23	33	33	17	33	2	*
sniff	11	15	33	7	12	66	*
sniffle	22	33	33	15	33	3	*
snip	22	33	33	15	33	3	*
Snoopy	13	33	33	33	7	37	
snooze	23	33	33	17	33	2	*
snore	16	33	33	12	14	13	*
snorkel	23	33	33	33	14	2	*
snort	14	18	33	11	33	23	*
snout	21	20	33	15	33	4	*
snow	3	6	12	3	2	488	*
snowball	15	33	33	12	13	17	*
snowbank	23	33	33	17	33	2	
snowcone	23	33	33	33	14	2	
snowdrift	23	33	33	17	33	2	
snowflake	17	19	33	12	33	12	*
snowman	13	33	33	12	9	37	
snowmobile	22	33	33	33	13	3	
snowy	17	16	33	14	12	12	*
snuff	22	33	33	15	33	3	*
snuffle	22	33	33	15	33	3	*
snug	16	19	33	12	33	13	*

See key on page 13.

WORD	OVERALL	TEXT-BOOK	GEN'L.	STORY-BOOK	SPOKEN	FREQ.	MULTI-MEANING
snuggle	19	33	33	13	33	8	*
snugly	23	33	33	17	33	2	
snurr	13	33	33	11	33	30	
so	1	1	1	1	1	3077	*
soak	14	16	20	12	13	23	*
soap	12	13	16	11	11	43	*
soapy	21	33	33	15	33	5	*
soar	21	17	33	16	33	4	*
sob	21	20	33	15	33	4	*
sober	21	33	17	33	33	4	*
soccer	19	33	33	33	11	8	
social	10	12	3	33	12	111	*
socialism	21	33	16	33	33	5	*
socialist	21	33	16	33	33	5	*
socially	22	33	18	33	33	3	*
society	11	12	5	33	33	80	*
sociological	23	33	19	33	33	2	*
sociology	22	33	18	33	33	3	*
sock	14	16	33	12	11	26	*
soda	16	14	33	14	13	14	*
sodium	21	17	19	33	33	4	
sofa	19	18	33	13	33	8	
soft	7	8	12	6	5	173	*
softball	22	33	33	33	13	3	
softly	12	11	14	11	33	47	
softness	23	33	33	17	33	2	
soil	12	8	12	17	33	51	*
solar	18	13	17	33	33	9	*
sold	11	11	13	11	14	60	
soldier	11	9	11	10	12	87	*
sole	18	18	17	16	15	9	*
solely	21	33	16	33	33	5	*
solemn	19	16	19	15	33	8	*
solemnly	19	19	20	15	33	7	
solid	12	11	11	13	13	49	*
solidarity	22	33	18	33	33	3	
solidly	23	33	20	33	33	2	
solitary	21	20	18	33	33	4	*
soloist	23	33	21	33	33	2	
solution	12	11	11	17	33	41	*
solve	12	10	13	17	13	39	*
some	1	1	1	2	1	2146	*

See key on page 13.

WORD	OVERALL	TEXT-BOOK	GEN'L.	STORY-BOOK	SPOKEN	FREQ.	MULTI-MEANING
somebody	3	13	12	11	2	418	*
someday	16	14	19	14	13	16	
somehow	13	13	12	13	33	30	
someone	5	7	11	5	3	276	
somersault	19	33	33	14	13	8	
something	2	3	3	2	2	814	*
sometime	2	3	6	4	2	659	*
somewhat	12	12	10	16	33	44	*
somewhere	11	12	12	11	7	75	*
son	8	8	6	7	11	145	*
sonata	23	33	21	33	33	2	
song	7	7	10	6	8	169	*
sonny	22	33	33	18	14	3	
soon	4	3	6	2	9	375	*
soothe	22	33	33	15	33	3	*
sophisticate	19	19	15	33	33	7	*
sophistication	23	33	21	33	33	2	*
sore	18	17	20	15	13	10	*
sorrow	18	17	20	14	33	9	*
sorrowful	23	33	33	17	33	2	*
sorry	10	12	13	7	7	109	*
sort	9	11	7	11	7	122	*
sought	15	14	12	18	33	18	
soul	14	13	12	14	33	27	*
sound	3	2	4	4	8	410	*
soundly	20	19	33	15	15	6	
soup	12	13	17	12	7	53	*
sour	22	20	33	16	33	3	*
source	11	11	7	33	33	64	*
south	7	4	6	11	12	157	*
southeast	18	15	15	33	33	10	*
southern	11	10	9	13	33	63	*
southerner	16	33	14	14	33	14	
southward	21	16	21	33	33	4	*
southwest	19	15	17	33	33	7	*
sovereign	19	33	15	33	33	7	*
sovereignty	19	33	15	33	33	7	*
Soviet	12	14	9	33	33	39	*
sow	23	33	33	17	33	2	*
Sox	14	33	18	33	10	22	
space	7	4	6	15	6	168	*
spacecraft	23	15	33	33	33	2	

See key on page 13.

WORD	OVERALL	TEXT-BOOK	GEN'L.	STORY-BOOK	SPOKEN	FREQ.	MULTI-MEANING
spaceman	23	33	33	33	14	2	*
spaceship	22	19	33	33	14	3	
spacious	23	33	21	33	33	2	*
spacy	22	33	33	33	13	3	
spade	22	33	20	19	33	3	*
spaghetti	19	19	33	13	33	8	*
Spain	18	12	33	33	33	10	
span	20	17	17	33	33	6	*
spangle	23	33	33	17	33	2	*
Spaniard	23	15	33	33	33	2	
Spanish	13	11	14	16	33	29	*
spank	15	33	33	16	11	20	*
spanky	16	33	33	33	11	16	
spanner	21	33	33	33	12	5	*
spare	16	14	14	15	33	16	*
spark	16	14	19	14	14	13	*
sparkle	16	15	33	13	14	13	*
sparkler	22	33	33	15	33	3	
sparrow	14	33	33	11	33	23	*
spat	21	33	20	16	33	4	*
spatial	23	33	20	33	33	2	
speak	9	6	7	11	11	126	*
speaker	14	14	12	33	14	22	*
spear	16	13	33	13	33	14	*
special	7	5	5	9	10	172	*
specialist	19	33	14	33	33	8	*
specialization	23	33	20	33	33	2	*
specialize	19	15	17	33	33	7	*
specially	21	18	20	18	33	4	
specialty	23	20	33	19	33	2	*
species	16	13	14	33	33	15	*
specific	13	13	11	33	33	35	*
specifically	18	33	14	33	33	9	
specification	23	33	21	33	33	2	*
specificity	23	33	20	33	33	2	
specify	18	33	14	33	33	9	*
specimen	16	15	14	18	33	13	*
spectacle	18	33	17	14	33	9	*
spectacular	19	17	16	33	15	8	*
spectator	18	17	16	16	33	9	
spectra	21	33	17	33	33	4	*
spectrum	21	17	18	33	33	5	*

See key on page 13.

WORD	OVERALL	TEXT-BOOK	GEN'L.	STORY-BOOK	SPOKEN	FREQ.	MULTI-MEANING
speculative	23	33	21	33	33	2	*
sped	20	18	20	16	33	6	
speech	12	11	11	12	33	52	*
speed	10	7	11	12	8	102	*
spell	11	7	16	11	10	80	*
Spencer	21	33	16	33	33	5	*
spend	11	10	11	12	12	66	*
spent	11	10	11	11	12	74	*
sphere	17	14	16	18	33	11	*
spherical	23	33	21	33	33	2	*
spice	21	17	33	18	15	4	*
spider	11	12	33	8	8	85	*
Spiderman	12	33	33	33	5	55	
spike	23	20	33	33	15	2	*
spill	13	15	33	12	11	31	*
spin	9	12	19	9	5	114	*
spinach	13	33	33	33	7	37	*
spindle	23	33	21	33	33	2	*
spine	23	18	33	19	33	2	*
spinner	16	33	33	33	11	15	*
spiral	21	18	21	18	33	4	*
spirit	11	11	6	15	33	75	*
spiritual	15	18	12	33	33	17	*
spit	18	19	19	16	13	9	*
spitball	23	33	33	17	33	2	*
spite	14	13	12	15	33	25	*
splash	12	13	33	11	11	45	*
splatter	23	33	33	17	33	2	*
splendid	14	15	16	12	33	23	*
splendor	23	19	33	19	33	2	*
splint	22	33	33	15	33	3	*
splinter	22	33	33	16	15	3	*
split	13	13	14	14	11	32	*
spoil	16	14	33	13	12	16	*
spoilage	23	33	21	33	33	2	*
spoke	11	11	11	10	14	72	*
spoken	15	12	14	16	33	20	*
spokesman	22	33	18	33	33	3	
spokesmen	22	33	18	33	33	3	
sponge	21	15	33	33	15	4	*
sponsor	16	33	12	33	33	15	*
spontaneous	21	33	17	33	33	4	*

See key on page 13.

WORD	OVERALL	TEXT-BOOK	GEN'L.	STORY-BOOK	SPOKEN	FREQ.	MULTI-MEANING
spontaneously	23	33	21	33	33	2	
spook	19	33	33	19	12	7	*
spooky	17	33	33	16	11	12	*
spoon	13	16	33	11	11	31	*
sport	11	12	11	15	7	65	*
spot	10	8	11	11	8	109	*
spout	21	20	33	15	33	4	*
sprang	15	14	18	12	33	18	
sprawl	18	33	19	13	33	10	*
spray	13	16	15	13	11	32	*
spread	11	9	11	11	14	79	*
spreader	22	33	33	15	33	3	
spring	7	6	9	5	11	182	*
Springfield	21	33	33	15	33	5	
springy	23	33	33	17	33	2	
sprinkle	19	17	33	14	33	7	*
sprout	21	33	33	15	33	5	*
spruce	22	18	33	16	33	3	*
sprung	22	33	21	33	15	3	
spud	20	33	33	33	12	6	*
spun	15	16	17	12	13	20	
spur	21	20	18	33	33	4	*
sputter	23	33	33	17	33	2	*
spy	15	16	20	12	33	17	*
squad	19	33	17	33	13	8	*
square	8	6	8	11	6	152	*
squarely	23	33	19	33	33	2	
squash	19	17	33	15	13	8	*
squat	22	33	33	15	33	3	*
squawk	21	33	33	15	33	5	*
squeak	17	18	33	13	13	11	*
squeaky	23	33	33	19	15	2	
squeal	19	33	33	13	33	8	*
squeeze	13	14	15	12	12	28	*
squiggle	22	33	33	15	33	3	*
squinny	21	33	33	15	33	5	*
squire	13	33	33	10	33	35	*
squirm	21	33	33	15	33	5	
squirrel	11	13	33	8	11	63	*
squirt	16	33	33	14	11	15	*
stability	22	33	18	33	33	3	*
stable	16	14	15	15	33	15	*

See key on page 13.

WORD	OVERALL	TEXT-BOOK	GEN'L.	STORY-BOOK	SPOKEN	FREQ.	MULTI-MEANING
stack	15	15	17	16	12	17	*
Stacy	21	33	20	33	14	5	
stadium	19	33	15	33	13	8	*
staff	13	14	10	16	33	37	*
stag	23	33	21	33	33	2	*
stage	11	11	6	12	12	92	*
stagger	22	20	19	33	33	3	*
stain	15	33	11	33	33	18	*
stair	11	13	13	9	7	91	*
staircase	21	33	21	16	33	4	*
stairway	23	20	33	33	15	2	
stake	20	18	16	33	33	6	*
stale	23	33	33	17	33	2	*
Stalin	22	33	18	33	33	3	
stalk	17	14	33	13	33	11	*
stalker	23	33	33	33	14	2	
stall	19	16	17	33	15	8	*
stallion	22	18	33	19	15	3	
stamp	13	12	21	11	13	35	*
stamper	21	33	33	15	33	5	
stand	4	3	4	4	5	345	*
standard	11	12	7	33	33	58	*
standpoint	22	33	18	33	33	3	
Stanley	18	18	14	33	33	10	
staple	18	33	33	33	11	10	*
star	7	5	12	6	7	173	*
starch	22	17	33	19	33	3	*
stare	11	11	11	9	12	80	*
starling	23	33	33	17	33	2	
Starsky	15	33	33	33	10	18	
start	2	3	3	3	2	750	*
starter	23	33	33	17	33	2	*
startle	15	14	13	14	33	20	*
starve	19	16	33	15	15	7	*
state	3	2	1	11	11	600	*
statement	11	9	6	33	33	79	*
statesman	22	33	19	33	33	3	*
statesmen	23	33	21	33	33	2	*
static	21	18	18	33	33	4	*
station	9	11	7	12	6	129	*
statistic	19	17	16	33	33	7	*
statistical	21	33	17	33	33	4	

See key on page 13.

WORD	OVERALL	TEXT-BOOK	GEN'L.	STORY-BOOK	SPOKEN	FREQ.	MULTI-MEANING
statue	15	13	17	16	12	18	
stature	22	33	18	33	33	3	*
status	14	17	11	33	33	25	*
statute	21	33	16	33	33	5	*
statutory	22	33	18	33	33	3	*
stay	3	5	6	3	3	403	*
stead	23	33	33	17	33	2	*
steadily	17	14	16	18	33	11	
steady	14	12	13	14	33	26	*
steak	16	18	20	14	12	13	*
steal	13	14	33	16	8	34	*
steam	12	11	17	11	14	46	*
steamboat	22	18	33	16	33	3	
steamer	23	19	33	19	33	2	*
steel	13	11	13	33	11	38	*
Steele	19	33	14	33	33	8	
steeler	23	33	33	33	14	2	
steep	16	13	18	15	14	15	*
steeple	21	33	20	16	33	4	
steer	14	14	20	14	11	24	*
stem	13	12	12	17	33	28	*
step	4	4	4	5	5	306	*
Stephanie	19	33	33	33	11	8	
Stephen	18	18	17	18	13	9	
stepmother	19	33	33	13	33	8	
stereo	22	33	19	33	33	3	*
stereotype	22	33	19	33	33	3	*
sterile	23	33	21	33	33	2	*
stern	18	15	16	18	33	9	*
sternly	22	19	33	16	33	3	
Steve	12	14	33	11	8	53	
Steven	21	33	17	33	15	5	
Stevenson	21	20	18	33	33	4	
Stevie	18	33	17	14	33	9	
stew	19	16	33	15	13	8	*
stick	5	7	12	5	3	269	*
sticker	23	33	33	33	14	2	*
sticky	16	15	20	13	13	16	*
stiff	14	13	16	12	33	23	*
stiffen	22	33	21	19	33	3	
stiffly	22	19	20	33	33	3	
still	2	2	2	2	3	733	*

See key on page 13.

WORD	OVERALL	TEXT-BOOK	GEN'L.	STORY-BOOK	SPOKEN	FREQ.	MULTI-MEANING
stillness	21	18	20	18	33	4	
stilt	23	33	33	17	33	2	*
stimulate	23	33	21	33	33	2	*
stimulation	22	33	18	33	33	3	
stimulus	22	33	18	33	33	3	
sting	16	18	33	13	12	14	*
stinger	23	33	33	33	14	2	*
stink	21	33	33	33	12	5	*
stir	12	12	13	11	33	45	*
stitch	15	19	33	14	11	17	*
stock	12	12	8	15	33	52	*
stockade	22	20	19	33	33	3	*
stockholder	20	33	15	33	33	6	
stocking	14	16	33	11	13	24	*
stole	15	17	20	14	11	19	*
stolen	19	17	17	33	15	7	
stomach	12	13	14	12	10	51	*
stomp	19	33	33	14	13	8	*
stone	9	7	12	7	12	113	*
stony	21	20	33	15	33	4	*
stood	5	5	6	3	33	239	
stooge	14	33	33	33	8	25	*
stool	15	16	21	13	12	17	*
stoop	16	16	33	12	33	13	*
stop	3	3	5	2	3	570	*
stoppage	17	17	13	33	33	12	*
store	5	6	9	5	5	231	*
storekeeper	23	19	33	19	33	2	*
stork	22	33	33	15	33	3	
storm	11	11	15	10	12	62	*
stormy	20	17	21	16	33	6	*
story	3	3	6	4	2	505	*
stout	22	17	33	19	33	3	*
stove	13	12	17	12	12	35	*
straight	8	7	11	8	8	134	*
straighten	17	16	16	14	33	11	
straightforward	23	33	21	33	33	2	*
strain	14	14	13	14	33	23	*
strand	21	17	33	16	33	4	*
strange	11	8	11	11	14	82	*
strangely	21	17	21	33	33	4	
stranger	13	12	13	12	33	33	*

See key on page 13.

WORD	OVERALL	TEXT-BOOK	GEN'L.	STORY-BOOK	SPOKEN	FREQ.	MULTI-MEANING
strap	19	15	33	16	13	8	*
strategic	21	33	16	33	33	5	*
strategy	21	33	16	33	33	5	*
straw	11	12	17	11	7	79	*
strawberry	15	16	33	12	13	17	
Strawman	23	33	33	33	14	2	*
stray	20	15	19	16	33	6	*
streak	19	15	20	18	33	7	*
stream	11	9	12	8	14	88	*
street	4	5	4	3	4	381	*
streetcar	22	33	18	33	33	3	
strength	11	11	9	12	33	65	*
strengthen	18	16	15	33	33	9	
strenuous	23	33	19	33	33	2	*
stress	12	14	9	33	33	41	*
stretch	11	10	11	8	11	97	*
strict	21	18	19	19	33	5	*
strictly	18	17	14	33	33	9	
stride	20	19	17	18	33	6	*
strike	11	11	11	15	11	60	*
strikingly	23	33	21	33	33	2	
string	11	10	14	11	9	72	*
stringy	23	33	33	17	33	2	*
strip	13	11	12	17	14	32	*
stripe	16	17	33	14	11	16	*
striped	15	16	33	14	11	19	
strode	21	19	20	16	33	5	
stroke	14	12	14	14	33	21	*
stroll	21	19	33	15	33	4	*
stroller	20	33	33	15	14	6	*
strong	6	5	5	6	9	215	*
strongly	16	14	14	33	33	13	
struck	13	12	12	13	14	37	
structural	19	19	15	33	33	7	*
structure	12	11	9	33	33	51	*
struggle	12	11	11	13	33	41	*
strung	23	19	33	19	33	2	
strut	20	33	33	15	14	6	*
Stuart	18	18	17	15	33	9	
stubble	23	33	33	17	33	2	*
stubborn	21	18	19	33	33	4	*
stuck	11	12	16	9	8	81	

See key on page 13.

WORD	OVERALL	TEXT-BOOK	GEN'L.	STORY-BOOK	SPOKEN	FREQ.	MULTI-MEANING
student	9	8	4	33	33	118	*
studio	18	18	14	18	33	10	*
study	5	3	3	12	12	272	*
stuff	3	13	14	11	2	453	*
stuffy	19	33	33	13	33	7	*
stumble	18	17	15	18	33	10	*
stump	17	18	33	13	14	12	*
stumpie	18	33	33	13	33	10	
stun	23	33	21	33	33	2	*
stung	21	20	33	18	14	4	
stunk	22	33	33	33	13	3	
stupid	13	16	15	12	11	33	*
stupidity	23	33	21	33	33	2	*
sturdy	16	16	17	14	14	13	*
style	12	11	11	15	14	48	*
stylish	21	33	33	15	33	5	
sub	23	19	33	33	15	2	*
subdivision	23	33	19	33	33	2	
subdue	22	33	21	19	33	3	*
subject	10	7	5	17	33	106	*
subjective	21	33	17	33	33	4	*
submarine	14	13	13	33	13	21	*
submit	16	33	14	33	33	9	*
subordinate	23	33	21	33	33	2	*
subsection	22	33	18	33	33	3	*
subsequent	19	33	15	33	33	7	
subsequently	23	33	19	33	33	2	
subsistence	23	33	20	33	33	2	*
substance	13	11	12	17	33	30	*
substantial	15	18	12	33	33	17	*
substantially	18	33	14	33	33	9	
substitute	16	14	14	33	33	13	*
substrate	21	33	16	33	33	5	*
subsystem	23	33	20	33	33	2	
subtle	19	19	15	33	33	7	*
subtract	21	14	33	33	33	4	
suburb	19	33	14	33	33	7	*
suburban	19	33	15	33	33	7	
subway	21	16	33	15	33	5	
succeed	14	13	12	16	33	22	*
success	12	12	11	15	33	43	*
successful	13	12	11	33	33	34	*

See key on page 13.

WORD	OVERALL	TEXT-BOOK	GEN'L.	STORY-BOOK	SPOKEN	FREQ.	MULTI-MEANING
successfully	18	15	14	33	33	10	
succession	19	17	15	33	33	8	*
successive	21	18	19	33	33	4	*
successor	21	33	17	33	33	4	
such	3	2	1	5	12	610	*
suck	16	16	21	15	12	13	*
sucker	19	33	33	16	12	7	*
sudden	13	12	14	12	12	35	*
suddenly	6	7	8	3	14	217	
suds	21	33	21	17	33	4	
sue	17	14	17	33	13	11	*
suffer	12	12	10	16	33	40	*
sufficient	15	15	12	33	33	19	*
sufficiently	17	18	13	33	33	11	
suffix	21	14	33	33	33	4	*
suffocate	23	33	33	33	14	2	*
sugar	12	11	14	11	12	52	*
suggest	11	9	6	13	33	85	*
suggestion	15	13	12	33	33	19	*
suggestive	23	33	21	33	33	2	*
suicide	21	33	17	33	33	4	*
suit	10	11	11	10	9	104	*
suitable	16	13	14	18	33	15	*
suitcase	15	18	16	13	13	17	
suite	20	33	15	33	33	6	*
sullen	23	33	21	33	33	2	*
Sullivan	22	15	21	33	33	3	
sum	13	11	12	17	33	29	*
summarize	23	33	21	33	33	2	
summary	20	19	16	33	33	6	*
summer	6	6	8	6	6	198	*
summertime	23	20	33	33	15	2	
summit	21	19	19	33	33	4	*
summon	19	19	20	14	33	8	*
sun	4	3	11	2	11	349	*
Sunday	11	12	11	11	9	87	*
sundown	22	20	33	17	33	3	
sunfish	23	33	33	19	15	2	*
sunflower	22	33	33	15	33	3	
sung	19	16	17	18	33	8	
sunk	19	17	33	16	13	8	
sunlight	14	12	17	13	33	23	

See key on page 13.

WORD	OVERALL	TEXT-BOOK	GEN'L.	STORY-BOOK	SPOKEN	FREQ.	MULTI-MEANING
sunny	15	14	18	13	33	18	*
sunrise	21	17	20	18	33	5	*
sunset	16	15	18	13	13	16	*
sunshine	14	13	21	12	14	21	*
sunup	23	33	33	17	33	2	
super	14	33	17	33	9	26	*
superb	22	33	18	33	33	3	
superbly	23	33	21	33	33	2	
superintendent	19	33	17	15	33	8	
superior	16	15	13	33	33	14	*
superiority	22	33	18	33	33	3	
Superman	14	33	33	33	8	27	*
supermarket	21	20	33	15	33	4	
supernatural	21	33	17	33	33	4	*
superstition	23	33	21	33	33	2	*
supervision	21	33	17	33	33	4	
supper	11	11	14	9	7	95	*
supplement	19	33	15	33	33	7	*
supplementary	23	33	21	33	33	2	*
supply	11	8	6	15	33	84	*
support	11	11	5	33	33	90	*
supporter	23	33	21	33	33	2	
suppose	6	7	8	9	4	211	*
supposedly	22	33	19	33	33	3	
supreme	16	15	13	18	33	16	*
sure	5	4	5	4	9	282	*
surely	12	12	13	11	33	40	*
surface	9	5	6	14	33	118	*
surfeit	23	33	33	17	33	2	*
surge	20	33	20	15	33	6	*
surgeon	23	33	19	33	33	2	
surplus	20	33	15	33	33	6	*
surprise	6	7	9	4	9	201	*
surprisingly	21	33	17	33	33	4	
surrender	18	15	16	18	33	9	*
surround	12	11	13	12	14	39	*
surrounding	21	15	21	33	33	4	
survey	15	16	12	17	33	20	*
survival	18	18	14	33	33	9	*
survive	14	14	12	17	33	21	*
survivor	22	33	18	33	33	3	
Susan	13	13	14	12	12	35	

See key on page 13.

WORD	OVERALL	TEXT-BOOK	GEN'L.	STORY-BOOK	SPOKEN	FREQ.	MULTI-MEANING
Susie	21	33	33	15	33	5	
suspect	16	15	13	33	33	15	*
suspend	18	17	15	33	33	9	*
suspension	22	33	19	33	33	3	*
suspicion	19	19	15	18	33	8	*
suspicious	19	18	18	16	33	7	*
sustain	19	18	15	33	33	8	*
Susy	20	33	33	14	33	6	
swaddle	23	33	33	17	33	2	*
swallow	11	12	16	7	12	77	*
swam	11	13	33	9	11	60	
swamp	18	14	33	14	33	9	*
swampy	23	20	33	19	33	2	
swan	22	20	33	17	33	3	*
swap	17	33	33	12	33	11	*
swarm	23	18	33	19	33	2	*
swat	19	33	33	18	12	8	*
swatter	21	33	33	33	12	5	
sway	16	17	20	12	33	15	*
swear	19	19	20	15	33	7	*
sweat	17	14	16	33	13	12	*
sweater	11	16	18	12	6	68	*
Sweden	19	15	20	16	33	8	
Swedish	23	19	33	19	33	2	*
sweep	12	12	15	11	12	41	*
sweeper	23	33	33	19	15	2	
sweet	11	11	12	8	12	77	*
sweetheart	23	33	21	33	33	2	*
sweetly	23	33	33	17	33	2	
swell	15	17	19	12	13	19	*
swept	13	13	14	11	33	32	
swift	13	14	14	11	33	30	*
swiftly	18	14	18	18	33	9	
swig	21	33	33	15	33	5	*
swill	23	33	33	17	33	2	*
swim	5	9	13	5	3	263	*
swimmer	21	17	33	16	33	4	
swine	22	33	33	15	33	3	
swing	9	11	13	8	5	125	*
swipe	21	33	33	16	14	5	*
swirl	21	19	33	15	15	5	*
swish	18	19	33	13	13	10	*

WORD	OVERALL	TEXT-BOOK	GEN'L.	STORY-BOOK	SPOKEN	FREQ.	MULTI-MEANING
Swiss	18	14	18	18	33	9	*
switch	13	13	11	16	12	36	*
Switzerland	19	14	19	33	33	7	
swollen	21	18	19	33	33	4	
swoop	19	33	33	13	33	8	*
sword	15	14	33	13	13	17	*
swore	21	19	18	18	33	5	
swung	13	13	13	12	14	30	
sycamore	22	33	33	17	15	3	*
syllable	16	11	20	33	33	15	*
Sylvester	14	33	33	11	14	27	
symbol	12	8	11	33	33	53	*
symbolic	19	33	14	33	33	8	*
symbolism	23	33	21	33	33	2	*
symbolize	21	33	16	33	33	5	*
sympathetic	19	33	14	33	33	8	*
sympathy	17	17	13	33	33	12	*
symphony	18	18	14	33	33	9	*
symposium	23	33	21	33	33	2	*
symptom	22	33	18	33	33	3	*
synonym	23	17	33	33	33	2	*
synthesis	21	33	17	33	33	4	*
synthetic	21	18	19	33	33	4	*
syrup	20	17	33	16	14	6	*
system	6	5	2	17	33	191	*
systematic	21	33	17	33	33	4	*
systematically	23	33	20	33	33	2	
tabby	23	33	33	17	33	2	*
table	5	4	6	6	6	248	*
tablecloth	23	33	33	17	33	2	
tack	21	19	33	15	33	4	*
tackle	14	17	20	33	9	25	*
tactic	21	33	16	33	33	5	*
tactical	23	33	21	33	33	2	*
tactual	23	33	21	33	33	2	
tad	22	33	33	15	33	3	*
tadpole	23	19	33	33	15	2	
taffy	21	33	33	15	33	5	*
tag	6	15	33	14	3	185	*
tail	6	8	15	3	6	221	*
tailor	13	18	20	10	33	37	*
take	2	2	2	2	1	1296	*

See key on page 13.

WORD	OVERALL	TEXT-BOOK	GEN'L.	STORY-BOOK	SPOKEN	FREQ.	MULTI-MEANING
taken	8	6	5	11	13	143	
talcum	22	33	33	15	33	3	
tale	13	12	13	13	12	32	*
talent	14	16	12	16	33	21	*
talk	3	3	4	4	3	429	*
tall	7	6	12	5	10	167	*
talon	21	33	33	15	33	5	*
tambourine	21	33	33	15	33	5	
tame	17	15	33	13	33	12	*
Tammy	21	33	33	33	12	5	
tan	19	16	20	19	13	8	*
tangent	20	33	15	33	33	6	*
tangible	21	33	17	33	33	4	*
tangle	16	16	21	13	13	14	*
tank	13	12	14	17	11	33	*
Tanya	22	33	33	33	13	3	
tap	11	13	17	11	9	58	*
tape	10	13	14	33	4	103	*
tappet	19	33	15	33	33	7	
tar	20	19	19	16	33	6	*
tardy	23	33	33	19	15	2	*
target	13	15	12	16	12	30	*
tarnish	22	33	33	15	33	3	*
Tarraway	20	33	33	14	33	6	
tart	21	33	33	15	15	5	*
Tarturo	19	33	33	13	33	7	
task	12	12	11	14	13	41	*
taste	8	11	11	10	5	136	*
tasty	18	18	33	13	33	9	*
tattle	23	33	33	33	14	2	*
taught	12	11	13	12	12	47	
taut	23	33	21	33	33	2	*
tavern	23	19	33	19	33	2	*
tax	11	12	5	15	33	82	*
taxable	23	33	21	33	33	2	
taxation	23	33	19	33	33	2	*
taxi	20	18	33	14	33	6	*
taxpayer	18	33	14	18	33	9	
Taylor	19	19	16	33	15	7	
tea	11	12	15	6	11	86	*
teach	11	11	11	14	11	60	*
teacher	6	6	9	9	4	210	*

See key on page 13.

WORD	OVERALL	TEXT-BOOK	GEN'L.	STORY-BOOK	SPOKEN	FREQ.	MULTI-MEANING
team	6	8	11	11	4	189	*
teamster	23	33	21	33	33	2	
teapot	20	33	33	16	13	6	
tear	11	11	12	11	10	71	*
tease	15	16	33	12	12	19	*
teaspoon	22	20	33	17	33	3	*
technical	13	15	10	33	33	35	*
technically	23	33	21	33	33	2	
technician	22	33	19	33	33	3	*
technique	12	13	8	33	33	45	*
technological	21	33	17	33	33	4	*
technology	17	16	13	33	33	12	*
Ted	19	14	33	33	13	7	
Teddy	11	17	33	7	13	61	
tee	22	33	33	15	33	3	*
teenager	21	19	19	33	15	5	
teeny	11	33	33	7	12	58	
teepee	22	33	33	17	15	3	
teeter	20	33	33	16	13	6	*
teeth	9	10	11	10	7	117	*
telegram	23	33	21	33	33	2	*
telegraph	18	15	16	18	33	9	*
telephone	11	11	11	11	11	78	*
telescope	20	13	33	33	33	6	*
television	11	11	13	12	9	61	*
tell	2	2	4	2	2	775	*
temper	18	16	19	14	33	10	*
temperature	11	8	8	15	33	78	*
tempest	23	33	33	17	33	2	*
temple	16	14	14	33	33	14	*
temporarily	21	33	16	33	33	5	
temporary	18	16	14	33	33	10	*
tempt	21	33	18	18	33	4	*
temptation	22	33	19	33	33	3	*
ten	6	5	8	10	4	206	*
tenant	23	33	21	33	33	2	*
tend	12	13	11	13	33	40	*
tendency	16	17	13	33	33	13	*
tender	16	15	33	13	12	16	*
tenderness	23	33	33	17	33	2	
tenement	23	33	33	17	33	2	*
Tennessee	15	15	16	14	12	18	

See key on page 13.

WORD	OVERALL	TEXT-BOOK	GEN'L.	STORY-BOOK	SPOKEN	FREQ.	MULTI-MEANING
tennis	14	15	17	33	10	25	*
tenor	23	33	19	33	33	2	*
tense	18	14	18	18	33	9	*
tension	14	17	11	33	14	22	*
tent	13	12	14	13	12	34	*
tentative	22	33	18	33	33	3	*
tenth	21	16	33	33	14	5	
tenure	22	33	19	33	33	3	*
term	10	9	4	17	33	104	*
terminal	21	18	19	33	33	4	*
terminate	22	33	19	33	33	3	*
termination	23	33	21	33	33	2	*
tern	23	33	33	17	33	2	*
terrace	18	33	20	13	33	9	*
terrain	22	19	21	33	33	3	*
terrible	11	12	13	6	12	86	*
terribly	16	16	17	13	33	14	
terrify	19	17	33	14	33	7	*
territorial	22	33	18	33	33	3	*
territory	15	13	13	33	33	17	*
terror	17	15	15	16	33	11	*
Terry	19	16	33	33	12	8	*
test	8	7	4	16	11	132	*
testament	19	33	15	18	33	8	*
testify	21	33	17	33	33	4	*
testimony	17	33	13	33	33	11	*
tetrachloride	21	33	17	33	33	4	
Texan	22	20	20	33	33	3	
Texas	13	11	12	33	14	32	
text	21	16	20	33	33	4	*
textile	16	16	13	33	33	13	*
texture	21	18	18	33	33	5	*
than	2	1	1	2	5	1092	*
thank	8	11	12	5	10	144	*
Thanksgiving	15	15	21	16	11	20	*
that	1	1	1	1	1	9625	*
that's	1	5	7	3	1	1443	
thaw	22	33	33	15	33	3	*
the	1	1	1	1	1	62922	*
theater	13	14	11	14	14	33	*
theatrical	22	33	19	33	33	3	*
theft	22	33	20	19	33	3	*

See key on page 13.

WORD	OVERALL	TEXT-BOOK	GEN'L.	STORY-BOOK	SPOKEN	FREQ.	MULTI-MEANING
their	1	1	1	1	2	2314	*
them	1	1	1	1	1	3006	
theme	15	14	12	33	33	20	*
themselves	8	6	5	11	12	144	*
then	1	1	1	1	1	6138	*
Theodore	19	16	18	16	33	8	
theologian	23	33	21	33	33	2	
theological	20	33	15	33	33	6	*
theology	21	33	17	33	33	4	*
theorem	21	33	17	33	33	4	*
theoretical	21	33	16	33	33	5	*
theory	12	12	9	33	33	47	*
therapeutic	22	33	18	33	333	3	
therapist	21	33	17	33	33	4	
therapy	22	33	19	33	33	3	
there	1	1	1	1	1	4077	*
there'll	21	19	33	15	33	5	
there's	2	9	11	6	1	1225	
thereafter	20	19	16	33	33	6	*
thereby	18	17	14	33	33	9	*
therefore	11	10	6	16	33	76	*
therein	22	33	20	19	33	3	*
thereof	19	33	17	15	33	7	*
Theresa	20	33	16	33	33	6	
thermal	19	33	14	33	33	8	*
thermometer	19	13	20	33	33	8	
these	2	1	1	5	2	1352	*
thesis	23	33	20	33	33	2	*
they	1	1	1	1	1	7348	*
they'd	15	14	14	14	14	17	
they'll	12	14	14	12	10	45	
they're	3	11	12	11	2	422	
they've	16	17	17	16	12	13	
thick	11	9	12	10	33	73	*
thicket	22	19	33	17	33	3	*
thickness	16	16	13	33	33	13	*
thief	18	15	21	14	33	9	
thieves	19	18	20	15	33	7	
thigh	21	20	20	18	33	4	*
thimble	22	20	33	33	14	3	*
thin	11	9	11	11	12	82	*
thing	1	2	2	2	1	1623	*

See key on page 13.

WORD	OVERALL	TEXT-BOOK	GEN'L.	STORY-BOOK	SPOKEN	FREQ.	MULTI-MEANING
think	2	2	2	2	1	1219	*
third	7	6	6	11	7	161	*
thirst	18	18	33	13	33	9	*
thirsty	14	16	33	12	13	21	*
thirteen	14	14	19	16	11	27	
thirty	11	12	11	12	10	61	*
this	1	1	1	1	1	4754	*
thistle	21	33	33	15	33	5	
Thomas	11	12	11	9	33	69	
Thompson	16	19	14	33	13	14	
thorn	21	17	33	15	33	5	*
Thornburg	23	33	21	33	33	2	
thorough	19	19	16	18	33	7	*
thoroughly	16	15	13	33	33	13	
those	3	3	2	4	3	592	*
thou	10	13	13	5	33	101	*
though	5	5	3	7	5	283	*
thought	2	3	2	2	5	674	*
thoughtful	19	16	19	16	33	7	*
thoughtfully	21	17	18	33	33	5	
thousand	8	5	9	11	9	138	*
thrash	19	33	33	13	33	7	*
thread	13	11	17	12	14	29	*
threat	16	16	12	33	33	16	*
threaten	14	14	12	15	33	24	*
three	2	2	2	2	1	1074	*
thresh	23	33	33	17	33	2	*
threshold	22	33	18	33	33	3	*
threw	9	11	13	7	6	125	
thrill	23	17	33	33	33	2	*
throat	12	12	13	12	12	42	*
throne	16	15	33	12	33	16	*
through	2	2	2	2	3	928	*
throughout	11	11	9	13	33	60	*
throw	6	11	12	9	3	220	*
thrown	14	13	13	15	33	21	
thru	17	33	20	33	11	12	*
thrush	17	33	33	12	33	11	*
thrust	16	13	15	15	33	16	*
thud	23	20	33	19	33	2	*
thumb	17	13	20	15	33	12	*
thumbnail	22	33	33	15	33	3	*

See key on page 13.

WORD	OVERALL	TEXT-BOOK	GEN'L.	STORY-BOOK	SPOKEN	FREQ.	MULTI-MEANING
thump	13	17	33	11	33	30	*
thunder	13	14	18	11	14	28	*
Thursday	14	15	14	14	12	22	
thus	9	7	4	13	33	120	*
thyroglobulin	21	33	17	33	33	4	
thyroid	18	33	14	33	33	9	*
thyroxine	23	33	21	33	33	2	
tick	14	19	33	16	10	23	*
ticket	13	12	14	17	11	34	*
tickle	15	19	33	13	11	20	*
tickly	22	33	33	15	33	3	
ticktacktoe	15	33	33	33	10	18	
tidal	22	18	33	19	15	3	*
tidbit	23	33	33	17	33	2	*
tide	12	12	19	10	33	43	*
tidy	22	19	33	17	33	3	*
tie	8	8	12	7	7	134	*
Tiffany	22	33	33	33	13	3	*
tiger	11	13	33	8	6	94	*
tight	11	12	15	9	11	66	*
tighten	23	20	33	19	33	2	
tightly	16	13	18	15	33	14	
tightrope	20	33	33	16	13	6	*
tile	19	17	17	18	33	7	*
till	9	11	13	8	7	114	*
tiller	23	33	33	17	33	2	*
tilt	19	16	19	16	33	7	*
Tim	16	13	15	18	13	16	
timber	17	14	16	15	33	12	*
time	1	1	1	1	1	2116	*
timely	23	33	21	33	33	2	*
timid	23	20	33	19	33	2	*
Timmy	20	33	33	33	12	6	
Timothy	12	17	19	9	33	41	*
tin	15	12	19	14	13	20	*
Tina	21	33	33	33	12	5	
tinker	23	33	33	17	33	2	*
tinkle	18	33	33	13	33	10	*
tiny	7	7	13	4	11	158	
tip	12	11	18	12	12	41	*
tiptoe	17	33	33	12	33	12	*
tire	13	13	14	14	11	32	*

See key on page 13.

WORD	OVERALL	TEXT-BOOK	GEN'L.	STORY-BOOK	SPOKEN	FREQ.	MULTI-MEANING
tired	8	11	13	5	7	154	*
tissue	14	13	12	16	33	21	*
titch	19	33	33	13	33	8	
title	12	11	11	17	33	43	*
to	1	1	1	1	1	24536	*
toad	11	14	33	6	12	69	*
toast	15	17	16	13	13	17	*
tobacco	18	13	16	33	33	10	*
tock	23	33	33	17	33	2	
today	4	3	4	5	5	329	*
Todd	20	33	33	16	13	6	
toe	11	12	15	11	9	70	*
together	4	3	5	3	5	397	*
toil	21	20	33	15	33	4	*
toilet	18	33	18	16	13	9	*
token	23	33	20	33	33	2	*
Tokyo	20	17	17	33	33	6	
told	2	1	3	2	3	1335	
tolerance	23	33	21	33	33	2	*
tolerant	23	33	21	33	33	2	*
toll	18	18	15	15	33	10	*
Tom	11	7	12	16	10	79	*
tom-tom	19	33	33	33	12	7	*
tomahawk	22	33	33	15	33	3	*
tomato	17	15	33	15	12	12	*
tomb	21	20	19	33	15	4	*
Tommy	11	12	17	6	12	83	
tomorrow	11	11	12	9	10	88	*
Tomten	13	33	33	10	33	33	
ton	15	13	13	18	33	18	*
tonal	23	33	21	33	33	2	*
tone	12	11	11	17	33	44	*
tongue	11	11	14	10	11	69	*
tonight	11	12	11	8	9	93	*
tonsil	21	33	33	18	13	5	*
Tony	13	13	19	33	9	29	*
Tonya	17	33	33	33	11	12	
too	1	2	2	1	1	1572	*
took	2	3	3	2	2	745	
tool	12	11	12	13	13	46	*
toot	11	33	33	7	33	58	*
tooth	13	15	16	12	11	36	*

See key on page 13.

WORD	OVERALL	TEXT-BOOK	GEN'L.	STORY-BOOK	SPOKEN	FREQ.	MULTI-MEANING
toothache	13	33	33	11	33	28	
toothpaste	22	33	33	15	33	3	
top	4	4	6	3	4	379	*
topic	16	12	16	33	33	15	*
topmost	23	33	33	17	33	2	
topple	22	33	33	15	33	3	*
tore	12	15	17	12	8	46	
torn	15	13	15	15	13	18	
tornado	16	17	33	33	11	15	*
torrent	21	33	33	15	33	5	*
tortilla	23	33	33	17	33	2	
tortoise	15	33	33	11	33	18	*
torture	22	33	20	33	15	3	*
Tory	22	33	18	33	33	3	*
toss	12	12	13	11	12	46	*
total	11	11	6	33	33	72	*
totally	20	19	16	33	33	6	*
totter	19	33	33	15	13	7	*
toucan	23	33	33	17	33	2	
touch	6	8	8	7	5	191	*
touchdown	12	33	33	17	7	40	*
tough	13	13	13	13	13	28	*
tour	15	17	13	16	33	17	*
tourist	18	14	15	33	33	10	*
tournament	21	33	16	33	33	5	*
tow	19	19	33	14	15	7	*
toward	5	4	3	5	13	278	*
towel	15	15	19	13	13	18	*
tower	12	12	15	12	12	40	*
town	5	4	5	5	11	237	*
townspeople	21	20	33	15	33	4	*
toy	10	12	19	9	5	111	*
trace	13	12	12	16	14	28	*
track	11	10	13	8	11	90	*
tract	21	33	17	33	33	4	*
tractor	16	16	15	14	14	16	*
Tracy	16	33	33	33	11	15	
trade	9	10	7	8	11	122	*
trader	17	14	14	33	33	12	*
tradition	13	15	11	33	33	32	*
traditional	14	15	11	33	33	22	
traditionally	23	33	20	33	33	2	

See key on page 13.

WORD	OVERALL	TEXT-BOOK	GEN'L.	STORY-BOOK	SPOKEN	FREQ.	MULTI-MEANING
traffic	11	12	12	11	14	58	*
tragedy	16	18	13	33	33	13	*
tragic	18	18	14	33	33	9	*
trail	12	11	13	12	12	50	*
trailer	12	18	16	16	7	40	*
train	6	6	4	9	5	224	*
tramp	19	18	33	14	33	7	*
transducer	23	33	20	33	33	2	
transfer	14	14	11	33	33	23	*
transferor	22	33	19	33	33	3	
transform	19	16	15	33	33	8	*
tranformation	21	19	16	33	33	5	*
transit	21	33	17	33	33	4	*
transition	19	33	14	33	33	8	*
translate	18	16	14	33	33	10	*
translation	21	19	17	33	33	5	*
transmission	21	33	17	33	33	4	*
transmit	23	20	21	33	33	2	*
transom	21	33	17	33	33	4	*
transparent	21	17	18	33	33	5	*
transport	19	16	17	18	33	8	*
transportation	15	13	13	33	33	18	*
trap	11	12	15	12	8	60	*
trapeze	23	33	33	19	15	2	
trapper	23	16	33	33	33	2	
trash	15	33	33	14	11	20	*
travel	9	4	11	11	14	121	*
traveler	15	13	17	13	33	18	*
tray	16	16	17	14	13	14	
treasure	14	13	33	14	11	22	*
treasurer	22	33	18	33	33	3	*
treasury	18	33	13	33	33	10	*
treat	12	12	11	13	12	50	*
treatment	12	14	9	17	33	40	*
treaty	19	16	16	33	33	7	*
tree	2	3	8	1	2	981	*
treetop	19	19	33	14	33	7	*
trek	18	33	33	33	11	10	*
tremble	14	15	14	13	33	21	*
tremendous	15	13	14	14	33	19	*
tremendously	23	33	20	33	33	2	
trend	15	19	12	33	33	17	*

See key on page 13.

WORD	OVERALL	TEXT-BOOK	GEN'L.	STORY-BOOK	SPOKEN	FREQ.	MULTI-MEANING
tri-state	22	33	19	33	33	3	
trial	12	13	7	17	33	50	*
triangle	16	12	33	14	33	16	*
tribe	15	11	19	15	33	20	*
tribune	22	33	18	33	33	3	*
tribute	20	33	16	33	33	6	*
trick	10	11	16	7	8	99	*
trickle	22	33	33	15	33	3	*
tricky	23	19	33	33	15	2	*
tricycle	21	33	33	16	14	5	
trifle	23	33	21	33	33	2	*
trig	23	33	20	33	33	2	
trigger	22	33	19	33	33	3	*
trill	22	33	33	15	33	3	*
trillion	18	33	33	13	33	10	*
trim	14	15	16	13	13	22	*
trio	23	33	21	33	33	2	*
trip	9	7	11	10	7	126	*
triple	22	33	33	19	14	3	*
triumph	19	16	16	33	33	7	*
triumphantly	23	33	21	33	33	2	
trivial	23	33	19	33	33	2	*
troll	19	33	33	33	12	7	*
troop	13	13	12	13	14	35	*
trophy	23	33	21	33	33	2	*
tropical	18	13	19	18	33	10	*
trot	15	16	19	12	13	20	*
trouble	7	7	7	9	6	164	*
trough	21	33	33	15	33	5	*
trousers	20	16	33	15	33	6	*
trout	20	17	33	15	15	6	*
trove	21	33	33	15	33	5	*
troy	17	18	33	33	11	12	
truck	8	9	11	9	5	147	
trudge	18	19	33	13	33	9	*
true	7	4	6	11	11	162	*
truly	13	14	12	12	33	30	*
Truman	22	33	18	33	33	3	
trumpet	19	16	33	14	33	8	*
trunk	12	12	21	10	11	52	*
trust	14	14	12	16	33	23	*
trustee	17	33	14	16	33	11	*

See key on page 13.

WORD	OVERALL	TEXT-BOOK	GEN'L.	STORY-BOOK	SPOKEN	FREQ.	MULTI-MEANING
truth	12	12	10	13	14	50	*
try	2	2	3	2	1	1001	*
tub	15	16	18	12	33	18	*
tube	12	10	12	17	13	40	*
tuck	16	16	33	12	33	14	*
Tuesday	14	15	12	13	33	25	
tuffet	21	33	33	18	13	5	*
tug	14	15	33	11	33	25	*
tugboat	15	33	33	11	33	18	
tulip	14	33	33	11	33	27	
tumble	13	15	18	11	13	30	*
tummy	22	33	33	19	14	3	
tumor	20	33	15	33	33	6	*
tuna	21	20	33	16	15	4	*
tune	15	12	20	13	14	19	*
tunnel	13	12	20	12	11	35	*
Turkey	12	12	20	12	10	41	*
Turkish	20	17	19	18	33	6	*
turmoil	22	33	19	33	33	3	
turn	2	2	2	2	2	852	*
turner	21	17	33	33	14	4	*
turnip	19	17	33	14	33	7	*
turnpike	20	33	15	33	33	6	*
turpentine	23	33	33	17	33	2	*
turtle	10	12	21	6	8	99	*
tusk	23	18	33	19	33	2	*
tutti-frutti	22	33	33	15	33	3	
TV	10	13	33	15	4	106	
tweet	18	33	33	16	12	10	*
twelfth	23	20	33	33	15	2	
twelve	11	11	13	11	8	78	*
twentieth	18	16	15	33	33	9	
twenty	9	8	9	10	8	128	*
twice	12	11	12	12	11	54	*
twig	19	15	33	14	33	8	*
twilight	22	18	33	17	33	3	*
twin	15	14	19	15	11	20	*
twinkle	22	16	33	19	33	3	*
twirl	17	33	33	14	12	12	*
twist	13	12	13	15	11	36	*
twit	18	33	33	13	33	10	*
twitch	16	33	33	12	33	15	*

See key on page 13.

WORD	OVERALL	TEXT-BOOK	GEN'L.	STORY-BOOK	SPOKEN	FREQ.	MULTI-MEANING
twitter	19	33	33	13	33	7	*
two	1	1	1	2	1	1765	*
Tyler	19	33	33	33	11	8	*
type	9	8	4	15	33	116	*
typewriter	16	17	20	14	13	14	*
typical	14	13	12	33	33	22	*
typically	21	33	17	33	33	4	*
tyrannosaur	15	33	33	11	33	17	
tyranny	23	33	19	33	33	2	*
ugh	22	33	33	17	15	3	
ugly	13	14	16	13	11	30	*
ultimate	16	19	12	33	33	15	*
ultimately	21	33	16	33	33	5	
ultrasonic	23	33	21	33	33	2	*
ultraviolet	21	20	18	33	33	4	*
umbrella	14	16	21	11	14	27	*
umpire	22	20	33	33	14	3	*
unable	14	14	12	15	33	22	
unadjust	22	33	19	33	33	3	
unaware	21	19	18	18	33	5	*
unbuckle	23	33	33	17	33	2	*
uncertain	19	17	16	18	33	8	*
uncertainty	21	33	17	33	33	4	*
unchanged	22	20	20	33	33	3	
uncle	8	9	12	9	5	142	*
uncomfortable	17	17	18	33	12	12	*
uncommon	23	33	21	33	33	2	*
unconcerned	23	33	21	33	33	2	*
unconscious	19	19	15	33	33	8	*
unconsciously	23	33	20	33	33	2	
uncover	23	18	33	19	33	2	*
under	3	3	2	2	4	607	*
underdeveloped	23	33	20	33	33	2	*
undergo	21	19	16	33	33	5	*
undergone	23	33	20	33	33	2	
undergraduate	21	33	16	33	33	5	
underground	15	14	16	15	12	17	*
underlie	21	19	16	33	33	5	*
underline	17	12	33	33	33	11	*
undermine	23	33	21	33	33	2	*
underneath	14	14	19	15	11	21	*
understand	8	5	5	11	14	147	*

See key on page 13.

WORD	OVERALL	TEXT-BOOK	GEN'L.	STORY-BOOK	SPOKEN	FREQ.	MULTI-MEANING
understandable	22	33	18	33	33	3	
understood	14	12	12	16	33	25	*
undertake	22	33	18	33	33	3	*
undertaken	21	33	17	33	33	4	
underwater	16	14	18	18	12	14	*
underwear	22	33	33	17	15	3	
undesirable	23	33	20	33	33	2	*
undisturbed	22	33	33	15	33	3	
undo	23	33	33	17	33	2	*
undone	20	33	33	14	15	6	
undoubtedly	19	16	15	33	33	8	
undress	22	33	33	15	33	3	*
undue	22	33	18	33	33	3	*
uneasy	19	19	16	18	33	7	*
unemployment	21	33	17	33	33	4	
unexpected	19	15	16	33	33	8	
unexpectedly	23	33	19	33	33	2	
unfair	22	33	18	33	33	3	*
unfamiliar	21	17	20	18	33	5	
unfit	19	33	33	13	33	7	*
unfold	23	33	33	17	33	2	*
unfortunate	15	18	16	18	11	17	*
unfortunately	18	16	14	33	33	10	*
unfriendly	23	20	33	19	33	2	
unfrozen	17	33	33	33	11	11	
unfurl	22	33	33	16	33	3	
unhappily	23	33	21	33	33	2	*
unhappy	15	13	15	14	33	17	*
unicorn	20	33	33	15	14	6	
unification	23	33	21	33	33	2	
uniform	14	13	12	15	14	26	*
uniformity	23	33	29	33	33	2	*
unify	23	33	19	33	33	2	
unimportant	22	33	20	19	33	3	
union	11	11	6	13	33	76	*
unique	15	13	12	33	33	19	*
uniquely	23	33	20	33	33	2	
unit	11	6	7	33	33	96	*
unitarian	23	33	21	33	33	2	*
unite	22	19	20	33	33	3	*
united	6	4	3	12	14	209	*
unity	15	16	12	33	33	19	*

See key on page 13.

WORD	OVERALL	TEXT-BOOK	GEN'L.	STORY-BOOK	SPOKEN	FREQ.	MULTI-MEANING
universal	16	16	13	33	33	13	*
universe	14	13	12	33	33	24	*
university	11	12	5	33	14	75	*
unknown	15	12	13	33	33	19	*
unless	11	11	11	12	10	77	*
unlike	15	13	13	18	33	19	*
unlikely	20	19	16	33	33	6	*
unlimited	22	33	19	33	33	3	*
unload	21	19	33	15	33	5	*
unlock	20	33	19	18	14	6	*
unnatural	23	33	21	33	33	2	*
unnecessary	20	18	17	18	33	6	
unpack	23	33	33	17	33	2	*
unpaid	23	33	21	33	33	2	*
unpleasant	19	17	18	18	33	7	
unprecedented	23	33	19	33	33	2	
unquestionably	23	33	19	33	33	2	
unroll	20	33	33	14	33	6	*
unruly	23	33	33	17	33	2	
unsatisfactory	23	33	21	33	33	2	
unseen	22	18	33	17	33	3	*
unstable	23	33	21	33	33	2	
unstructured	22	33	19	33	33	3	
unsuccessful	22	20	20	33	33	3	
untie	16	19	33	13	13	13	*
until	3	3	3	3	4	472	*
unto	9	16	17	4	33	127	
untouched	23	33	21	33	33	2	*
unusual	13	12	12	14	33	31	
unusually	21	16	19	33	33	5	
unwed	22	33	19	33	33	3	
unwrap	23	33	33	17	33	2	
unzip	22	33	33	16	33	3	
up	1	1	1	1	1	3874	*
upon	4	4	3	4	6	350	*
upper	13	11	12	17	33	33	*
upright	20	15	18	33	33	6	*
uproarious	23	33	33	17	33	2	*
upset	15	14	18	12	33	20	*
upside	13	15	21	12	11	29	
upstairs	10	14	15	11	5	98	*
Upton	21	33	17	33	33	4	

See key on page 13.

WORD	OVERALL	TEXT-BOOK	GEN'L.	STORY-BOOK	SPOKEN	FREQ.	MULTI-MEANING
uptown	23	33	33	19	15	2	*
upward	18	33	15	16	33	9	*
uranium	21	14	33	33	33	4	
urban	17	18	13	33	33	11	
urbanization	23	33	21	33	33	2	
urethane	20	33	15	33	33	6	*
urge	14	15	12	16	33	22	*
urgency	22	33	19	33	33	3	*
urgent	21	33	16	33	33	5	*
urging	22	19	20	33	33	3	
us	2	3	2	3	3	627	
usable	23	33	21	33	33	2	*
usage	21	19	18	33	33	4	*
use	2	1	1	6	3	1210	*
useful	13	11	12	17	33	34	
usefulness	24	33	19	33	33	2	
useless	18	15	17	18	33	9	
usual	12	11	11	12	14	54	*
usually	7	4	6	12	7	170	
Utah	17	17	33	13	33	11	
utility	18	33	14	33	33	9	*
utilization	24	33	21	33	33	2	
utilize	19	33	15	33	33	7	
Utopia	20	33	16	33	33	6	*
Utopian	21	33	16	33	33	5	*
utter	21	19	18	18	33	5	*
utterly	18	18	15	16	33	10	
vacant	22	19	19	33	33	3	*
vacation	12	13	12	12	10	50	*
vacuum	17	15	16	16	33	11	*
vague	19	18	15	18	33	8	*
vaguely	21	33	17	33	33	4	
vain	21	17	20	18	33	5	*
valentine	24	33	33	19	15	2	*
valid	21	33	16	33	33	5	*
validity	22	33	18	33	33	3	
valley	11	8	12	11	14	78	*
valuable	14	12	13	17	33	23	*
value	9	9	3	33	33	127	*
valve	24	16	33	33	33	2	*
vampire	21	33	33	33	12	5	*
van	14	15	14	17	11	27	*

See key on page 13.

WORD	OVERALL	TEXT-BOOK	GEN'L.	STORY-BOOK	SPOKEN	FREQ.	MULTI-MEANING
vane	24	20	33	19	33	2	*
vanilla	19	33	33	16	12	8	*
vanish	18	16	18	15	33	10	*
vapor	19	13	19	33	33	8	*
variable	15	17	12	33	33	17	*
variation	15	13	12	33	33	19	*
variety	12	11	11	33	33	42	*
various	11	9	6	17	33	77	*
vary	12	11	10	33	33	45	*
vase	18	18	19	15	13	10	
vast	14	12	12	17	33	28	*
vastly	24	33	20	33	33	2	
vector	21	33	17	33	33	4	*
vegetable	13	11	15	13	12	36	*
vehicle	14	14	11	33	33	26	*
veil	22	33	21	19	33	3	*
vein	18	15	15	33	33	9	*
velocity	19	17	15	33	33	8	*
velvet	21	17	33	15	33	5	*
vengeance	22	33	20	19	33	3	
vent	24	33	20	33	33	2	*
venture	19	15	16	33	33	7	*
Venus	20	14	19	33	33	6	*
veranda	24	33	21	33	33	2	
verb	13	9	33	33	33	29	
verbal	21	33	16	33	33	5	*
verdict	22	33	18	33	33	3	*
Vermont	20	19	16	33	33	6	
Vernon	20	33	16	18	33	6	
Veronica	22	33	33	33	13	3	*
verse	16	15	14	18	13	16	*
version	15	15	12	33	33	18	*
versus	24	33	21	33	33	2	*
vertex	21	33	17	33	33	4	*
vertical	18	13	17	33	33	10	*
very	2	2	2	1	4	1177	*
vessel	15	12	15	18	33	17	*
vest	22	33	33	19	14	3	*
vet	20	33	33	14	15	6	*
veteran	18	33	13	33	33	10	*
veto	24	33	20	33	33	2	*
via	17	33	13	33	33	12	*

See key on page 13.

WORD	OVERALL	TEXT-BOOK	GEN'L.	STORY-BOOK	SPOKEN	FREQ.	MULTI-MEANING
vibrate	21	14	33	33	33	4	*
vibration	21	14	33	33	33	4	*
vice	16	33	13	33	33	13	*
vicious	21	33	17	18	33	5	*
victim	16	15	13	33	33	14	*
Victor	14	19	16	12	14	22	
Victoria	13	19	21	11	33	29	*
Victorian	24	33	21	33	33	2	*
victory	14	13	12	15	33	25	*
victual	22	33	33	16	33	3	*
Vienna	21	33	16	33	33	5	
Vietnam	21	33	17	33	33	4	
view	11	11	5	12	33	94	*
viewpoint	21	33	17	33	33	4	
vigor	21	19	18	18	33	5	*
vigorous	18	17	15	33	33	9	*
vigorously	21	20	18	33	33	4	
village	10	7	11	9	12	102	*
villager	24	17	33	33	33	2	
villain	24	18	33	19	33	2	*
Vincent	21	33	17	33	33	4	
vine	13	15	21	11	33	31	*
vinegar	20	18	20	33	14	6	*
vineyard	24	20	33	19	33	2	*
violation	21	33	17	33	33	4	
violence	16	16	13	18	33	15	*
violent	16	15	13	16	33	16	*
violently	21	19	19	18	33	5	
violet	17	16	33	13	33	11	*
violin	20	17	19	18	33	6	
Virginia	13	12	11	16	33	29	
virtually	17	17	13	33	33	11	
virtue	17	33	13	33	33	11	*
virus	21	17	18	33	33	5	*
viscosity	24	33	20	33	33	2	*
visible	17	14	14	33	33	12	*
vision	15	15	12	33	33	17	*
visit	7	7	6	7	8	173	*
visitor	13	12	13	13	12	36	
visual	17	17	13	33	33	11	*
vital	16	16	12	33	33	16	*
vitality	21	33	17	33	33	4	*

See key on page 13.

WORD	OVERALL	TEXT-BOOK	GEN'L.	STORY-BOOK	SPOKEN	FREQ.	MULTI-MEANING
vitally	24	33	21	33	33	2	
vitamin	20	14	20	33	33	6	
vivid	19	16	15	33	33	8	*
vividly	24	33	21	33	33	2	
vocabulary	19	14	18	33	33	7	*
vocal	21	16	18	33	33	5	*
vocational	15	33	11	33	33	19	*
voice	5	4	5	5	11	232	*
void	24	33	20	33	33	2	*
volcano	19	13	33	33	13	8	
volleyball	19	33	33	33	12	7	
voltage	21	33	17	33	33	4	
volume	12	12	7	33	33	56	*
voluntarily	24	33	21	33	33	2	
voluntary	21	33	16	33	33	5	*
volunteer	18	18	14	33	33	10	*
von	22	33	20	33	15	3	
vote	11	12	8	15	12	59	*
voter	20	17	16	33	33	6	
vow	24	33	33	17	33	2	*
vowel	15	11	33	33	33	20	*
voyage	16	13	17	16	33	14	*
vs.	21	33	17	33	33	4	
vulnerable	22	33	18	33	33	3	*
wad	24	33	33	17	33	2	*
waddle	15	33	33	11	33	17	*
wade	18	18	33	13	15	9	*
wag	13	19	33	11	33	30	*
wage	14	15	11	33	33	28	*
Wagner	19	33	15	33	33	7	
wagon	11	11	12	11	9	87	*
wail	17	33	33	12	33	12	*
waist	19	15	19	18	33	7	*
wait	3	5	5	2	4	417	*
waiter	22	20	20	33	33	3	*
wake	11	13	14	8	11	77	*
wale	22	19	20	33	33	3	*
walk	2	3	4	2	2	764	*
walker	19	19	17	18	15	7	*
wall	5	5	6	6	5	243	*
Wallace	22	20	33	33	14	3	
wallpaper	20	33	33	18	12	6	*

See key on page 13.

WORD	OVERALL	TEXT-BOOK	GEN'L.	STORY-BOOK	SPOKEN	FREQ.	MULTI-MEANING
Wally	19	33	15	33	13	8	
walnut	17	17	19	13	33	12	*
Walt	17	33	33	33	11	11	
Walter	16	14	13	33	33	14	
waltz	24	33	33	17	33	2	*
wand	19	33	33	13	33	8	*
Wanda	17	33	33	13	13	12	
wander	15	12	17	13	33	19	*
Wang	17	33	33	12	33	11	
want	2	2	2	1	1	1377	*
war	6	5	3	9	12	224	*
warble	22	33	33	16	33	3	*
ward	18	19	15	16	33	9	*
wardrobe	24	33	21	33	33	2	*
ware	20	33	33	14	33	6	*
warfare	17	18	13	33	33	12	*
warm	5	5	11	3	9	241	*
warmly	21	19	21	18	33	4	*
warmth	16	14	15	15	33	15	*
warn	11	11	11	11	33	59	*
warpath	24	33	33	17	33	2	*
warrant	21	33	16	33	33	5	*
warren	16	17	13	33	33	14	*
warrior	18	14	33	14	33	10	
Warsaw	24	33	20	33	33	2	
wart	21	33	19	16	33	5	*
warty	22	33	33	16	33	3	
Warwick	21	33	16	33	33	5	
was	1	1	1	1	1	10195	
wash	8	9	11	6	7	154	*
washer	22	33	33	19	14	3	*
Washington	11	9	6	13	12	89	
wasn't	4	9	8	4	4	295	
wasp	22	20	33	33	14	3	*
waste	12	12	13	12	13	45	*
watch	2	3	6	2	2	799	*
watchman	20	19	33	14	33	6	
water	2	1	3	1	2	1101	*
waterbug	24	33	33	17	33	2	
waterfall	18	17	33	16	12	9	*
waterfront	22	33	20	19	33	3	
watermelon	16	18	33	13	12	13	*

See key on page 13.

WORD	OVERALL	TEXT-BOOK	GEN'L.	STORY-BOOK	SPOKEN	FREQ.	MULTI-MEANING
Watertown	24	33	33	17	33	2	
watery	22	18	33	17	33	3	*
Watson	16	18	13	18	33	13	
wave	6	5	8	4	11	202	*
wax	14	14	18	16	11	23	*
way	2	1	1	1	2	1389	*
Wayne	22	33	19	33	33	3	
we	1	1	1	1	1	4311	*
we'd	14	13	14	17	11	23	
we'll	7	9	12	4	8	178	
we're	5	11	12	9	3	236	
we've	12	12	14	12	11	45	
weak	13	12	13	13	13	33	*
weaken	24	18	33	19	33	2	*
weakness	17	18	13	33	33	12	*
wealth	16	13	16	15	33	14	*
wealthy	20	16	19	18	33	6	*
weapon	13	13	11	17	14	34	*
wear	5	7	11	6	3	256	*
weary	16	14	17	13	33	15	*
weasel	22	33	33	33	13	3	*
weather	11	6	12	11	14	80	*
weave	18	14	33	14	33	9	*
weaver	16	33	33	12	33	16	*
web	12	14	33	12	7	52	*
wed	24	33	33	17	33	2	*
wedding	13	14	14	11	12	38	*
wedge	24	19	33	19	33	2	*
Wednesday	16	17	14	14	14	16	
wee	14	33	33	12	11	23	*
weed	13	14	33	11	12	30	*
week	5	5	3	8	6	259	*
weekend	16	17	15	15	13	14	*
weekly	19	18	15	33	33	7	*
weeny	24	33	33	33	14	2	
weep	15	16	16	12	33	18	*
weigh	13	11	15	15	13	31	*
weight	11	9	11	13	12	63	*
weird	19	19	20	33	13	7	*
Weissmiller	18	33	33	33	11	10	
welch	22	33	18	33	33	3	*
welcome	12	12	12	12	11	48	*

See key on page 13.

WORD	OVERALL	TEXT-BOOK	GEN'L.	STORY-BOOK	SPOKEN	FREQ.	MULTI-MEANING
welfare	16	16	13	33	33	15	*
well	1	2	2	2	1	1542	*
Wendy	21	19	33	33	12	5	
went	1	2	3	1	1	2448	
wept	21	17	20	18	33	5	
were	1	1	1	1	2	2848	
weren't	13	13	16	13	11	31	
werewolf	22	33	33	33	13	3	
west	9	6	6	12	11	130	*
western	11	10	9	16	33	59	*
Westminster	21	33	16	33	33	5	
westward	20	14	21	33	33	6	*
wet	11	11	13	7	11	98	*
Wetsy	22	33	33	16	33	3	
whack	17	33	33	33	11	12	*
whale	12	11	33	12	11	48	*
wham	19	33	33	16	12	8	*
wharf	19	18	33	13	33	8	*
wharves	24	33	33	17	33	2	*
what	1	1	1	1	1	2900	*
what's	7	11	13	8	4	172	
whatever	10	11	11	11	6	106	*
wheat	13	11	20	11	33	36	*
wheel	8	7	11	11	5	146	*
wheeler	16	33	33	33	11	13	*
wheely	17	33	33	33	11	11	
when	1	1	1	1	1	3523	*
whenever	11	11	13	11	6	89	*
where	2	2	2	1	2	1228	*
where's	11	16	33	11	7	59	
whereas	17	16	13	33	33	12	*
whereby	21	33	17	33	33	4	*
wherefore	24	33	33	17	33	2	*
wherein	22	33	33	16	33	3	*
whereof	22	33	21	19	33	3	*
wherever	13	13	15	13	11	35	*
whether	8	6	5	12	33	136	*
which	1	1	1	2	7	1786	*
whiff	19	33	33	14	14	7	*
while	3	3	2	2	6	552	*
whine	19	33	33	13	33	7	*
whip	12	13	14	12	9	47	*

See key on page 13.

WORD	OVERALL	TEXT-BOOK	GEN'L.	STORY-BOOK	SPOKEN	FREQ.	MULTI-MEANING
whirl	16	14	20	13	33	14	*
whirlwind	24	33	33	17	33	2	*
whisk	21	33	33	15	33	5	*
whisker	16	16	33	12	33	13	*
whisky	18	33	13	33	33	10	*
whisper	11	11	14	8	14	68	*
whistle	11	12	33	7	11	77	*
white	3	3	3	3	3	473	*
whitewash	24	33	33	17	33	2	*
whitish	24	33	33	33	14	2	
who	1	1	1	1	3	1508	*
who'd	24	33	21	33	33	2	
who's	11	15	17	11	7	62	
whoa	21	33	33	15	33	5	
whoever	7	17	18	14	3	162	
whole	4	4	4	5	3	363	*
wholesome	24	33	19	33	33	2	*
wholly	19	18	15	33	33	7	*
whom	11	11	9	11	33	68	
whoop	21	20	33	18	14	4	*
whoosh	20	33	33	16	13	6	*
whose	8	7	5	10	11	144	*
why	3	2	3	2	4	591	*
wick	24	33	33	17	33	2	
wicked	15	16	20	13	13	17	*
wickedness	24	33	33	17	33	2	*
wide	8	6	8	7	12	141	*
widely	15	13	13	33	33	19	*
widen	24	20	33	19	33	2	
widespread	18	17	15	33	33	9	*
widow	14	16	15	13	13	21	
width	19	14	18	33	33	8	*
wife	6	9	6	5	9	202	*
wig	20	33	33	15	14	6	*
wiggle	13	33	33	10	33	33	*
wild	8	6	12	6	9	152	*
wilderness	14	14	19	11	33	26	*
wildlife	20	17	17	33	33	6	
wildly	18	17	15	16	33	10	
will	1	1	1	1	3	2033	*
William	11	11	9	12	14	72	
Williams	16	16	14	14	33	15	

See key on page 13.

WORD	OVERALL	TEXT-BOOK	GEN'L.	STORY-BOOK	SPOKEN	FREQ.	MULTI-MEANING
Willie	12	14	19	10	33	41	
willingness	24	33	19	33	33	2	
willow	15	17	20	12	33	17	*
Willy	15	33	33	11	33	18	*
Wilma	17	33	33	33	11	11	
Wilson	14	13	12	33	33	22	
wilt	20	33	33	14	33	6	*
win	4	11	11	11	2	296	*
Winchester	22	33	19	33	33	3	
wind	5	4	11	3	10	260	*
windless	24	33	33	17	33	2	
windmill	19	17	33	14	33	8	*
window	3	5	7	3	3	431	*
windowsill	18	33	33	13	33	10	
windup	24	33	33	17	33	2	*
windy	21	17	33	18	15	4	*
wine	13	14	11	13	33	34	*
wing	10	9	13	7	12	101	*
wink	15	16	21	12	14	19	*
winkle	13	33	33	11	33	30	*
winner	11	14	21	14	5	64	
Winnie	14	33	33	33	9	23	
Winston	18	33	13	33	33	10	
winter	5	6	11	3	6	252	*
wipe	12	14	15	11	11	40	*
wire	11	9	12	12	9	81	*
wiry	24	33	21	33	33	2	*
Wisconsin	19	17	16	33	15	7	
wisdom	15	15	13	15	33	18	*
wise	11	12	14	6	33	92	*
wisely	22	18	21	33	33	3	
wish	5	6	7	3	8	254	*
wishful	24	33	21	33	33	2	*
wit	18	16	16	16	15	10	*
witch	8	14	21	8	4	131	*
witchdom	24	33	33	17	33	2	
with	1	1	1	1	1	5921	*
withdraw	24	20	21	33	33	2	*
withdrew	22	20	20	33	33	3	
withheld	22	33	21	19	33	3	
withhold	24	33	21	33	33	2	*
within	8	6	4	13	33	142	*

See key on page 13.

WORD	OVERALL	TEXT-BOOK	GEN'L.	STORY-BOOK	SPOKEN	FREQ.	MULTI-MEANING
without	4	3	2	4	7	386	*
witness	15	18	12	16	33	19	*
witty	21	33	20	16	33	5	*
wives	16	16	16	15	13	15	*
wizard	12	33	33	11	9	40	*
wobble	20	33	33	14	33	6	*
wobbly	24	33	33	17	33	2	
woe	22	33	33	16	33	3	*
woke	10	14	18	7	6	102	*
wolf	6	13	33	6	3	204	*
wolfhound	24	33	33	17	33	2	
wolfman	24	33	33	33	14	2	
wolverine	22	33	33	16	33	3	*
wolves	15	14	33	13	12	20	*
woman	5	8	5	4	5	276	*
women	11	9	6	13	12	92	*
won	9	11	12	12	5	120	*
won't	5	8	11	4	3	284	
wonder	7	7	8	5	9	173	*
wonderful	11	11	13	8	33	73	*
wonderfully	22	20	19	33	33	3	
woo	19	33	33	16	12	7	*
wood	5	5	11	3	5	264	*
woodchuck	20	19	33	14	33	6	*
wooden	12	11	13	11	13	52	*
woodland	21	18	33	15	33	5	*
woodpecker	22	33	33	16	33	3	
woodpile	19	33	33	13	33	7	
woodruff	19	33	15	33	33	7	
Woodstock	21	33	33	33	12	5	
woof	22	33	33	16	33	3	*
wool	13	12	20	11	33	36	*
woolen	18	17	33	13	33	9	*
woolly	14	33	33	11	33	21	*
word	2	1	2	5	5	766	*
wore	11	11	12	11	11	67	
work	2	2	1	2	3	939	*
workable	24	33	21	33	33	2	*
workbench	22	33	21	19	33	3	
workbook	24	33	33	33	14	2	*
worker	12	10	11	17	33	53	*
workmen	21	15	33	18	33	4	*

See key on page 13.

WORD	OVERALL	TEXT-BOOK	GEN'L.	STORY-BOOK	SPOKEN	FREQ.	MULTI-MEANING
workshop	20	33	16	33	33	6	*
world	3	2	2	3	8	550	*
worldly	24	33	21	33	33	2	*
worm	9	13	33	5	9	115	*
worn	15	12	16	14	33	20	
worry	9	11	11	5	12	129	*
worse	12	12	13	11	13	41	*
worship	16	16	14	16	33	13	*
worst	14	14	14	13	14	21	*
worth	12	11	11	33	13	40	*
worthwhile	24	20	21	33	33	2	
worthy	17	17	15	16	33	11	*
would	1	1	1	1	2	1966	*
wouldn't	5	10	10	5	4	230	
wound	13	12	12	13	33	34	*
wove	22	19	33	17	33	3	
woven	17	15	20	14	33	11	
wow	13	19	33	12	11	33	*
wrap	12	12	18	11	11	44	*
wrapper	22	33	33	17	15	3	*
wrath	22	33	20	19	33	3	*
wreath	24	33	21	33	33	2	*
wreck	13	14	21	33	8	33	*
wrench	22	33	33	33	13	3	*
wrestle	16	33	33	13	12	15	*
wretched	22	33	33	16	33	3	*
wriggle	16	18	33	12	33	14	*
wright	15	14	12	18	33	18	
wrinkle	17	16	19	14	33	11	*
wrist	17	16	20	15	13	11	*
write	3	2	5	12	8	401	*
writer	12	12	9	33	33	48	
written	11	6	8	15	14	87	
wrong	8	9	10	10	6	134	*
wrote	9	7	7	11	11	113	
wrought	24	19	33	19	33	2	*
wuzzy	22	33	33	16	33	3	
Wyoming	21	17	20	33	33	4	
x-ray	22	33	19	33	33	3	*
yak	20	33	33	33	12	6	*
Yale	22	33	19	33	33	3	
Yalta	22	33	18	33	33	3	

See key on page 13.

WORD	OVERALL	TEXT-BOOK	GEN'L.	STORY-BOOK	SPOKEN	FREQ.	MULTI-MEANING
yam	21	33	33	15	33	5	*
Yank	24	33	33	17	33	2	*
Yankee	13	14	13	12	33	30	*
yap	18	33	33	13	33	10	*
yard	8	8	11	7	7	145	*
yarn	15	16	18	12	33	17	*
yawn	13	19	33	11	33	30	*
ye	14	15	33	11	33	22	*
yea	17	33	33	13	12	12	*
yeah	5	15	15	17	2	275	
year	2	2	1	4	4	920	*
yearly	21	18	19	33	33	4	*
yearn	22	33	33	16	33	3	*
yell	11	12	14	7	10	88	*
yellow	6	9	12	5	5	192	*
Yellowstone	24	19	33	33	15	2	
yelp	24	33	33	17	33	2	*
yes	3	5	9	3	2	466	*
yesterday	11	12	11	16	6	78	*
yet	5	5	3	8	5	270	*
yield	16	16	12	33	33	16	*
yip	24	33	33	17	33	2	*
yogi	14	33	33	33	8	28	*
Yolanda	14	33	33	11	33	27	
yonder	21	19	33	15	33	5	*
York	9	8	4	13	13	121	
you	1	1	1	1	1	11303	*
you'd	13	12	14	13	13	29	
you'll	9	10	11	7	8	127	
you're	3	8	8	5	2	413	
you've	11	11	12	11	9	75	
young	4	3	3	4	14	321	*
youngster	18	16	16	16	33	9	*
your	1	1	2	1	2	1925	*
yourself	11	7	12	10	11	96	*
yourselves	21	20	21	18	33	4	*
youth	13	13	11	14	33	35	*
youthful	22	33	19	33	33	3	*
yu	13	33	33	10	33	33	
yuck	24	33	33	33	14	2	
yucky	24	33	33	33	14	2	
yummy	22	33	33	17	15	3	

See key on page 13.

WORD	OVERALL	TEXT-BOOK	GEN'L.	STORY-BOOK	SPOKEN	FREQ.	MULTI-MEANING
zeal	24	33	21	33	33	2	
zebra	19	19	33	14	15	7	
zen	20	33	15	33	33	6	
zero	14	13	15	33	11	23	*
zinc	21	18	20	33	33	4	*
zing	24	33	21	33	33	2	*
zip	16	33	33	12	13	16	*
zipper	22	33	33	16	33	3	
zone	20	14	19	33	33	6	*
zoo	11	13	20	11	9	62	
zoom	14	33	33	14	10	26	*
zoomy	24	33	33	17	33	2	

See key on page 13.

Validated Word Lists for
Grades One, Two, and Three

During the fall of 1978, 6898 second, third, and fourth grade children were administered a series of word recognition tests. The tests measured word knowledge of the 1800 most frequently occurring words as identified by the Ginn Lexicon. The test data were compiled, reduced, and analyzed by computer. A pre-determined 90% criterion was applied to the results and word lists for first, second, and third grade were constructed. This means that 90% of the children tested at each grade level (or more precisely at the beginning of the next grade) correctly identified the words included on the following lists.

These word lists provide reading educators a valuable source of information not previously available. Whereas existing basic sight vocabulary lists supply a select few of the most frequently occurring words known by children, the Ginn word lists go beyond the basic sight vocabulary lists and supply a much larger corpus of words known by primary grade children. Virtually all of the sight words appearing on popular basic word lists are included. In addition, the Ginn lists provide validated, graded information. They provide a vocabulary that children at each of the primary grades should be able to read. In short, the word lists provide teachers with a unique source of information on the words that children must learn.

Note that words from the preceding grade's list(s) are not repeated on the succeeding grade's lists. That is, the second grade list does not include first grade words, and the third grade list does not include first and second grade words. Be assured, however, that the second and third grade children are also able to correctly identify the words known by their younger schoolmates.

First Grade Words

a	again		an
able	age	all	and
about	ago	almost	animal
above	agreed	along	animals
across	aid	already	another
add	air	always	answer
after	alive	am	any

anyone	bus	dear	fire
apple	but	deep	fish
are		desk	fit
arm	call	did	five
arms	calls	didn't	floor
army	came	died	flower
around	can	do	flowers
as	can't	dog	fly
ask	cannot	doing	flying
asked	car	don't	food
asleep	care	door	football
at	cars	down	forget
aunt	cat	dream	four
	catch	dress	fox
baby	cats	dry	frame
bag	caused	during	fresh
ball	children		from
baseball	chosen	each	front
be	class	early	fun
beat	clean	ears	funny
because	clock	earth	
bed	close	east	game
bedroom	club	eat	games
been	coat	eating	garden
before	cold	egg	gas
below	color	eggs	gave
beside	colors	eight	get
best	comes	end	gets
between	coming	enemy	getting
bill	cook	even	giant
bird	cool	evening	girl
birds	corn	everybody	girls
birthday	course	everywhere	given
black	cow	eye	go
block	cream	eyes	goes
blue	cried		gold
boat	current	farmers	good
boats	cut	fast	got
bone		fat	government
book	dad	feed	grass
bottom	danger	feeling	gray
box	dark	feet	greater
boy	date	film	Greek
boys	day	finger	green
building	days	fingers	grow

gun	I'm	light	much
	I've	like	mud
had	ice	lion	my
half	if	little	myself
hand	in	lived	
happen	inches	long	name
happy	income	look	named
has	inside	looked	names
hat	into	looking	near
have	is	looks	nearly
having	isn't	Lord	necessary
he	it	lost	neck
he's	it's	lot	need
head	its	lots	needs
heads	itself	love	neither
hear		low	never
heart	job		new
heat	jump	make	news
heavy	jumped	making	newspaper
help	June	mama	next
helped	just	man	night
helps		man's	nine
her	keep	map	no
herself	keeping	march	none
high	kept	mark	north
higher	kid	matter	northern
hill	kill	may	not
hills	kind	maybe	note
him	kinds	me	now
himself	king	mean	number
his	know	meat	numbers
hit		member	
holding	laid	men	o'clock
hole	lake	might	of
home	last	million	off
homes	late	millions	office
hot	laws	mine	often
house	lay	miss	oil
how	lead	mom	old
however	leaders	moon	on
hundreds	least	more	one
	leaves	morning	one's
	leg	most	ones
I	legs	mother	only
I'd	let's	mouse	onto
I'll			

open	rose	so	this
or	round	somebody	three
other	rule	someone	time
out	run	something	to
outside	running	sometimes	today
over	runs	somewhat	together
		somewhere	told
page	sad	south	tomorrow
paid	safe	southern	tonight
pass	said	spaces	too
path	sand	speed	took
pay	sat	spring	top
personal	Saturday	state	total
pig	save	stay	toward
pink	saw	steps	town
play	say	stone	trees
played	saying	stood	true
playing	says	stop	turn
please	school	store	turned
pool	schools	straight	turning
poor	search	street	turns
prevent	see	stuff	twenty
princess	seeing	such	two
program	seems	sun	
put	seen	Sunday	until
	sell	support	unto
queen	she	surprise	up
	she's		upon
radio	sheep	take	us
railroad	ship	telling	use
rather	shop	tells	
reach	short	ten	very
read	show	terms	village
reading	shows	that	
ready	shut	that's	walk
real	side	the	wall
record	sight	their	war
red	since	them	was
ride	sister	there	wave
right	sit	there's	ways
ring	six	these	we
road	sleep	they	we're
roll	sleeping	thick	wear
roof	slowly	things	weather
room	snow	third	week

well	wild	wonderful	yellow
what	will	wood	yes
what's	wind	woods	yesterday
wheel	windows	work	yet
wheels	with	worked	you
when	within	working	you'll
where	without	works	you're
which	wolf		young
white	woman	yard	your
who	women	year	yourself
whom	won't	years	

Second Grade Words

accepted	areas	began	bring
account	arrived	begin	British
act	art	beginning	broad
action	association	begins	broken
active	ate	behavior	brother
added	atmosphere	behind	brought
addition	attempt	being	brown
additional	attention	believe	buildings
afraid	audience	believed	built
Africa	available	bell	business
afternoon	away	beneath	busy
ahead		besides	buy
alone	back	better	by
also	bad	beyond	
although	band	big	California
America	bank	bigger	called
American	bar	blow	camp
Americans	barn	body	candy
among	bars	bones	capital
amount	basic	books	card
answered	bat	born	cards
anything	battle	both	careful
apart	bay	bottle	carefully
apartment	beach	branches	carried
apparently	bear	bread	carry
appear	bears	break	carrying
appeared	beautiful	breakfast	case
appears	became	breath	cases
apples	become	bridge	caught
approach	becomes	bright	cause

cells
cent
center
certain
certainly
chair
chance
change
changed
chest
Chicago
chicken
China
choose
Christian
Christmas
circle
cities
citizens
city
clay
clear
clearly
climb
climbed
closed
closely
closer
cloth
clothes
clouds
coast
coffee
colored
column
come
committee
common
company
completely
complex
Congress
consider
construction
contain

continue
control
copy
correct
cost
cotton
could
couldn't
council
count
couple
cousin
cover
covered
cross
crowd
cry

daily
dance
data
daughter
death
decide
demand
develop
developed
die
different
direct
directions
discovered
division
doctor
doesn't
dogs
dollars
double
doubt
Dr.
draw
dressed
drew
drink
drive

drove
duck
due
dust

easily
Easter
easy
economic
edge
education
either
elements
else
empty
ends
engine
England
English
enjoy
enough
entered
entire
entirely
equal
equipment
especially
Europe
ever
every
everyone
everything
evidence
exactly
examples
exercise
existence
expect
expected
experiment
explain
explained
expression

face

fact
factors
facts
faith
fall
falls
familiar
families
family
famous
far
farm
farmer
faster
father's
favorite
fear
fell
felt
fence
few
field
fields
fifteen
fifty
fighting
figure
figures
fill
filled
finally
find
finding
fine
finish
firm
first
fishing
fixed
flat
flow
fool
foot
for
force

forces	happened	interesting	likes
foreign	hard	international	line
forest	hardly	involved	lines
forgot	he'd	iron	lips
form	health	island	list
forms	held		listen
forth	here	join	live
forward	hide		lives
found	highest	key	living
fourth	highly	kids	located
France	history	killed	longer
free	hold	kitchen	loud
freedom	holes	knew	loved
friend	hope	knife	lovely
friendly	horse	known	lower
friends	horses	knows	lunch
fruit	hotel		
full	hour	lady	machine
future	hours	land	machines
	houses	lands	made
Germany	huge	language	magic
ghost	human	large	main
give	hundred	larger	makes
gives	hungry	laugh	manner
giving	hunting	laughing	many
glad	hurry	laughed	marked
glass	husband	leader	market
God		learn	match
going	idea	learned	materials
golden	ideas	learning	meaning
gone	important	leaving	means
goods	inch	led	meant
grandma	include	left	measure
great	included	length	meeting
greatest	including	less	members
ground	increase	let	met
group	increased	letter	middle
groups	indeed	letters	miles
growing	Indian	level	milk
growth	Indians	library	mind
guess	individual	lie	minute
guys	information	life	minutes
	instead	lifted	missing
hall	interest	lights	model
hands	interested	liked	modern

money
monkey
mother's
mountain
mouth
move
moved
movement
moves
moving
Mr.
music
must

narrow
nation
national
nations
natural
needed
Negro
nest
nice
nobody
noise
normal
notes
notice
noticed
nuclear

object
ocean
officer
older
once
opened
opening
operation
opinion
opposite
order
ordered
ordinary
organization

original
others
our
own

pages
paint
paper
parents
park
part
party
past
patterns
peace
people
perhaps
period
pick
picked
picture
pictures
piece
pieces
place
places
plant
plants
plays
plenty
pocket
point
pointed
points
police
political
post
pounds
power
powerful
practice
prepared
president
press
pressure

pretty
principal
private
problem
problems
produce
production
progress
project
property
proud
provide
provided
public
pull
pulled
push
pushed

question
questions
quick
quickly

rabbit
race
rain
raise
raised
ran
range
rapidly
rate
reached
reaction
really
reasons
received
recent
records
regular
religious
remain
remained
remains

remember
remembered
replied
report
required
research
respect
responsibility
rest
result
results
return
returned
rich
riding
river
roads
rock
rocks
rode
role
rolled
rope
rules
rush

sales
salt
same
sang
scale
scientific
score
sea
second
secret
secretary
seeds
seek
seem
seemed
send
sent
sentence
sentences

separate	songs	summer	treatment
serious	soon	suppose	tree
serve	sorry	supposed	tried
services	sort	sure	trip
sets	sound	surprised	trouble
settled	sounds	swim	truck
seven	source	swimming	truth
several	Soviet	system	try
shall	speak	systems	trying
shape	special		twelve
share	speech	table	twice
sharp	spend	taken	types
ships	spent	takes	
shoes	spot	talk	uncle
shore	spread	talked	under
should	staff	tall	understand
shoulder	stage	taste	understanding
shouted	stand	tax	union
showed	standing	teacher	units
showing	stands	team	upper
shown	stars	teeth	used
sick	start	telephone	useful
sides	states	television	uses
sign	station	tell	using
similar	stayed	terrible	
simple	steel	test	valley
simply	stick	than	value
sing	sticks	thank	values
singing	still	themselves	view
single	stopped	therefore	visit
size	stories	they're	voice
skin	story	thin	
sky	strange	thing	wagon
slow	stream	think	wait
small	streets	thirty	waited
smaller	strength	those	waiting
smile	stress	thought	walked
smoke	strong	thousand	walking
social	student	thousands	walls
soft	study	throughout	wanted
soil	subjects	thus	wants
sold	success	times	warm
some	successful	touch	wash
son	suddenly	train	Washington
song	sugar	travel	wasn't

watch	western	window	world
watched	wet	wings	worry
watching	whatever	winter	worth
water	whether	wire	would
waves	while	wise	wouldn't
way	whoever	wish	write
wearing	whole	won	wrong
weeks	whose	wooden	wrote
went	why	word	
were	wide	words	yards
west	wife	workers	you've

Third Grade Words

according	community	dropped	German
actually	concerned		grew
against	condition	effective	grown
agreement	continued	effects	guy
allowed	contrary	energy	
angry	costs	enter	hair
announced	court	established	happens
applied	created	events	heard
area		example	hospital
	dead	experience	hunt
balance	deal		
based	decided	faces	imagine
beauty	decision	fair	immediately
bit	defense	federal	indicate
blood	degree	feel	industry
bodies	describe	fellow	influence
broke	described	fight	instance
build	design	final	issue
	designed	flew	
cattle	determined	followed	joined
central	development	following	judge
century	differences	follows	justice
changes	difficult	forced	
character	dinner	former	knocked
charge	direction	French	knowledge
check	distance	function	
chief	district	further	labor
child	divided		lack
choice	done	general	largest
collection	drawn	generally	law

leading	person	seat	surface
leave	persons	section	
likely	placed	series	tail
limited	plan	served	talking
Lincoln	planning	service	tape
literature	poet	set	taught
	policy	shook	temperature
major	pond	shot	Texas
master	popular	signs	then
medical	population	silent	theory
meet	position	sitting	thinking
merely	possible	situation	though
metal	present	slightly	throw
method	price	smell	tied
military	principle	smiled	till
moment	probably	society	title
month	produced	soldiers	tone
musical	professional	specific	trade
	programs	spirit	training
nor	proper	spoke	trial
	putting	square	type
objects		standard	
obtained	quietly	star	university
offered		started	usual
opportunity	reason	starting	
	recently	statement	variety
pain	region	step	various
pair	reported	stock	volume
papa	row	structure	
particular		students	we'll
particularly	scene	studied	weight
parts	science	studies	whenever
pattern	scientists	subject	wonder
performance	season	suit	writing
			written

REFERENCES

Ahlfors, G. *Learning word meanings: A comparison of three instructional procedures* (unpublished Doctoral dissertation, University of Minnesota, 1979).

Anderson, R. C., & Freebody, P. *Vocabulary knowledge and learning.* Reading Education Report No. 11, University of Illinois at Urbana-Champaign, August 1979.

Anderson, I. H., Hughes, B. O., and Dixon, W. R. The rate of reading development and its relation to age of learning to read, sex, and intelligence. *Journal of Educational Research,* 1957, *50*, 481–494.

Armbruster, B. B., & Anderson, T. H. *The effect of mapping on the free recall of expository text* (Technical Report No. 160). Urbana-Champaign, Illinois: Center for the Study of Reading, 1980.

Carroll, J. B. Words, meanings, and concepts. *Harvard Educational Review,* 1964, *34*, 178–202.

Carroll, J. B., Davies, P., and Richman, B. *The American heritage word frequency book.* Boston: Houghton Mifflin, 1971.

Collins, A., & Quillian, R. Retrieval time from semantic memory. *Journal of Verbal Learning and Verbal Behavior,* 1969, *8*, 240–247.

Dale, E. *Bibliography of vocabulary studies* (5th ed.). Columbus: Ohio State University Press, 1965.

Dansereau, D. F., Collins, K. W., McDonald, B. A., Holley, C. D., Garland, J., Diekhoff, G., & Evans, S. H. Development and evaluation of a learning strategy training program. *Journal of Educational Psychology,* 1979, *71*(1), 64–73.

Davis, F. B. Fundamental factors of comprehension in reading. *Psychometrika,* 1944, *9*, 185–197.

Davis, F. B. Research in comprehension in reading. *Reading Research Quarterly,* 1968, *3*, 499–545.

Davis, F. B. Psychometric research on comprehension in reading. *Reading Research Quarterly,* 1972, 7, 628–678.

Dolch, E. W. A basic sight vocabulary. *Elementary School Journal,* 1936, *36*, 456–460.

Dolch, E. W. Vocabulary development. *Elementary English,* 1953, *30*, 70–75.

Durr, W. K. Computer study of high frequency words in popular trade juveniles. *The Reading Teacher,* October 1973, *27*, 37–42.

Fry, E. The new instant word list. *The Reading Teacher,* December 1980, *34*, 384–389.

Harris, A. J. & Jacobson, M. D. *Basic elementary reading vocabularies.* New York: Macmillan, 1972.

Harris, A. J. & Sipay, E. R. *How to increase reading ability* (6th ed.). New York: McKay, 1975.

Harris, L. A. & Smith, C. B. *Reading instruction: Diagnostic teaching in the classroom* (2nd ed.). New York: Holt, Rinehart and Winston, 1976.

Herber, H. L. *Teaching reading in content areas* (2nd ed.). Englewood Cliffs, New Jersey: Prentice-Hall, 1978.

Holley, C. D., Dansereau, D. F., McDonald, B. A., Garland, J. C., & Collins, K. W. Evaluation of a hierarchial mapping technique as an aid to. prose processing. *Contemporary Educational Psychology*, 1979, *4*, 227–237.

Hopkins, C. J. An investigation of the relationship of selected oral language measures and first-grade reading achievement. Unpublished doctoral dissertation, Purdue University, 1976.

Hopkins, C. J. & Moe, A. J. The computer-assisted identification of common word strings from the text of children's books. A paper presented at the annual meeting of the International Reading Association, Houston, May 4, 1978.

Hoyt, C. J. Test reliability estimated by analysis of variance. *Psychometrika*, 1941, *6*, 153–160.

Johnson, D. D. A basic vocabulary for beginning reading. *Elementary School Journal*, October 1971, 72, 29–34.

Johnson, D. D. *Johnson basic sight vocabulary test*. Lexington, Mass.: Ginn and Company, 1976.

Johnson, D. D., & Pearson, P. D. *Teaching reading vocabulary*. New York: Holt, Rinehart & Winston, 1978.

Kucera, H. & Francis, W. N. *Computational analysis of present-day American English*. Providence: Brown University Press, 1967.

Lindsay, P., & Norman, D. *Human information processing*. New York: Academic Press, 1972.

Long, G., Hein, R., & Coggiola, D. *Networking: A semantic-based learning strategy for improving prose comprehension*. Paper presented at the annual meeting of the American Educational Research Association, Toronto, Canada, 1978.

Manzo, A. V., & Sherk, J. C. Some generalizations and strategies for guiding vocabulary. *Journal of Reading Behavior*, 1971–1972, *4*, 81–88.

Massaro, D. W. (Ed.) *Understanding language: An information processing analysis of speech perception, reading, and psycholinguistics*. New York: Academic Press, 1975.

Moe, A. J. Word lists for beginning readers. *Reading Improvement*, Fall 1973, *10*, 11–15.

Moe, A. J. A comparative study of vocabulary diversity: The speaking vocabularies of first-grade children, the vocabularies of selected first-grade primers, and the vocabularies of selected first-grade trade books. A paper presented at the annual meeting of the American Educational Research Association, Chicago, April 17, 1974. (ED 090 520)

Moe, A. J. Predicting first-grade reading achievement from selected measures of oral language performance. A paper presented at the annual meeting of the National Reading Conference, New Orleans, December 2, 1977.

Moe, A. J. Using picture books for reading vocabulary development. In J. W. Stewig and S. L. Sebesta (Eds.) *Using literature in the elementary classroom.* Urbana, Illinois: National Council of Teachers of English, 1978, 13–19.

Moe, A. J., Hopkins, C. J. & Rush, R. T. *The vocabulary of first-grade children.* Springfield, Illinois: Charles C Thomas, 1982 (in press).

O'Rourke, J. P. *Toward a science of vocabulary development.* The Hague: Mouton, 1974.

Otto, W. & Chester, R. Sight words for beginning reading. *Journal of Educational Research,* July–August 1972, *65,* 435–443.

Pearson, P. D., & Johnson, D. D. *Teaching reading comprehension.* New York: Holt, Rinehart and Winston, 1978.

Petty, W. T., Herold, C. P., & Stoll, E. *The state of the knowledge about the teaching of vocabulary.* Champaign, Illinois: National Council of Teachers of English, 1968.

Sakiey, E. & Fry, E. *3000 instant words.* Providence, Rhode Island: Jamestown Publishers, 1979.

Samuels, F. Sex differences in reading achievement. *Journal of Educational Research,* 1943, *36,* 594–603.

Smith, R. J., & Johnson, D. D. *Teaching children to read* (2nd ed.). Reading, Mass.: Addison-Wesley Publishing Co., 1980.

Spache, G. D., & Spache, E. B. *Reading in the elementary school* (4th ed.). Boston: Allyn & Bacon, 1977.

Spearitt, D. Identification of subskills of reading comprehension by maximum likelihood factor analysis. *Reading Research Quarterly,* 1972, *8,* 92–111.

Thorndike, R. L. *Reading as reasoning.* Paper presented to Division 15, American Psychological Association, Washington, D. C., September, 1971.

Thurstone, L. L. Note on a reanalysis of Davis' reading tests. *Psychometrika,* 1946, *11,* 185–188.

Woolf, H. B. (Ed.) *Webster's new collegiate dictionary.* Springfield, Mass.: G. & C. Merriam Co., 1977.

EFGHIJ 0876
Printed in the United States of America